생성 AI 시대 최고의 교수법

디지털 외계인도 쉽게 하는 생성 AI 실전 활용법

박남기 지음

천재교육

추천사

책을 미리 읽어본 사람들의 찬사

4차 산업혁명과 인공지능(AI) 시대로 대변되는 미래 사회가 빠르게 우리 앞에 달려들고 있다. 생성 AI인 챗GPT의 등장으로 필요한 지식과 정보를 AI에게 물어보면 금세 답을 해주는 세상이 되었다. 하지만 정작 생성 AI가 어떤 것인지, 미래의 세상과 교육을 어떻게 바꾸어놓을지, 많은 사람들이 잘 모르고 궁금해한다.

도전을 습관처럼 하고 사는 박남기 교수님이 그에 대한 답을 내놨다. 박 교수님이 도전과 실험을 통해 쓴 이 책은 챗GPT를 비롯한 생성 AI가 바꿀 미래 교육의 길을 친절히 안내해준다. 현장의 교사들에게는 미래 교육 준비에 무엇보다 소중한 지침서가 되어줄 것이다.

– 김대중(전라남도 교육감)

디지털 기술 혁신은 학교교육에도 새로운 논쟁을 부르곤 했다. 수학 수업에서 계산기 활용을 놓고 미국 교육계에서 벌어진 논쟁이 대표적이다. 단순 계산을 넘어, 글쓰기, 작곡, 디자인, 코딩 등 인간 지성의 고유 영역까지 담당하는 생성 AI가 등장하면서 논쟁은 새로운 국면에 접어들었다.

챗GPT 등 생성 AI를 활용해 학생들은 보다 창의적인 지적 역량에 도달할 것인가, 아니면 지적 역량이 퇴보하게 될 것인가. 정해진 답은 없다. 학교교육의 능동적인 대응에 따라 답이 바뀔 수 있다.

생성 AI가 가져올 변화를 외면하는 편향, 혹은 그저 찬탄하기만 하는 편향은 모두 위험하다. 교육적 가능성은 극대화하되, 한계와 부작용을 직시하여 보완해야 한다. 학교는 어떻게 균형을 잡을 수 있을까?

마침 박남기 광주교대 교수가 훌륭한 길잡이를 마련했다. 기술 결정론의 한계에 빠지지 않으면서, '디지털 외계인'도 차근차근 따라가며 생성 AI의 교육적 활용에 대해 생각할 수 있는 책을 냈다. 인공지능 시대의 도전 앞에서 고민하는 선생님들께 최고의 선물이 되리라 믿는다.

- 조희연(전 성공회대 교수)

평소 존경하는 박남기 광주교대 전 총장의 수업에 대한 열정은 참으로 타의 추종을 불허할 정도이다. 그 열정은 『최고의 교수법』이라는 역저에 고스란히 담겨 있다. 후속작으로 『생성 AI 시대 최고의 교수법』을 출간했다. 2025학년도부터 초등 3·4학년 디지털 교과서가 도입되는 것을 감안할 때 매우 시의적절한 출판이다. 챗GPT, 제미나이, 코파일럿…. 이름도 낯선 기술들이 등장과 동시에 급속도로 발전하고 변화하는 시대에, 박남기 교수가 표현했듯 새로운 기술을 간신히 쫓아가기 바쁜 디지털 외계인에게는 두려움이 앞선다. 이 책은 어두운 밤바다에서 만난 등대처럼 생성 AI 시대를 비추며 이 시대에 필요한 최고의 교수법을 알차게 담아낸 선물 보따리이다. 생성 AI에 대한 막연한 두려움보다 잘만 활용하면 더 유용하겠다는 자신감은 미래 교육에 대한 그림을 더 선명하게 그리게 해준다. 흰 눈길을 먼저 간 사람의 발자국을 뒤따라가듯 고민 없이 바로 시도해보았더니 된다! 디지털 외계인에서 벗어나 미래로 가는 디지털 열차에 올라탄 기분이다. 두려워하며 따라갈 것인가, 변화의 물결 위에 올라탈 것인가? 두려움과 불안감을 떨치고 과감하게 선물 보따리를 풀어보길 바라며 일독할 것을 적극 권한다.

- 하윤수(부산광역시 교육감)

광주교육대학교의 총장을 역임하고도 새로운 시대의 교육법에 대한 고민과 연구를 지속하고 계신 박남기 교수님이 AI 시대 교육법에 대한 통찰을 담은 책을 펴내셨다. 이 책은 새로운 교육을 고민하고 있는 전국의 모든 교사들뿐만 아니라 자녀 교육에 대한 인사이트를 얻고 싶은 학부모들에게도 길잡이가 될 만한 내용을 가득 담고 있다. 새로운 미래 교육의 방향에서부터 수업 준비, 진행, 평가, 학급경영 등에 이르기까지 교육 혁신을 위한 저자의 인사이트가 담겨 있는 이 책을 강력히 추천한다.

- 조기성(전 스마트교육학회 회장, 계성초등학교 교사)

머리말

4차 산업혁명의 증기기관
생성 AI 시대 최고의 교수법은?

'4차 산업혁명의 증기기관'이라는 생성 AI는 교육계의 마약일까, 신약일까? 생성 AI 시대 최고의 교수법은 무엇일까? 호리병을 빠져나온 지니를 다시 집어넣기는 어렵다. 인공지능은 이미 나와 있고, 교수자와 학생들이 널리 사용하고 있는 상황에서 위험성만 강조한다고 사용을 막을 수 있을 것 같지는 않다. 스마트폰을 다양하게 활용할 역량을 갖춘 사람과 그렇지 못한 사람 간에는 삶의 질에서 큰 차이가 난다. 생성 AI를 잘 활용할 수 있는 사람과 그렇지 못한 사람의 차이는 스마트폰의 경우보다 더 커질 가능성이 있다.

생성 AI의 발달 추이를 볼 때, 필자와 같은 연구자가 해야 할 역할은 교육자들에게 생성 AI의 위험성을 경고하면서 바르게 사용하는 자세를 갖도록 유도하는 것이 아닐까 생각한다. 교육계에서는 생성 AI가 교육에 미칠 긍정적인 효과는 최대화하면서도 부정적인 영향력은 최소화하도록 지속적인 노력을 기울여야 할 것이다. 이 책은 위험성 경고와 효과적인 활용이라는 두 마리 토끼를 동시에 잡고자 한다.

좁은 의미의 AI는 인간과 독립하여 독자적으로 사유하고 이를 행동으로 옮기는 존재이다. 그런데 요새는 인간의 명령을 받아 인간이 원하는 특정 활동을 보조해주는 IA지능 증폭, Intelligence Augmentation or Amplification까지도 모두 AI라 하고 있어 이 글에서도 그리하겠다.

챗GPT의 등장으로 2023년 한 해 동안 '생성 AI 시대 최고의 교수법' 주제의 강연을 100여 회 넘게 하면서 많은 것을 배우고 느꼈다. 주로 원격 강연을 했는데, 이전의 교수법 강연을 할 때와 달리 대학별로 참석자가 보통 100명을 넘길 정도로 관심이 높았다. 원격으로 하는 것이니 차라리 한꺼번에 하면 좋겠다는 생각이 들어 한국교육학술정보원KERIS에 요청하여 '고등교육에서 AI를 활용한 교수법 세미나'를 2023년 4월 27일에 개최하였다. 온라인이지만 1300여 명의 교수가 참석하여 강연을 들은 것은 해방 이후 처음이었을 것이다.

디지털 기기에 대해서는 외계인에 가까운 필자가 챗GPT를 포함한 생성 AI 시대 교수법을 강연하게 된 것은 2010년과 2017년에 출판한 『최고의 교수법』 덕이다. 이 책은 교수 기법이 아니라 가르침의 본질, 학생들에게 배움의 갈증을 느끼게 하는 방법, 학생들을 감동시키는 방법 등을 비유를 통해 풀어놓은 책이다. 『최고의 교수법』을 출판하고 1천 회 가까운 강연을 진행하다 보니, 인공지능이 교수법에 큰 영향을 미치리라는 생각이 들었다. 그래서 새로운 책 『생성 AI 시대 최고의 교수법』의 출판을 염두에 두며 칼럼 연재를 계획했다.

필자는 AI에 대해 깊은 지식을 갖고 있지 않아 협업할 사람을 찾던 중, 미국 피츠버그대학교 컴퓨터학과에서 박사 과정으로 인공지능을 전공하고 있던 네이산 옹Nathan Ong과 연이 닿아 함께 하기로 했다. 그는 2023년 여름에 학위를 마치고, 2024년 현재는 피츠버그대학에서 강사로 근무하면서 동시에 학습과학개발센터LRDC 박사후연구원으로 재직 중이다. 2022년 5월부터 'AI 시대 교육법'이라는 주제로 인터넷 교육 신문 『에듀프레스』

에 그와 함께 연재를 시작했다. 연재를 시작할 때는 그때까지 나온 다양한 인공지능들을 활용한 교수법을 개발하며, 수업 방법을 제시할 생각이었다. 연재를 시작할 당시에는 일반인공지능AGI에 가까운 챗GPT와 같은 생성 AI가 그렇게 빨리 등장하고 보편화할 것이라고는 미처 생각지 못했다.

연재를 시작한 지 불과 몇 달이 지나지 않은 2022년 12월 2일 옹 박사로부터 급한 연락이 왔다. 챗GPT라는 괴물이 세상에 나왔는데, 교육에 엄청난 영향을 미칠 것 같다는 것이었다. 그가 한 첫 번째 이야기는 챗GPT가 상당한 수준에서 보고서를 써주기 때문에, 교수자가 학생 보고서만 가지고는 학생이 스스로 썼는지 여부를 판단하기 어렵게 되었다는 것이다. 그래서 챗GPT 관련해서 첫 번째로 썼던 칼럼이 「즉답AI(챗GPT) 시대의 교수학습법: 과제 경영(1)」이었다. 몇 번의 칼럼에서는 '챗Chat'과 발음이 유사하고 의미도 비슷한 '즉답', 사람들에게 익숙지 않은 'GPT' 대신 대표적인 일반용어인 AI인공지능를 활용한 '즉답AI'라고 번역하여 사용하였다. 그러나 그 영향력이 상상을 초월할 정도이다 보니 모두들 원어 그대로 사용하기 시작해서 필자도 번역 용어 사용을 중단하였다. 이후 지속적으로 챗GPT로부터 촉발된 생성 AI 시대가 교육에 미칠 영향, 유의할 점 등에 초점을 맞춰 연재를 이어갔다.

전국의 교육자들을 대상으로 강연을 하면서 알게 된 것은 교육자 중에 인공지능 활용 기초 역량을 갖추고 있는 비율이 우리의 생각과 달리 그리 높지는 않다는 것이다. 코로나19 사태를 겪으며 교원들의 원격교육과 디지털 기기 활용 역량은 급속히 향상되었다. 그러나 아직도 교육자 중 상당수는 AI를 비롯한 다양한 디지털 프로그램 활용법을 잘 알지 못한다. 다행히 우리나라 교원 중에는 이러한 변화에 관심을 갖고 배우려는 의지를 가진 사람들이 상당히 많다. 하지만 기관 차원의 활용 역량, 즉 인공지능 활용 업무 담당자 배치도 잘 이뤄지지 않고 있다. 생성 AI가 워낙 빠르게 확산하고 있어서 기관들이 변화에 제대로 적응하지 못하고 있는 것 같다.

생성 AI와는 자연어*로 소통이 가능하므로 C나 Java와 같은 명령어를 따로 배우지 않아도 된다. 교수자들이 시행착오를 거치면서 명령어 작성 실력이 차츰 향상되고는 있으나, 한계를 느끼고 있음도 강연을 통해 알 수 있었다. 교원들이 생성 AI의 가능성과 한계 및 문제점, 활용 시 유의해야 할 점 등에 대해 연수를 하고, 명령어 작성 프롬프트 엔지니어링의 기초를 조금만 닦아도 문제점을 최소화하면서 수업 준비를 비롯한 수업 관련 활용도를 크게 높일 수 있을 것이다.

이 책은 다음과 같은 세 가지 목적을 가지고 있다.

첫째, 이 책은 필자와 같은 디지털 외계인을 염두에 두고 집필하였다. 디지털 외계인이란 디지털 기기와 소통하는 언어 및 문화에 익숙지 않아 잘 적응하지 못한 채 스트레스만 받는 사람, 디지털 세상에 익숙해지는 데도 많은 시간이 필요한 사람을 뜻한다. 그런데 거대언어모델LLM, Large Language Model을 바탕으로 한 생성 AI의 등장으로 컴퓨터 언어에 익숙지 않은 디지털 외계인들도 기계machine와 소통이 가능해졌다. 복잡한 프로그래밍을 해야 얻을 수 있던 답을 이제는 우리가 사용하는 일상의 언어를 통해서 곧바로 얻을 수 있게 된 것이다. 그래도 디지털 외계인들에게 인공지능을 비롯한 디지털 기계는 친근하지 않다. 이 책을 통해 컴퓨터 프로그래밍 언어를 비롯해 다양한 프로그램이나 용어에 익숙지 않은 교원들도 두려움 없이 인공지능과 소통하며 원하는 것을 얻어낼 수 있도록 돕고자 한다. 그들이 디지털 세상에서 생존하는 데 필요한 기술만이 아니라 새로운 세상을 창조하는 데 앞장설 수 있는 기술과 관점도 찾아보고자 한다.

둘째, 이 책은 생성 AI를 교육과 연구 목적으로 사용할 때 유의할 점에 초점을 맞추고 있다. 교육의 특성상 교수자들은 생성 AI가 내놓는 답변

---

* 우리가 생활 속에서 쓰고 있는 언어. 인공 언어의 상대 개념이다.

의 오류 가능성, 윤리적 활용과 사생활 보호 등에 대해서도 경각심을 가지고 대응해야 한다. 나아가 생성 AI가 교육에 미칠 긍정적인 변화만이 아니라 부정적인 영향에 대해서도 잘 알고 있어야 한다. 그러지 않으면 의도와 달리 오히려 학생의 성장을 저해할 수도 있기 때문이다.

피츠버그대학의 옹 박사에 따르면, 미국 인공지능 전문가 중 상당수는 생성 AI를 중독성과 의존성이 강한 마약에 비유한다. 챗GPT를 비롯한 생성 AI는 한번 사용해보면 그 효과가 워낙 커서 끊기가 어려운 의존성이 높은 디지털 기계이다. 그 기계에 의존하다 보면 중독성이 생겨, 기계 없이는 독자적으로 교수학습 활동을 하기 어려운 교수자와 학생이 증가하게 될 가능성이 높다고 한다. 이러한 두려움 때문에 미국 뉴욕 교육청은 2023년 1월에 챗GPT 사용 금지령을 내렸다. 그러나 금지령의 실효성이 떨어지고 교육적 활용 가능성도 높아 5월에 금지령을 해제했다. 교육계가 생성 AI 시대에 제대로 대응해야만 부작용을 최소화하면서 교육혁신을 이룰 수 있을 것이다. 이 책에서는 계산기의 등장이 수학 교육에 미친 영향 분석을 통해 생성 AI의 등장에 교육계가 어떻게 대응하는 것이 바람직할지에 대한 방향도 제시한다.

학생 개인 맞춤형 지원을 비롯해 동기부여도 가능한 '완벽하고 이상적인 교육용 챗봇'이 등장할 때까지는 인공지능 활용을 금하거나 최소화해야 한다는 신중론을 주장하는 사람들도 있다. 반면 생성 AI 활용의 교육적 효과를 확신하며 적극 수용론을 펼치는 사람들도 있다. 신중론은 학생들을 대상으로 하는 교육에서는 위험성을 감수하기보다는 안정성과 효과성이 입증된 후에 도입해도 늦지 않다는 관점으로, 유럽 국가들이 주로 취하는 입장이다. 적극 수용론은 피할 수 없는 상황이라면 위험성을 최소화하며 적극적으로 적용하는 것이 우리 교육이 앞서가는 데 보탬이 될 것이라고 보는 관점이다.

신중론과 적극 수용론을 조화시키는 방법이 몇 가지 있다. 하나는 생성 AI 활용에 따른 교육상의 부작용에 대한 대응책을 철저히 마련하면서 활용 방법을 탐색하는 것이다. 교수자는 문제점을 인식하면서 보다 적극적으로 활용토록 권장하되, 생성 AI를 수업 중에 활용하는 것에 대해서는 보다 신중하게 접근할 필요가 있다. 다른 하나는 기관 혹은 교수자 차원에서 자율적으로 접근하도록 허용하는 것이다. 이 경우에는 기관과 개인 간의 차이가 매우 커질 수 있다. 이 책에서는 기관과 개인이 자율적으로 접근하되, 부작용에 철저히 대비하며 활용할 수 있도록 아이디어와 자료를 제공하고자 한다.

셋째, 이 책은 수업의 여러 단계에서 교수자와 학생이 생성 AI를 활용할 수 있는 체계적인 아이디어 및 자료를 제공한다. 교수자가 수업 준비, 수업 자료 제작, 수업 진행, 학생 평가, 학급경영 등의 다양한 교육활동을 하는 데 인공지능을 어떻게 활용할 수 있는지 단계별로 구체적인 예시를 들어 설명한다. 신문 칼럼을 함께 연재했던 옹 박사가 공동저자로 참여를 망설인 이유는 이 부분 때문이다. 챗GPT는 동일한 명령을 입력하더라도 시간과 장소에 따라 답변이 달라진다. 이러한 여건에서 실험한 결과를 책으로 출판하면 독자들에게 오해를 불러일으킬 수 있으므로 자료와 아이디어 부분은 포함하지 않아야 한다는 것이 그의 생각이다. 그러나 강연을 해보니 교수자들이 원하는 것은 구체적인 활용 아이디어였다. 결국 단독 저술로 하면서 교수자들의 기대에 부응하는 책을 출판하기로 했다.

옹 박사가 지적한 또 다른 문제점은, 이 책의 내용이 교수자의 시간과 노력을 절약해주는 효과가 있지만, 챗GPT를 포함한 특정 인공지능 제품을 홍보하는 효과도 있다는 것이다. 챗GPT-3.5는 무료이지만 유료 버전이 나와 있어서 그가 지적한 문제점도 일리는 있다. 하지만 이 책에서 실험적으로 제시하고 있는 예시는 특정 제품만이 아니라 다른 생성 AI에도 적용할 수 있으므로 크게 문제가 되지는 않을 것이다.

  교수자들이 수업 준비를 인공지능에 크게 의존하게 되면, 인공지능 제공 회사가 이를 악용할 소지가 높다. 특정 제품 없이도 살았던 사람들에게 그 제품을 무료로 제공하다가 그것 없이는 살아가거나 경쟁하기가 힘들어지면 가격을 크게 올리는 것이 제국주의 침략 방식의 하나이다. 기업은 수익을 목표로 한다. 페이스북을 비롯한 SNS 회사들은 사회적 부작용에도 불구하고 '좋아요' 기능 등을 최대한 활용해 사용자의 체류 시간을 늘리는 중독성 증폭 프로그램을 강화하고 있다. 챗GPT도 예외는 아니다. 무료 버전을 쓰던 사람들이 불편함 때문에 유료 버전으로 갈아타고 있다. 사용료를 내리겠다고 하지만 지켜볼 일이다. 뛰어난 인공지능을 활용할 때도 그 서비스가 무한정 공짜일 수는 없음을 인식하며 접근해야 한다. 이에 대한 대처는 개인이 아니라 사회와 국가 수준에서 해주어야겠지만, 개인 교수자도 자신의 수업 준비, 수업 진행, 평가 역량이 약화되지 않도록 늘 갈고 다듬어야 할 것이다. 교육자인 우리는 학생과 사회인들의 인공지능 의존도가 높아지고, 그 결과 개인의 역량이 저하되는 것을 막기 위해 지속적으로 노력해야 할 책임도 지고 있음을 깨달으며 이 책을 활용하기 바란다.

  당분간은 생성 AI 시대라고 하더라도 가르침과 배움의 본질이 크게 바뀌지는 않을 것이다. 가르침과 배움은 무엇인지, 배움은 어떤 과정을 통해 어떻게 이뤄지는지, 그리고 교수자의 역할은 무엇이 되어야 할지에 대해 지속적으로 연구하며 역량을 강화해가야 한다. 생성 AI 시대에는 교수자가 갖춘 지식과 역량이 더욱 중요해질 것이다. 생성 AI를 잘 활용하려면 이용하고자 하는 분야에 대한 충분한 지식과 경험을 갖추고 있어야 한다. 잘 알지 못하면 챗GPT를 비롯한 생성 AI 답변의 오류 식별이 어려워 활용도가 크게 떨어진다. 또 생성 AI는 교수자가 가지고 있는 기본 지식과 역량의 차이를 더욱 증폭시키는 결과를 가져올 것이다. 동일한 시간 동안 동일한 집중도로 책을 읽더라도 새로 습득하는 지식이나 느낌은 개인이 가지고 있는 지식의 양에 따라 큰 차이를 보인다. 학습은 이미 가지고 있는 지식의 체계를 이용하여 이를 보강하는 활동이기 때문이다. 생성 AI 활용에 따른 '학습의 빈익빈 부익부 현상'이 가속화되면서 교수자 및 학생들의 지식과 역량 양극화는 더욱 심해질 수 있다. 이 책이 생성 AI 시대를 살아가는 교수자들이 최고의 교육자가 되는 데 보탬이 되길 기대한다.

이 책은 2017년에 출판된 저자의 『최고의 교수법』쌤앤파커스 출판사 후속작이다. 『최고의 교수법』은 교수자의 가르침의 본질 및 동기부여에 보탬이 될 아날로그 시대의 '하이터치 High Touch'에 초점을 맞춘 책이다. 디지털 AI 시대의 하이터치 교수법 책은 추후 출판을 계획하고 있다. 『생성 AI 시대 최고의 교수법』은 교수자의 교수 활동 시간 절약 및 교육 역량 강화에 보탬이 될 '하이테크 High Tech'에만 초점을 맞춘 책임을 밝힌다. 두 권의 책을 함께 활용할 때 교수자들은 생성 AI 시대의 '하이터치 하이테크' 기법을 모두 갖춘 '최고의 교수자'가 될 수 있을 것이다.

이 책은 많은 분들의 도움을 바탕으로 만들어졌다. 앞서 언급한 것처럼 미국 피츠버그대학교의 네이산 옹 Nathan Ong 박사 그리고 Eleonor Rico의 협업과 도움이 가장 컸다. 이 책이 세상의 빛을 보게 한 천재교육의 편집장님, 그리고 내 연구실 제1호 제자인 김황 팀장, 그리고 천재교육 관계자들께도 감사를 드린다. 책을 꼼꼼히 읽으며 의견을 준 광주교대 임수진 교수님, 서울교대부설초등학교 김수호 선생님, 추천사를 써주신 김대중 전남교육감님, 조희연 서울교육감님, 하윤수 부산교육감님, 그리고 조기성 선생님전 스마트교육학회장께도 고마움을 전한다. 끝으로 오늘의 내가 있게 한 어머니 김점덕 님과 아버지 박형경 님, 평생을 묵묵히 뒷바라지해온 양성숙 여사와 세 딸 효원, 효진, 효산, 그리고 나의 미래인 손자 김태호 군과 공핸리한국 이름 박태양 군에게도 이 책을 바친다.

이 책의 구성 및 활용법

　이 책은 아래와 같이 1부, 2부, 3부로 구성되어 있다. 처음부터 차례대로 읽어 나가는 것이 가장 좋지만, 챗GPT 명령어 작성법과 수업에 활용하는 것이 주 관심사라면 ■색으로 표시된 제2장 '명령어 작성 기초'와 제3부 '생성 AI를 활용한 수업 혁신' 5개 장을 먼저 읽어도 된다.

**1부
디지털 외계인과
생성 AI**

- **제1장** 생성 AI 시대, 교육자가 꼭 알아야 할 것들
- **제2장** 디지털 외계인용 명령어 작성 기초

**제2부
생성 AI 시대의
학교교육**

- **제3장** 생성 AI 시대의 학교교육의 변화
- **제4장** 생성 AI 시대의 글쓰기 방식의 변화

**제3부
생성 AI를 활용한
수업 혁신**

- **제5장** 수업 준비에 생성 AI 활용하기
- **제6장** 수업 진행에 생성 AI 활용하기
- **제7장** 학생 평가에 생성 AI 활용하기
- **제8장** 학급경영에 생성 AI 활용하기
- **제9장** 생성 AI 활용해 수업 혁신하기

디지털 외계인을 위한 챗GPT 이용 방법

1. 공식 사이트(https://openai.com/blog/chatgpt)에 접속한다.

2. Introducing ChatGPT 홈페이지 왼쪽 하단의 Try ChatGPT 을 클릭한다.

3. 구글 계정이 있다면 Log in 버튼을 눌러 로그인을 하고, 없다면 Sign up 버튼을 눌러 회원가입을 한 후 접속한다.

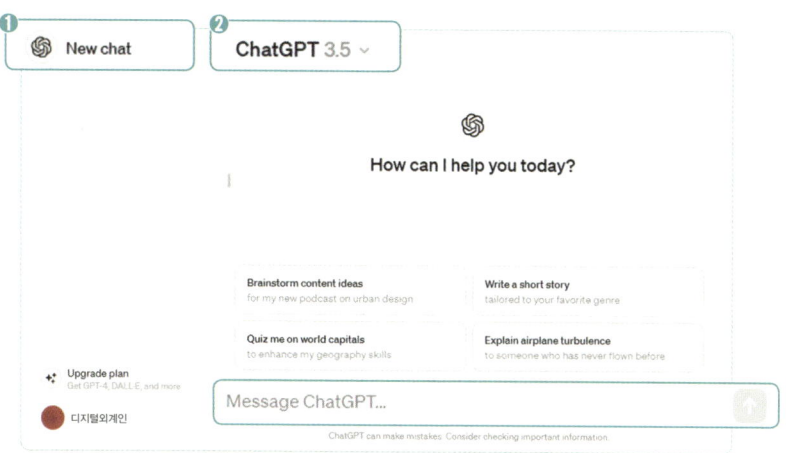

4. 챗GPT에 질문하고 싶은 내용을 입력하고 엔터를 눌러 응답을 기다린다.
   ❶ 새로운 내용의 질문을 생성할 수 있다.
   ❷ 챗GPT-3.5는 무료 버전이다. 더 나은 답을 얻고 싶다면 유료 버전의 ChatGPT-4를 사용할 수 있다.

 **제1부 디지털 외계인과 생성 AI**

제1장 생성 AI 시대, 교육자가 꼭 알아야 할 것들

1. 생성 AI 시대, 편리하지만 왠지 겁나 26
비전문가도 전문가같이 · 26
소비자이자 생산자인 컨듀서가 되자 · 28
교육자와 학습자의 역할도 변한다 · 33
생성 AI 시대 교육자와 학습자가 유의해야 할 것 · 35
생성 AI 시대 스트레스 어떻게 대처할까? · 36

2. 디지털 교육매체 홍수 시대, 어떻게 헤쳐나갈까? 38
디지털 교육매체, 어떤 게 있을까? · 39
교육매체 활용, 쉽지가 않다! · 45
디지털 교육매체가 가야 할 방향은? · 51

3. 생성 AI 사용 시 이건 꼭 기억해야 54
챗GPT의 작동 원리와 한계 · 54
거짓말도 하는 생성 AI · 56

4. 생성 AI 활용 컨설팅 시스템이 필요하다 61
생성 AI 활용 컨설팅 시스템, 왜 필요한가? · 61
생성 AI 활용 컨설팅 시스템, 어떻게 구축할까? · 62
생성 AI 활용 실태 분석이 필요하다 · 63
생성 AI 활용 효과와 확장 가능성은? · 65
부작용에 대한 대응책도 필요하다 · 67

제2장 디지털 외계인을 위한 명령어 작성 기초

1. 명령을 잘해야 한다 70
2. 명령을 잘하려면 71
구체적으로 써라! · 72
줄을 바꿔 가며 핵심만 간결하게! · 73
원하는 답을 얻을 때까지 수정, 보완하라! · 74
예시문을 제시하라! · 75
영어로 쓰면 좀 더 나은 답을 얻는다! · 76
전문용어는 영어로 써라! · 76
출처를 요구하고 확인하라! · 76
명령어 파일을 만들어두면 편리하다 · 77

3. 명령어 구조화 틀 ... 78
4. 명령을 보완할 때 효과적인 표현들 ... 84
   구체적인 요청을 위한 문장 · 84
   명령어를 수정·보완하는 데 사용할 단어 · 85
5. 생성 AI를 이용하여 명령어 만들기 ... 86
   질문을 좀 더 효과적으로 하고 싶을 때 · 86
   어떻게 질문해야 할지 모를 때 · 88
6. 다른 사람의 명령어 참고하기 ... 91
   프롬프트 모음 사이트 · 91
   초심자용 프롬프트 사이트 · 92
   역량 강화를 위한 프롬프트 사이트 · 96

 제2부 생성 AI 시대의 학교교육

제3장 생성 AI 시대 학교교육의 변화

1. 가장 좋은 미래 예측 방법은 미래를 발명하는 것 ... 102
2. 전자계산기 도입 사례에 비추어 볼 때 ... 106
3. 이상적인 교육용 생성 AI가 나온다면 ... 110
4. 학교교육에서 생성 AI는 어떤 역할을 할까? ... 115
   교육과정에서 챗GPT를 어디까지 활용할 수 있을까? · 115
   초등교육에는 어떻게 활용할 수 있을까? · 119

제4장 생성 AI 시대 글쓰기 방식의 변화

1. 글쓰기의 패러다임을 바꾼 챗GPT ... 125
2. 챗GPT의 거짓말과 창의적 협업 가능성 ... 129
3. 바드와 빙AI의 검색·요약 기능 활용하기 ... 137
   새로운 검색 엔진 '바드'와 '빙AI'의 가능성과 한계 · 137
   검색 기능 활용 글쓰기 · 139
   글 요약 기능 활용 글쓰기 · 142
   요약 기능의 수업 활용 가능성과 예상되는 문제 · 146

제3부 생성 AI를 활용한 수업 혁신

제5장 수업 준비에 생성 AI 활용하기

1. 강의계획서(수업계획안) 만들기 · 152
2. 차시별 강의록(수업지도안) 만들기 · 156
3. 수업용 PPT 슬라이드 개요 만들기 · 158
4. 수업 주제별 동기유발(재미있는 수업 진행) 아이디어 만들기 · 162
   동기유발 아이디어 · 162
   재미있는 수업 진행 아이디어 · 164
5. 수업 주제별·차시별 활동 계획 작성하기 · 168
6. 수업 자료 제작하기 · 172
   텍스트 자료 · 172
   지침 개발 · 173
   가상 또는 실제 사례 · 174
   온라인 자료 및 시각 자료 · 175
   그림 인식 기능 활용한 수업 자료 제작 · 178
   토론 주제 · 181
   요약 자료 · 181
   역할극 시나리오와 대본 · 184
7. 그 밖의 수업 준비 · 188
   첫 시간 마음 열기(아이스 브레이킹) · 188
   학습공동체 형성 및 강화 활동 · 189
   블로그 게시물 생성 · 191
   포괄적 아이디어 구하기 · 192
8. 수업 준비에 활용할 수 있는 다양한 인공지능 · 193
   PPT 제작 특화 인공지능, 감마 · 194
   PDF 파일 요약, 분석해주는 챗GPT-4와 ChatPDF · 195
   PDF 파일 종합 해결사 I Love PDF · 196
   유튜브 텍스트 자동 다운로더 · 197
   새로운 차원의 번역 및 요약 인공지능 챗GPT와 제미나이, 아숙업, 딥엘 · 199

제 6 장 수업 진행에 생성 AI 활용하기

1. 수업 중 생성 AI 사용 옹호론과 신중론 204
2. 교사가 활용할 수 있는 개인 맞춤형 학습 지원 212
맞춤형 읽기 자료 · 212
대화형 퀴즈 및 연습 문제 · 212
개인화된 피드백 및 제안 · 213
대화형·참여형 학습 경험 · 214
개인화된 요약 및 학습 가이드 · 216
개인 맞춤형 튜터링 · 216

3. 학생이 개인 학습에 생성 AI를 활용하는 방법 · 217
생성 AI 활용 글쓰기 · 217
생성 AI 활용 글 보완하기 · 220
개념 이해 · 221
문제 풀이 · 221
외국어 학습 · 222
과목별 용어 학습을 위한 플래시 카드 만들기 · 223
디지털 튜터 역할 · 224
공부 노트 만들기 · 224
생성 AI의 답변 예측 및 평가하기 · 225
생성 AI를 활용해 비판 역량 키우기 · 226

4. 수업 중 활동에 생성 AI를 활용하는 방법 · 229
시뮬레이션 학습(Simulation-Based Learning) · 229
일대일 토론 · 230
조별 활동에서 사고의 폭 넓히기 · 231
AI와의 협업 역량 제고 · 232

5. 생성 AI와 함께 하는 수업: 중학교 2학년 국어 '시 쓰기' 233
개념 이해를 돕기 위한 자료 만들기 · 233
반어, 역설, 풍자가 들어간 시 찾기 · 236
반어, 역설, 풍자가 들어간 시 예시 만들기 · 237
기본 개념에 대한 학생의 이해 정도와 창작한 시 평가 · 238

제7장 학생 평가에 생성 AI 활용하기

1. 평가 문항 만들기　　　　　　　　　　　　244
　학습 활동 지원 · 244
　시험문제 만들기 · 245
　수행평가 아이디어 얻기 · 247

2. 채점 기준표(rublics) 만들기　　　　　　　251
　보고서 채점 기준표 · 251
　보고서 발표 채점 기준표 · 253

3. 서술형 과제 채점 및 평가　　　　　　　　255
　과제 파일 혹은 텍스트 제시하고 평가받기 · 256
　인터넷 사이트에 올린 글 평가받기 · 257
　생성 AI 간의 평가 결과 비교 · 258

4. 보고서 피드백하기　　　　　　　　　　　261
　일반적 피드백 아이디어 · 261
　인지적 · 정서적 피드백 · 262

5. 생활기록부 작성하기　　　　　　　　　　269

제8장 학급경영에 생성 AI 활용하기

1. 수업용 규칙과 수칙　　　　　　　　　　　272
　수업 중 생성 AI 활용 시의 규칙과 수칙 정하기 · 272
　수업 규칙과 수칙 정하기 · 274

2. 학급경영 활동　　　　　　　　　　　　　276
　학기 첫날 첫 만남 준비 · 276
　학급 규칙과 수칙 정하기 · 278
　수업경영 · 279
　행동경영 · 279
　교실환경 · 280

3. 그 외 수업 및 학생지도 활동　　　　　　　　　　283
　　학부모에게 보내는 자기소개 편지 · 283
　　반 전체 학생의 분위기와 특징을 학부모에게 소개하는 서신 · 285
　　문제 학생 부모에게 보내는 공식 통신문 · 286
　　문제 학생과의 상담 시나리오 · 286
　　문제 학생 부모와의 상담 시나리오 · 287
　　학부모 메시지에 대한 답신 · 288
　　어버이날 축하 서신 · 289
　　상장 문구 · 289
　　감사패 문안 · 290
　　회의록(노트) 초안 활용 완성문 작성 · 291

제 9 장　생성 AI 활용해 수업 혁신하기

1. 다양한 학습이론 적용해보기　　　　　　　　　　293
　　새로운 이론 이해하기 · 293
　　다양한 이론 적용하여 수업안 수정하기 · 297
　　기존의 이론 적용하기 · 298

2. 수업 게임화(gamify)하기　　　　　　　　　　300
　　수업을 위한 게임 만들기 · 300
　　평가와 피드백 게임화하기 · 301
　　스토리텔링과 내러티브 요소 도입하기 · 301
　　우호적인 경쟁 및 팀워크 조성하기 · 302
　　역량 혹은 정서 촉진하기 · 302
　　게임화 타당성 확인하기 · 303

3. 기타 수업 혁신을 위한 아이디어　　　　　　　　　　304
　　특정 주제 설명 방법 · 304
　　학습 성찰(돌아보기) · 304
　　교과 통합 수업 · 306

맺는말　　　　　　　　　　308
　　참고 문헌 · 310
　　사진 출처 · 315

일러두기

- Generative AI를 보통 '생성형 AI' 또는 '생성 AI'로 부르고 있는데, 굳이 '형'을 넣을 필요가 없다고 보아 이 책에서는 간편하게 '생성 AI'로 부른다.
- 이 책에서는 현재 쓰이고 있는 다양한 생성 AI를 다루지만, 질문(명령어)과 답은 주로 챗 GPT-4를 활용하였음을 밝혀둔다.
- 생성 AI의 답변 중 어법에 맞지 않아 이해에 어려움이 있는 경우, 독자의 편의를 위해 다듬어서 제시하였다.
- 생성 AI에 입력하는 명령어와 생성 AI의 답변은 다음과 같이 구분하여 표시하였다.

    생성 AI에 입력하는 명령어   나 → 이 그림을 생성한 프롬프트를 구체적으로 알려줘.

    생성 AI의 답변   → 이 그림은 다음 프롬프트를 사용하여 생성되었습니다.

- 챗GPT가 아닌 생성 AI의 답변은 아래와 같이 아이콘을 달리하여 표시하였다.

    바드   제미나이 Gemini   빙AI   코파일럿   아숙업

- 명령어 중 [　　]로 표시된 부분은 자신의 상황에 따라 응용하여 써넣는 부분을 뜻한다.

제 **1** 부

디지털 외계인과
생성 AI

일반인이 취미 삼아 어느 분야의 역량을 기르고자 할 경우, 과거와 달리 앞으로는 특정 기법을 터득하는 데 많은 시간과 노력, 그리고 돈을 투자할 필요가 없게 되었다. 나름의 독창적인 아이디어만 있다면 작곡 AI, 화가 AI, 웹툰 제작 AI, 디자인 AI, 프로그래밍 AI 등의 다양한 AI를 통해 아이디어를 힘들이지 않고 구현할 수 있는 시대가 되었다. 챗GPT와 같은 생성 AI는 그러한 시대를 더욱 앞당기고 있다.

제1장 생성 AI 시대, 교육자가 꼭 알아야 할 것들

　디지털 기술이 급속히 발전하는 가운데 50대 이상을 디지털 외계인, 30대에서 40대까지를 디지털 이주민, 20대 이하를 디지털 원주민이라고들 한다. 원주민이야 잘 적응해 살 테지만, 다른 나라에 가서 언어와 문화를 새로 배우고 적응해야 하는 이주민도 삶이 팍팍할 텐데, 외계인은 지구에 와서 적응하려면 오죽 힘들겠는가. 그런데 생성 AI 시대가 되면서 50대 이상만이 아니라 그 이하의 젊은 세대 중에도 디지털 외계인이 생겨나고 있다. 그런가 하면 나이가 많아도 디지털 원주민이 되어가는 사람도 생겨나고 있다. 생성 AI는 우리가 생활 속에서 쓰는 자연어로 소통이 가능하다 보니 생기는 일이다. 앞으로는 나이와 상관없이 생성 AI를 잘 다룰 줄 아느냐 모르느냐로 생성 AI 원주민과 이주민, 외계인으로 나뉠 것이다. 그리고 그 격차는 점점 더 커질 것이다. 교육자 역시 마찬가지다. 조만간 챗GPT를 비롯한 다양한 AI를 잘 다루는 교사와 그렇지 못한 교사로 크게 나뉠 것이다.

　그런 생각을 바탕으로 제1장에서는 급속히 발달하고 있는 생성 AI가 우리의 삶에 미치는 영향, 생성 AI 시대의 교육과 학습의 방향, 그리고 교육자와 학습자가 유의해야 할 점을 디지털 외계인의 관점에서 살펴보려고 한다.

I. 생성 AI 시대, 편리하지만 왠지 겁나

비전문가도 전문가같이

　다양한 분야에서 AI가 급속도로 발달하고 있다. 소비자의 입장에서 보면 4차 산업혁명 시대는 삶이 아주 편리해진 시대, 전문가만 할 수 있던 것을 일반인도 할 수 있게 된 시대라고 할 수 있다. 넘쳐나는 유튜브 방송 채널이 한 예이다. 다양한 앱들도 그렇다.

　10여 년 전에 스마트폰이 나오자 필자의 삶은 참으로 편리해졌다. 전국을 누비고 다녀야 하는 필자에게 고속버스와 기차 예매 앱, 택시 앱은 최고의 비서이다. 보이스 노트* 류의 앱은 말을 받아 적어 파일로 만들어주고, 오피스 렌즈** office Lens는 책을 텍스트 파일로 바꿔준다. 이러한 앱들은 우리의 수고를 덜어주며 삶을 편리하게 한다.

　2016년 어느 날, 우연히 접한 험온 HumOn이라는 앱의 충격은 아직도 가시지 않는다. 앱을 켠 후 콧노래를 부르고, 원하는 음악 형태 클래식, 뉴에이지, 팝와 원하는 악기를 선택하면, 콧노래 선율을 반영한 연주곡을 만들어준다. 만들어준 악보를 직접 편집할 수도 있다. 전문가가 아니라도 작곡이 가능해진 것이다. 동영상 편집 앱도 그렇다. 누구나 쉽게 동영상을 붙이고, 자르고, 배경 음악과 자막을 넣을 수 있다. 과거에는 전문가만이 할 수 있었고, 전문가가 되려면 많은 시간을 들여

---

* 음성을 인식하여 텍스트로 바꿔주는 앱.
** 이미지를 PDF, Word, PowerPoint 및 Excel 파일로 변환하여 인쇄할 수 있게 해주고, 필기 텍스트를 디지털 형식으로 생성하여 저장할 수 있게 해주는 앱.

기술을 익혀야 했다. 하지만 이러한 앱 덕분에 전문가가 아닌 사람도 이제는 조금만 관심을 가져도 쉽게 전문가 흉내를 낼 수 있게 되었다. 이제는 그 수준을 넘어 콘텐츠에 음악을 넣을 수도 있다. 콘텐츠의 장르와 분위기, 악기, 속도, 박자 등을 택하면 알아서 곡을 만들어 주는 더 진화한 AI가 등장한 것이다.

이준환 포자랩스 매니저는 "사용자가 원하는 음악의 장르와 분위기 등을 선택하면 AI가 이에 맞게 작곡해준다."고 했다. … 기자는 포자랩스가 내부적으로 구축해둔 비공개 플랫폼에서 장르는 '재즈', 분위기는 '업리프팅'을 선택했다. 이어 마우스를 몇 번 더 클릭해 어떤 악기를 쓸 것인지, 속도나 박자 등은 어떻게 할 것인지 설정했다. 곡은 10분이 채 되지 않아 완성됐다.

AI의 도움을 받을 수 있는 분야가 소설, 사진, 작곡, 그림, 웹툰, 동영상 제작, 건축 디자인, 의상 디자인, 컴퓨터 프로그래밍 등으로 그 영역이 급속히 넓어지고 있다.

생성 AI 시대가 열리면서 프로그래밍 언어를 모르고 다양한 앱이나 프로그램에 익숙하지 않은 디지털 외계인도 약간만 관심을 가지면 크게 힘들이지 않고 디지털 세계에 적응하며 살아갈 수 있게 되었다. 시인은 마음속에 흐르는 음성을 길어낼 수 있는 사람, 작곡가는 우리 마음의 선율을 들을 수 있는 사람이라고 한다. 과거에는 천부적 역량을 갖추었거나 전문 교육을 받은 시인과 작곡가만이 시를 쓰고 작곡을 할 수 있었다. 하지만 이제는 생성 AI의 도움을 받아 일반인인 우리도 마음의 선율을 악보에 옮길 수 있고, 마음에 흐르는 음성을 길

* 김하경. (2022.09.23.). "어떤 장르 원하세요?"… AI 작곡가, 10분 만에 한 곡 뚝딱. 『동아일보』.

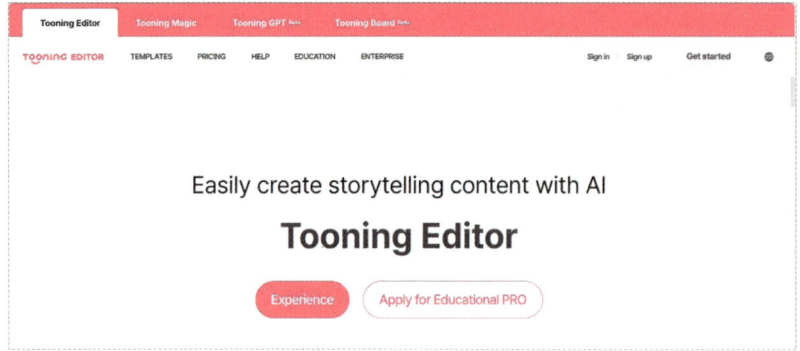

▲ 웹툰 제작 인공지능 '투닝'

어낼 수 있게 되었다. 물론 타고난 역량과 전문 교육을 받은 사람을 능가하기는 어렵겠지만 말이다.

AI 관련 교육은 대상이 해당 분야를 직업으로 삼고 살아갈 전문가가 되고자 하는지, 아니면 취미로 관심을 갖고 즐길 일반인^{비전문가}이 되고자 하는지에 따라 달라질 것이다. 일반인이 취미 삼아 어느 분야의 역량을 기르고자 할 경우, 과거와 달리 앞으로는 특정 기법을 터득하는 데 많은 시간과 노력, 그리고 돈을 투자할 필요가 없게 되었다. 나름의 독창적인 아이디어를 가지고 있다면 작곡 AI, 화가 AI, 웹툰 제작 AI, 디자인 AI, 프로그래밍 AI 등의 다양한 AI를 통해 아이디어를 힘들이지 않고 구현할 수 있는 시대가 되었다. 챗GPT와 같은 생성 AI는 그러한 시대를 더욱 앞당기고 있다.

소비자이자 생산자인 컨듀서가 되자

20여 년 전, 갓 출판한 책을 가지고 대학 은사님을 찾아뵌 적이 있다. 받은 책을 훑어보시더니 휙 던지며 "이런 쓰레기 좀 만들지 말게."라는 말씀을 하셨다. 아주 존경하는 분이고, 사적으로도 친한 관계이며, 그 은사님의 화법을 익히 알고 있었기에 활짝 웃으며 존 스타인벡의 말을 인용하여 답을 했다. 존 스타인벡은 40번째 작품인 『에덴의 동쪽』으로 노벨문학상을 수상할 때, 그 이전의 작품들은 이를 위한 습작에 불과했다는 이야기를 남겼다고 한다. 그래서 그 말을 인용하며, "선생님, 저도 열심히 쓰레기를 만들다 보면, 언젠가 좋은 책도 나오지 않겠습니까?"라고 하니 한 말씀 더 하셨다. "가시나무새는 죽기 전에 딱 한 번 운다네." 그래서 다시 답을 드렸다. "제대로 한 번 울어보지 못하고 죽는 가시나무새도 많습니다." 그러자 은사님께서는 껄껄 웃으셨다.

나중에 그분으로부터 박사학위를 받은 제자들이 나에게, 은사님이 박남기처럼 책을 쓰라고 하셨다는 얘기를 했다는 말을 했다. 그분은 자신의 소신이었는지 퇴임 때까지 단독 저서를 내지 않으셨다. 그러나 퇴임 후에는 한동안 직속 제자들과 함께 왕성한 저술 활동을 펼치셨다. 나는 그 후 여러 권의 책을 펴냈으나, 선생님 말씀의 속뜻을 새겨 내 강의 교재용 개론서는 집필하지 않았다. 대부분의 개론서가 서로서로 베낀 유사한 내용으로 이뤄져 있어서 그러한 개론서를 뛰어넘는 책을 구상했다. 그러나 여러 핑계로 완성하지 못한 채 정년을 앞두게 되었다. 내 학문 분야의 개론서와 관련해서는 결국 나도 아름다운 울음을 준비하다가 끝내 울지 못하고 죽은 가시나무새가 될 운명에 처해 있다.

책이라는 것은 저자들이 각고의 노력을 기울인 결과물이고, 출판사도 여러 가지를 따져 출판하기에, 특히 유명 출판사를 통해 출판된 책은 사회가 어느 정도 권위를 인정해준다. 필자의 책을 건네면 주위 사람들은 빈말처럼 죽기 전에 자신도 책 한 권 내보고 싶다는 이야기를 하곤 했다. 책 한 권 내는 것에 큰 의미를 부여하던 은사님 세대를 거쳐, 필자 세대는 그보다 자유롭게 책을 써냈다.

인간과 협업이 가능한 생성 AI가 등장하면서 AI와 협업한 책을 비롯한 다양한 형태의 작품들이 쏟아져 나오고 있다. 주제를 비롯한 여러 조건을 제시한 후 생성 AI에게 이야기를 쓰게 하고, 달리DALL·E 등의 그림 그려주는 AI에게 삽화를 그리게 하면, 동화작가만큼의 글 쓰는 실력이 없어도, 삽화를 그릴 줄 몰라도 동화책을 뚝딱 만들어낼 수 있게 되었다. 동화책만이 아니라 전문 분야의 책들도 이러한 방식으로 쏟아져 나오고 있다. 더구나 종이책이 아니라 디지털 출판도 가능하다 보니 앞으로는 과거와 비교할 수 없이 많은 책이 쏟아져 나오게 될 것이다. 자칫 AI의 도움을 받아 뚝딱 제작한 일부 무가치한 책, 세상을 어지럽히는 저급한 수준의 책들이 플라스틱처럼 지구에 넘쳐나지 않을까 걱정이 되기도 한다. 보석 가게에서 원하는 보석을 고르는 것도 힘든데, 쓰레기 산을 뒤져 그 안에서 보석을 찾아내야 하는 수고를 해야 하는 시대가 오는 것 같다.

하지만 이는 기우일 수도 있다. 굳이 책이라는 이름으로 출판되지는 않았지만 이미 수백억 개의 사이트를 통해 매일 다양한 글들이 생산되고 있다. 그렇다고 모두가 그 글의 홍수에 휩쓸려 가지는 않는다. 설령 책이라는 이름으로 디지털 세계를 떠돌더라도 사람들에게는 일반 웹사이트의 글들과 별반 차이 없는 것으로 받아들여지게 될 것이다.

책의 홍수 시대에 자신의 관심사와 관련된 책을 찾을 때는 기존의 방법과 함께 AI의 추천을 활용하게 될 것이다. 기존의 방법이란 주위 사람들, 해당 분야 전문가, 언론사, 책 소개 전문 사이트, 그리고 인터넷 검색 결과 등을 토대로 원하는 책을 찾는 것을 의미한다. 책 표지, 제목, 서문만을 보고 사거나, 추천 사이트의 추천 글을 보고 구입

했다가 후회한 경험이 있을 것이다. 가장 손쉬운 방법의 하나는 전자 제품을 고를 때 제조사브랜드를 보듯이, 잘 모르겠으면 저자가 해당 분야의 저명한 사람인지, 출판사는 믿을 만한 곳인지를 보는 것이다. 저자의 약력을 살펴보면 책의 수준을 어느 정도 짐작할 수 있다. 물론 이렇게 하면 새롭게 떠오르는 작가나 저자의 책을 놓칠 우려도 있다. 새로운 작가를 발굴하는 출판사, 언론사, 그리고 학계의 노력으로 늘 신인이 발굴되어왔기에 앞으로도 그러하리라 기대된다. 인터넷에 있는 서평을 찾아서 읽어보는 것도 도움이 된다. 서평을 읽을 때도 해당 사이트 운영자의 권위나 신뢰도 등을 먼저 따져보아야 한다. 향후에는 수없이 쏟아져 나오는 책 중에서 좋은 책을 골라주고, 필독서를 제시하는 공공 및 민간 기관이나 개인의 역할이 더욱 중요해질 것이다.

AI의 추천은 여러 분야에서 이미 다양하게 이뤄지고 있다. 책 추천의 경우, 교육부는 한국교육과정평가원과 함께 2021년 9월부터 학생의 독서 활동 이력을 인공지능으로 분석해 도서를 추천하는 웹서비스 '책열매책으로 열리는 매일'를 제공하고 있다. '책열매'는 AI 추천 알고리즘을 활용하여 학생 개인의 독서 성향에 맞춰 도서를 실시간으로 추천해준다. 조만간 책이나 논문 추천은 그에 특화된 생성 AI에 주로 의존하게 될 가능성이 높다. 생성 AI에게 관심 분야를 비롯하여 조건을 상세하게 제시하면 그 조건에 맞는 책이나 논문의 요약, 목차까지도 보여준다. 상업용 책 추천 AI의 경우에는 홍보비를 받은 출판사의 책을 먼저 추천할 가능성을 배제하기 어렵다. 이러한 문제를 완화하지 못하면 AI 추천에만 의존하는 사람은 유튜브 시청자처럼 AI에 끌려다니게 될 것이다.

독자와 달리 전업 작가들은 더 큰 어려움에 처할 것으로 보인다.

이미 2020년을 기점으로 신간 도서 수가 줄고 있다. 대한출판문화협회2022의 '2021년 출판 통계'에 따르면 2021년에 발간된 신간 도서는 64,657종으로 전년도에 비해 1.7%가 줄었다. 다양한 영상 매체와 SNS가 발달하면서 책을 읽는 사람이 줄고 있어서 이러한 경향이 지속될 가능성이 있다. 대한민국에서 전업 작가로 살면서 생계를 유지하는 사람은 그리 많지 않다고 한다. 생성 AI 시대, 누구나 재미로 책을 쉽게 써댈 수 있는 시대, 무료 전자책이 범람하는 시대가 되면 경쟁력을 가진 전업 작가 수는 더욱 줄어들게 될 것이다. 이제는 뛰어난 전업 작가보다는 각 분야에서 활동하는 사람들이 자신의 독창적 아이디어, 전문성을 바탕으로 AI와 협업하는 형태의 다양한 책들을 더 많이 쏟아내는 시기가 될 것으로 보인다.

소비자 역할만 하는 대신 전에는 전문가나 타고난 예술가들의 영역이라고 생각했던 분야를 넘나들며 자기 삶을 풍요롭게 하고, 동시에 창작생산에도 참여하는 사람을 컨듀서conducer; consumer + professional / producer라고 한다. 우리말로는 소생자소비자+생산자라고 하면 되겠다. 유사한 신조어로 프로슈머prosumer; professional/producer+consumer라는 말이 있다. 이는 1980년 앨빈 토플러가 『제3의 물결』에서 처음 사용한 용어로, 여러 의미로 사용되지만 주로 제품에 의견을 내는 등의 방식으로 생산에도 영향을 미치는 적극적 소비자를 의미한다.* 우리말로는 생산소비자 혹은 생비자로 번역되었지만 영어 발음을 살린 프로슈머가 널리 사용되어왔다.

프로슈머는 생산에 적극적으로 관여는 하지만 결국 소비자이다. 그러나 컨듀서는 소비자였으나 AI와의 협업을 통해 스스로 생산자 역할

---

* 나무위키. '프로슈머' 항목.

을 하는 사람을 의미한다. 만개하고 있는 생성 AI 시대를 막연히 두려워하기보다는 매일 등장하는 신기술을 조금씩 익히다 보면, 스마트폰 덕에 새로운 세상을 즐기듯이 생성 AI 덕에 다채로운 세상을 즐기게 될 것이다. 생성 AI 시대는 독자소비자와 작가생산자가 완전히 구분되는 세상이 아니라 소비자가 생산자 역할을 하는 것이 훨씬 쉬워진 시대, 즉 컨듀서가 가능해진 시대이다. 쓰레기에 휩쓸리지 않는 현명한 소비자, 한발 더 나아가 생성 AI의 도움을 받아 자신의 아이디어를 세상과 나누는 똑똑한 컨듀서소생자가 되어 보자.

교육자와 학습자의 역할도 변한다

AI 시대를 살아갈 일반인들에게 필요한 것은 해당 분야의 기초 지식과 기능, 그리고 자기만의 세상을 구축하는 바탕이 될 폭넓은 지식과 세계관이다. 이러한 시대적 요구는 학교교육에 반영될 것이다. 음악, 미술, 실과, 체육 수업 등에서는 기존의 수업에서 한발 더 나아가 활용 가능한 다양한 AI 프로그램을 소개하고, 이를 사용하여 수업을 진행하고, 학생들이 이를 사용할 수 있는 역량을 길러주며, 나아가 이를 활용하여 보다 풍요로운 삶을 영위할 수 있도록 지도하게 될 것이다. 이를 위해 각 과목 교사는 차시별 내용과 직결된 AI 프로그램을 확인하고, 이를 수업 내용과 연결할 수 있게 준비해야 한다.

여러 과목을 담당하는 초등교사는 다양한 AI를 직접 찾고 익혀서 가르치는 데 한계가 있을 것이다. 수업 중에 활용 가능한 AI 프로그램을 교육부 혹은 교육청 차원에서 정리하여 제공하고, 이를 활용하고자 하는 교사들에게는 필요한 연수를 제공한다면 수업 중에 더 널리 사용될 수 있을 것이다. 물론 AI 프로그램을 사용할 수 있는 인프라 구축은 필수이다. AI를 활용하면 수업 중에 학생들이 제작하는 작품의 질도 과거보다 높아질 것이다. 이를 SNS를 통해 공유하면, 학생들의 수업 참여 동기와 흥미를 제고할 뿐만 아니라, 다채롭고 살 만한 세상을 만드는 데도 보탬이 될 것이다. 챗GPT를 비롯한 생성 AI가 등장하면서 다양한 AI 프로그램을 배워야 하는 부담이 크게 줄어들었다. 하나의 AI가 여러 가지 역할을 동시에 수행할 수 있게 되었기 때문이다. 편리함과 높은 효율성 덕분에 앞으로 AI를 활용하는 교수자는 크게 늘어날 것이다.

해당 분야를 업으로 삼는 전문가가 되고 싶은 사람에게는 자기 분야의 AI 발달이 전문직을 위협하는 것이 아니라, 오히려 기존 인간의 한계를 뛰어넘는 전문가가 될 기회가 되고 있다. 가령 바둑의 경우, AI 덕에 프로들이 생각지 못했던 새로운 수가 계속 생겨나, 새로운 차원의 바둑을 둘 수 있게 되었다. 아티스트 두민이 독도를 소재로 AI와 협업한 작품은 국내에서 AI와 교감한 미술품의 첫 사례가 되었다.* 건축 및 건설 프로젝트 역량을 높이는 다양한 AI도 등장하고 있는데, 이러한 AI는 도시계획, 모듈러 건설, 내부 레이아웃 자동화를 위한 툴도구이 되고 있다.** 의상 디자인에서도 AI와의 협업은 급속도로 발전하고 있다. 가령 '2022 뉴욕 패션위크' 행사의 메인 무대에서 공개된 '특별한 컬렉션 '금성에 핀 꽃'Flowers on Venus'은 디자이너 박윤희와 AI 틸다Tilda의 협업 작품이었다.*** 유사 사례는 열거할 수 없을 만큼 늘어나고 있다. 각 분야 전문가들이 AI와 협업을 하면 아이언맨

---

* 김윤섭. (2020. 6. 29). "AI와 협업한 1호 화가…상상의 경계 확장". 매거진 한경
** 잭 모티스(ZACH MORTICE). (2023. 11. 7). "비전 설정과 문제 해결: 건축 디자인을 변화시키고 있는 AI". design&make.
*** 김태윤. (2022. 2. 16). "이 옷, AI가 디자인했다고?". 중앙일보.

수트를 장착한 인간처럼 인간의 한계를 넘어서는 새로운 경지에 도달할 수도 있을 것이다. 기존의 전문가들도 차츰 AI와의 협업에 관심을 갖게 될 것이다. 그리고 각 전문 분야의 신인들은 입문 단계에서부터 AI와 협업하는 역량을 갖추게 될 것이다.

각 분야의 전문가를 길러내는 고등교육과 평생교육 기관 교수자는 기존의 교육과정에 더해 AI와의 협업 역량을 강화하는 데도 초점을 맞추게 될 것이다. AI의 발달은 가르치는 사람들의 역할 변화, 교육과정 즉 가르치는 내용의 변화, 교수법의 변화, 학생 역할의 변화, 그리고 시설 설비의 변화로 이어지게 될 것이다.

생성 AI 시대 교육자와 학습자가 유의해야 할 것

AI 사용법을 익혀 교육에 활용할 때 유념할 것이 있는데, AI 의존도 심화가 자칫 교육자와 학습자의 교육력 및 학습 역량 약화로 이어질 가능성이 있다는 점이다. 우리가 아이언맨 수트를 장착할 체력, 심력, 인지력, 정의력을 기르지 않은 채 아이언맨 수트의 위력에만 의존하면 역량이 강화되는 것이 아니라 오히려 약해지게 될 것이다. 정보통신기술ICT; Information & Communications Technology 활용 교육 초기에 일부 교사는 소위 '클릭 교사'로 전락했다는 비판을 받기도 했다. AI든 가상 또는 증강 현실이든 모두 교사의 교육력이 튼튼해야 교육의 효과를 높여주는 역할을 한다. AI 시대의 교사는 교육 내용만이 아니라 교육철학, 생활지도를 포함한 학급경영 역량, 학습 동기 유발을 비롯한 교수법 등에 더욱 관심을 가져야 한다. 그러지 않으면 AI로 인해 교사의 교육력이 저하되면서 교사 무용론이 대두될 수도 있다.

학습자 또한 AI 의존형이 아니라, AI 활용형 인간이 될 수 있도록 자신의 기본 역량을 길러야 한다. 그러지 않을 경우 역량을 갖춘 뛰어난 인간이 되는 것이 아니라, AI에 의존하는 무능한 인간으로 전락하게 될 수도 있다. 가령 길 찾기 앱, 전화 앱 등으로 인해 인간의 길 찾는 역량, 기억 역량이 저하되고 있다는 보도가 이어지고 있다. 예술 활동을 비롯한 창의적 활동에 대한 AI 의존도가 높아지면 인간의 고급 역량마저 저하하게 될 것이다.

우리가 바라는 것은 AI의 도움을 받아 뛰어난 역량을 갖춘 인간이 되는 것이지, AI에 의존하여 오히려 역량이 약화한 인간이 되는 것이 아님을 기억해야 한다. 교육자와 학습자 모두 마찬가지이다. 이러한 위험성도 염두에 두며 AI 활용 교육과 학습 효과를 제고하는 방향을 제시하고자 한다.

생성 AI 시대 스트레스, 어떻게 대처할까?

경인교대 컴퓨터교육과 교수가 초등학교 실과 시간에 진행되는 컴퓨터 프로그램 공개수업에 참가했다가 놀랐다고 한다. 컴퓨터실에서 교사가 학생들에게 웹사이트 주소url를 제공하고 해당 사이트에 접속하라고 했더니 절반 가까운 학생들이 접속을 하지 못하고 있더란다. 궁금해서 학생들에게 다가가 보니 교사가 제공한 웹사이트 주소를 주소창에 붙여넣기까지는 했는데, 입력 후 엔터를 눌러야 한다는 기본적인 사실마저 몰라 접속을 못 하고 있더란다. 이처럼 지금은 모두가 적응 스트레스를 받고 있으나, 이 과정을 거치면서 우리 모두는 급속한 성장을 이루게 될 것이다. 생성 AI의 등장으로 적응 스트레스는 크게 줄어들 것으로 기대된다. 교육청과 학교, 교직단체, 전문가 집단이 나서서 교육자와 학습자들이 쉽게 적응할 수 있도록 돕기를 기대한다.

스트레스는 적응해야 하는 것을 알면서도 필요한 노력을 기울이지 않을 때 커진다. 삶의 디지털화는 피할 수 없는 시대의 흐름이다. 자신은 디지털 외계인이어서 어쩔 수 없다며 적응을 포기할 것이 아니라, 적극적으로 대응하고, 디지털 외계인 연합이라도 만들어 서로가 서로에게 보탬이 되도록 해보자. 물론 AI 개발업체는 사용자 친화적 AI가 되도록 더 노력해야 할 것이다. AI를 비롯한 디지털 기기나 프로그램을 사용하려다 막히면 바로 도움을 청할 수 있는 기관이 있으면 좋을 것이다. 디지털114와 같은 기관이 있어서 아무리 사소한 것이라도 문의하여 곧바로 도움을 받을 수 있다면, 급변하는 디지털 시대의 적응 스트레스는 크게 줄 것이다.

2. 디지털 교육매체 홍수 시대, 어떻게 헤쳐나갈까?

교사와 학생들의 수업과 학습에 도움이 된다는 디지털 기반 교육용 매체도구들이 넘쳐나고 있다. 영화 '아이언맨'에서 주인공이 아이언맨 수트를 입으면 하늘을 자유자재로 날아다닐 수도, 엄청난 힘과 전투력을 발휘할 수도 있는 초능력자가 된다. 각종 교육매체들은 자신들이 그러한 역할을 수행할 수 있을 것처럼 홍보하고 있다. 하지만 요즘 출시된 대부분의 디지털 교육매체는 손만 내밀면 저절로 내 몸에 입혀진 후, 내 말을 잘 알아듣고 미션을 수행하는 첨단 아이언맨 수트와 같은 프로그램이 아니다.

매체마다 용도가 다르고, 각각의 사용법도 터득해야 하는데 쉽지가 않다. 그러다 보니 오히려 교육매체에 압도당하기도 한다. 그 결과 어떤 매체도 제대로 활용하지 못하거나, 아예 매체 사용에 거부감을 표하는 교사도 늘고 있다.

이 문제를 어떻게 완화할 수 있을까? 그에 대한 해답을 찾기 위해 먼저 대학교수용 매체에 초점을 맞추어 대학에서 사용되고 있는 교육용 매체의 종류를 소개하고, 이어서 왜 교수 또는 교사들이 다양한 매체를 활용하는 데 어려움을 겪고 있는지를 설명하려고 한다. 그리고 마지막으로 향후 교육매체가 나아가야 할 방향을 제시할 것이다.

독자의 이해를 돕기 위해 필자와 네이산 옹이 한국과 미국 대학에서 직접 사용해보았거나 동료들이 사용하고 있는 디지털 교육매체를 바탕으로 논의를 전개하겠다.

디지털 교육매체, 어떤 게 있을까?

코로나19 상황으로 교육자들은 원격 교육 환경에 빠르게 적응해야 했다. 서둘러 원격 평가를 도입해야 했고, 다양한 디지털 교육매체도 활용해야 했다. 물론 코로나 이전에도 교수를 지원하고 학생 성적 향상을 돕기 위해 디지털 매체를 사용하고는 있었다. 비대면 상황이 되자, 디지털 교육매체의 일차적인 목적이 비대면 수업을 가능하게 하고 이를 관리하는 것으로 인식되기도 했다. 하지만 원래 디지털 교육매체가 지향하는 것은 교수들의 수업 준비 및 진행 관련 작업량 절감, 수업의 효율성과 효과성 제고, 소통 지원 등과 같이 교수나 학생들이 힘들어하는 부분을 돕는 것이다.[*]

우리나라 교육기관에서 학생과 교수 또는 교사가 사용하고 있는 교육용 매체는 다음과 같이 구분할 수 있다.

1) 온라인 강의 시스템
2) 수업 보조 시스템
3) 자동 평가 및 채점 시스템
4) 온라인 성적 및 출결 관리 시스템
5) 진로 지원 시스템
6) 학습 관리 시스템 LMS

온라인 강의 시스템은 잘 아는 것처럼 온라인 실시간 강의 혹은 동영상 강의를 제공하는 인터넷 서비스이다. 필자의 경우 대학이 제공한 줌zoom을 이용해 실시간 강의를 진행했다. 하지만 상황에 따라 국

---

[*] 교수 활동과 직접 관련되지 않는 행정용 소프트웨어, 예를 들어 직원 관리(급여, 인사, 불만 처리), 재무 계획(등록금, 장학금, 대출), 연구 관리, 건강 관리(보험, 정신 건강)용 소프트웨어는 다루지 않는다. 또 교수자와 무관하게 작동되는 매체(지능형 튜터링 시스템, MOOC)도 논의 대상에서 제외한다.

내 업체가 개발한 온·오프 동시 강의 시스템 온더라이브를 이용할 수도 있다. 온더라이브는 현재 한국교육학술정보원의 'e-학습터'에 탑재되어 있어서 초중등학교에서는 무료로 사용 가능하다. 이는 회의용인 줌과 달리 수업용 프로그램으로 출결 점검, 수업 참여 점검, 퀴즈 등등 다양한 기능이 포함되어 있다. 최대 5개까지의 카메라를 사용하여 교수자, 교실에서 오프라인으로 수업에 참여하는 학생, 수업 자료, 칠판, 그리고 집에서 참여하는 학생의 모습까지 모두 볼 수 있게 되어 있다.

온더라이브를 제외한 대부분의 온라인 강의 시스템은 하나의 카메라로 한 각도에서 교수자의 강의 모습을 전달하기 때문에 수업을 받는 학생들이 금방 지루해지게 된다. 이 문제를 보완하기 위해 사용한 것이 코라드라는 회사가 제공한 애니셋 가상스튜디오이다. 요즘 대부분의 방송사들은 가상스튜디오를 활용해 뉴스를 비롯한 다양한 프로그램을 제작한다. 애니셋 가상스튜디오에서 강의를 하면, 다양한 가상스튜디오에서 여러 대의 카메라로 다양한 각도에서 강의하는 모습을 송출할 수 있고, 가상스튜디오 안으로 학생들을 불러들일 수도 있어서 학생들의 참여도와 몰입도를 높일 수 있다. 그리고 다른 동영상 제작 프로그램과 달리 애니셋을 통해 동영상 강의를 제작하면, 강의 종료와 동시에 동영상을 컨버팅(전환)하는 과정 없이 곧바로 유튜브, 한국교육학술정보원 혹은 원하는 곳에 탑재할 수 있어서 시간도 절약된다. 이 외에도 동영상 제작용 프로그램은 아주 다양하다.

수업 보조 시스템이란 대면과 비대면 수업 중에 수업의 몰입도, 참여도 등을 높이기 위해 사용하는 다양한 보조 프로그램을 말한다. 널리 사용하고 있는 멘티미터, 패들렛, 크롬에 탑재되어 있는 잼보드, 퀴즈앤 등 많은 프로그램이 있다. 이중 퀴즈앤은 자동 평가 및 채점

▲ 멘티미터

▲ 잼보드

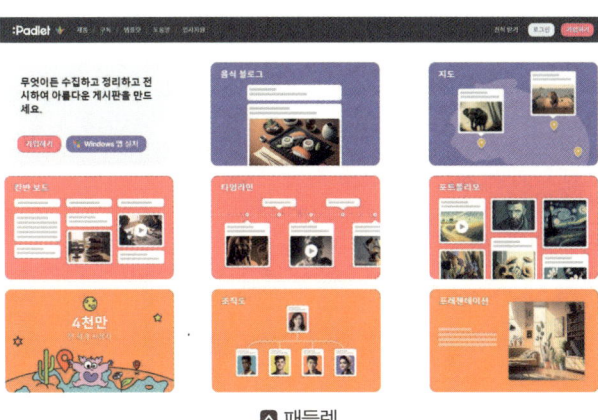

▲ 패들렛

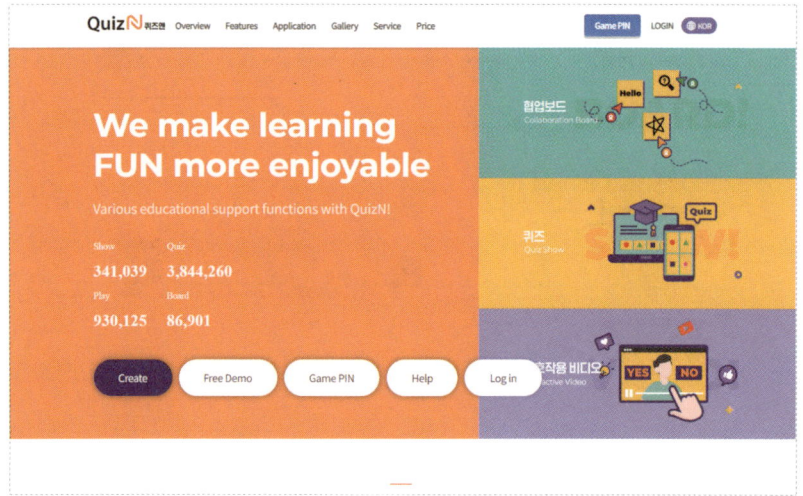

▲ 퀴즈앤

을 해주는 프로그램이지만 멘티미터와 패들렛 및 잼보드의 기능까지 모두 겸하고 있어서 수업 중에 다양하게 활용할 수 있다. 다만 다른 프로그램과 달리 월 사용료를 납부해야 하는 문제가 있다. 줌을 비롯한 온라인 강의 시스템에도 소집단 토론방을 비롯한 다양한 수업 보조 프로그램들이 첨부되어 있다. 대부분의 시스템은 유사한 목적과 원리로 작동되기에 한두 가지의 사용법을 터득하면 다른 것들은 쉽게 익힐 수 있다.

자동 평가 및 채점 시스템은 교수가 채점 기준이나 답을 업로드하고, 학생들이 과제를 제출하면 자동으로 채점해주는 서비스이다. 시스템에 따라 객관식, 단답형, 짧은 서술형, 논술형 보고서, 프로그래밍 프로젝트 등 제공하는 다양한 형식에 따라 자동 채점 서비스를 제공한다. 일부 시스템은 표절 확인 기능도 갖추고 있다. 영어와 달리 한글로 된 짧은 서술형, 논술형 보고서를 채점하는 서비스는 아직 개발 중이어서 제대로 된 것을 찾기 어렵다. 필자가 사용하고 있는 채점 프로그램은 '퀴즈앤'으로, 국내 회사가 만든 프로그램인데, 4지선다형, 단답형, OX, 초성퀴즈 등등의 문제를 탑재하면, 학생들이 실시간 온·오프라인 동시, 혹은 비실시간으로 답을 올릴 수 있다. 학생들이 답을 하면 바로 채점하고, 개인 총점, 전체 순위까지 매겨준다. 한국교육학술정보원의 e-학습터에 탑재되어 있는 '온더라이브'에도 같은 평가 및 채점 기능이 있는데, 학습 관리 시스템LMS과 온·오프라인 동시 수업 기능까지 모두 갖추고 있다. 이 프로그램에서는 개인별 한 학기 전체 시험 성적 합산까지 해준다.

온라인 성적 및 출결 관리 시스템은 교수들이 학생들의 출결을 관리하고, 성적 평가 결과를 게시하며, 학생들이 성적을 즉시 열람할 수 있게 하는 디지털 솔루션이다. 일부 시스템은 성적 평가 기준, 그리고 교수의 코멘트도 업로드하여 학생들이 참고할 수 있게 하고 있다. 우리나라의 많은 대학은 학습 관리 시스템LMS이나 별도의 행정관리 시스템에 성적 및 출결 관리 시스템을 포함시켜놓고 있다.

진로 지원 시스템은 미국의 경우 학생들이 학부에서의 진로 계획을 수립하고, 미래 계획에 대한 조언을 받을 수 있게 만들어진 시스템이다. 다른 대학이 제공하는 진로 지원 시스템 정보도 제공하고 있다. 이 시스템이 교수의 수업 활동과 직접 관련된 것은 아니지만, 이러한 유형의 시스템들은 강의 진행 교수가 학생의 성적이나 실적을 시스템에 직접 입력하도록 함으로써, 지도교수나 진로 상담자들이 학생의 학습 또는 연구 진척 상황을 파악할 수 있게 한다. 미국 대학과 달리 우리나라 대학들은 대부분 온라인 진로 지원 시스템과 수업을 연결해 놓지는 않고 있다. 일부 대학의 '학생성공센터'에서 유사한 프로그램을 갖추고는 있지만 모든 교수와 학생들이 사용하도록 의무화되어 있지는 않다. 이에 대한 보완이 필요하다.

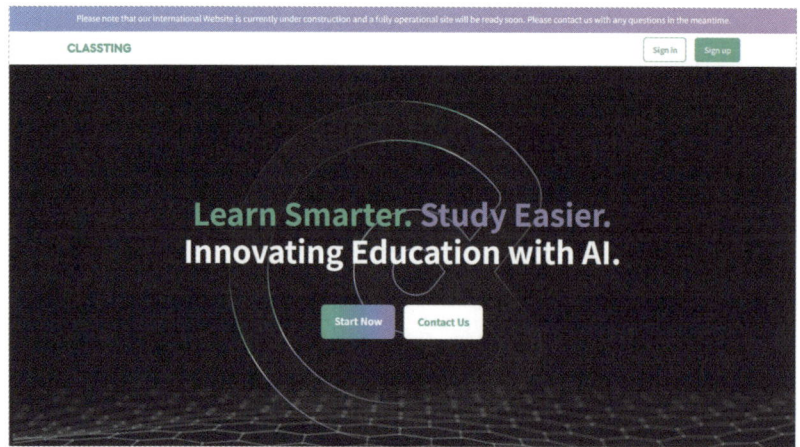

▲ 클래스팅 첫 화면

학습 관리 시스템LMS은 위에서 나열한 여러 서비스를 동시에 제공한다. 하지만 온라인 성적표와 교육용 콘텐츠 탑재 및 수업 진행 상황 점검 목적의 시스템으로 주로 활용된다. 학습 관리 시스템을 이처럼 제한적인 용도로만 사용한다는 것은 교수자들의 디지털 교육매체 사용에 뭔가 문제가 있음을 짐작하게 한다. 필자의 경우는 대학이 제공하는 학습 관리 시스템LMS 대신 초중고 교사들이 널리 사용하는 클래스팅을 사용한다. 이 프로그램은 무료이고, 컴퓨터나 스마트폰에서 한 번의 클릭으로 바로 들어가 원하는 작업을 할 수 있어서 대학 시스템에 접속한 후 해당 사이트로 이동하는 등의 과정을 거쳐야 하는 대학 제공 학습 관리 시스템LMS보다 편리하다. 공지 사항을 올리거나 학생들이 질문을 올리면 카카오톡처럼 곧바로 핸드폰에 알림 문자와 음이 뜨기 때문에, 즉시 확인하고 답을 할 수도 있다. 공지사항을 읽지 않은 학생들에게만 지속적으로 재발송을 해서 반드시 읽도록 유도하는 기능 등 편리한 기능도 많다. 물론 대학이 제공하는 학습 관리 시스템LMS만 사용하도록 할 경우에는 다른 프로그램을 사용할 수 없겠지만, 아니라면 교수자들은 자신에게 적합한 프로그램을 찾아 사용하는 것도 하나의 방법이다.

지금까지 소개한 몇 가지 프로그램 외에도 참으로 다양한 수업용 프로그램이 있다. 대면 수업에서는 굳이 사용하지 않아도 되지만, 사용할 경우 수업 성과를 크게 향상할 수 있는 프로그램들이 넘쳐 나다 보니 이들에 압도되기도 한다. 이어서 교수자들이 디지털 교육매체 활용에 어려움을 겪어온 이유를 살펴보겠다.

교육매체 활용, 쉽지가 않다!

기존의 디지털 교육매체는 사용법을 배우는 데 상당한 노력을 필요로 하고, 익숙해질 때까지 걸리는 시간도 상당히 길다. 게다가 이러한 매체 사용에 익숙하지 못한 교수들의 관점에서 보면 이들이 수업 흐름, 특히 대면 수업 흐름에 크게 도움이 되는 것 같지도 않다. 그러다 보니 꼭 이러한 매체를 사용해야 하나 하는 생각을 하게 된다.

새로운 교육매체 사용에 대해 미국 대학 교수 노조가 집단적으로 반발한 사례도 있었다. 2022년 미국의 한 대규모 대학 부총장과의 인터뷰에 따르면, 이 대학 교수 노조는 단체협약에서 디지털 교육매체는 교육용만이 아니라 다른 목적의 디지털 매체까지 포함해서 12개만 사용하도록 요구했다고 한다. 대학에서 새로운 디지털 교육매체를 추가하려면, 기존의 매체들 중에서 어느 매체를 빼고 새로운 것을 도입할지에 대해 교수 노조와 협상해야 하는 상황이 되었다. 우리나라 모 대학에서는 교수 노조에서 교수법 연수 의무를 폐지해달라는 요청이 들어온 일도 있다고 한다. 교수법 연수에는 다양한 디지털 교육매체 사용법도 들어 있어서 미국 대학 노조의 요청과 일부 유사한 면이 있는 것으로 보인다.

  미국 피츠버그대학교 컴퓨터학과에서 프로그래밍을 가르치고 있는 네이산의 경험을 토대로 디지털 교육매체로 인해 미국 대학 강사와 학생이 겪는 어려움을 간략히 설명하고자 한다. 이 과에서는 강사들이 운이 좋으면 강의 시작 한 달 전에 담당 과목을 배정받는다. 과목을 배정받으면 주어진 기간 내에 강사 등록 시스템에 필요한 정보를 입력해야 대학의 학습 관리 시스템LMS에 접근권이 부여된다.* 지난 학기와 같은 과목을 가르칠 경우 지난 학기에 사용한 내용 전체를 '복사'하여 사용할 수도 있다. 하지만 새로운 과목을 맡는 강사는 그럴 수가 없다. 네이산의 경우 학습 관리 시스템LMS에 미리 계획한 과제와 강의계획서를 업로드했다. 그러나 시간 부족으로 주별 강의 계획을 제대로 수립하기는 어려웠다.

  강의를 위해서는 두 개의 매체가 사용된다. 하나는 파놉토Panopto인데, 학생들이 언제든 볼 수 있도록 강의를 녹음하고 업로드하는 플랫폼이다. 강의 동영상과 강의 자료 PPT를 동시에 업로드하면, 비디오의 내용에 맞춰 강사가 지정한 슬라이드를 학생들이 볼 수 있게 되어 있다. 다른 하나는 탑햇Top Hat이다. 이 프로그램을 통해 강사는 프레젠테이션만이 아니라, 수업 진행 중에 학생들이 의견을 제시하고 퀴즈도 풀도록 필요한 것들을 업로드함으로써 학생들의 지속적인 수업 참여 여부를 확인할 수 있다. 탑햇에서는 이러한 평가를 미리 업로드해야 하며, 실제 수업을 할 때 탑재한 평가 문항 중에서 원하는 것을 선택하여 사용할 수 있다. 탑햇은 학생들이 수업 중 활동에서 얻

---

* 피츠버그대학교에서는 Canvas의 LMS를 사용하고 있다.

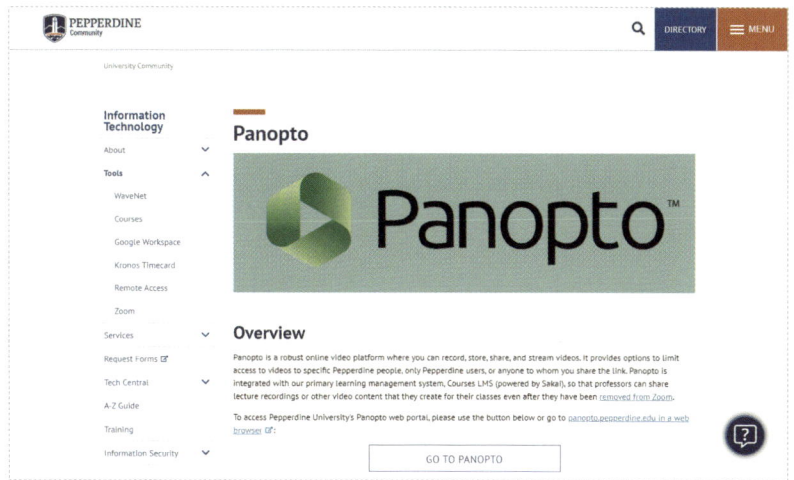

▲ 파놉토 홈페이지

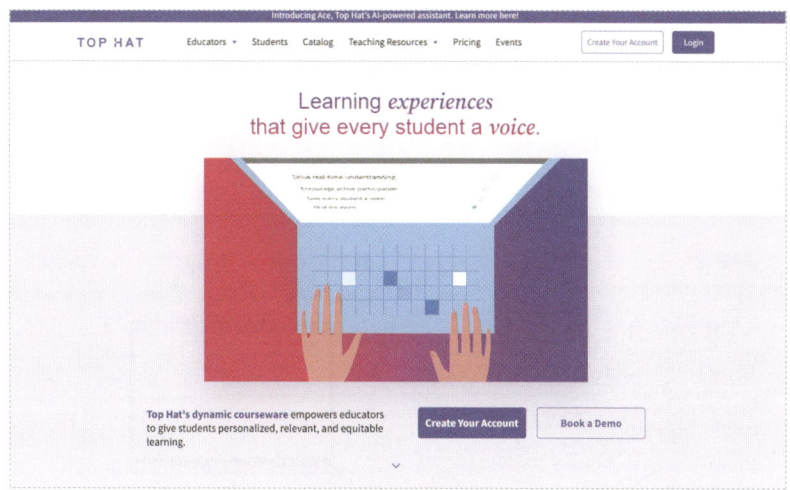

▲ 탑햇 홈페이지

은 점수를 학습 관리 시스템LMS으로 보낼 수 있게 되어 있다. 그러나 탑햇과 파놉토는 서로 연결되어 있지 않다. 그리고 파놉토는 학습 관리 시스템LMS으로의 업로드를 지원하지 않는다. 대신 학생들이 클릭하면 녹화된 강의를 볼 수 있도록 링크를 생성해준다. 강의 후 동영상을 업로드하는 것도 한 번에 할 수 있는 원 클릭 작업이 아니다. 강사가 슬라이드에 자료를 추가하거나 수정해야 하는 편집 작업은 특히 힘이 든다.

 네이산은 담당한 과목이 프로그래밍 수업이었던 만큼 그레이드스코프gradescope라는 교육매체에 자동 채점 시스템을 탑재해야 했다. 그레이드스코프를 사용할 경우, 강사가 미리 준비만 잘하면 프로그래밍 과제 채점 부담은 확실히 줄어든다. 학생의 과제를 제출받으면, 일련의 테스트를 통해 학생이 답을 제대로 했는지 확인할 수 있다. 문제는 이 테스트를 강사가 직접 프로그래밍해야 한다는 것이다. 이 교육매체는 객관식 및 단답형 문제도 자동으로 채점할 수 있는데, 이 경우에도 강사가 미리 준비를 해야 한다. 학생들이 손으로 쓴 보고서도 채점을 해주기는 하지만, 제대로 하지 못하는 경우도 발생해 결국 사람이 직접 채점을 확인해야 한다. 이 프로그램을 통해 채점 결과를 학습 관리 시스템LMS으로 바로 전송할 수도 있다. 일견 이 프로그램

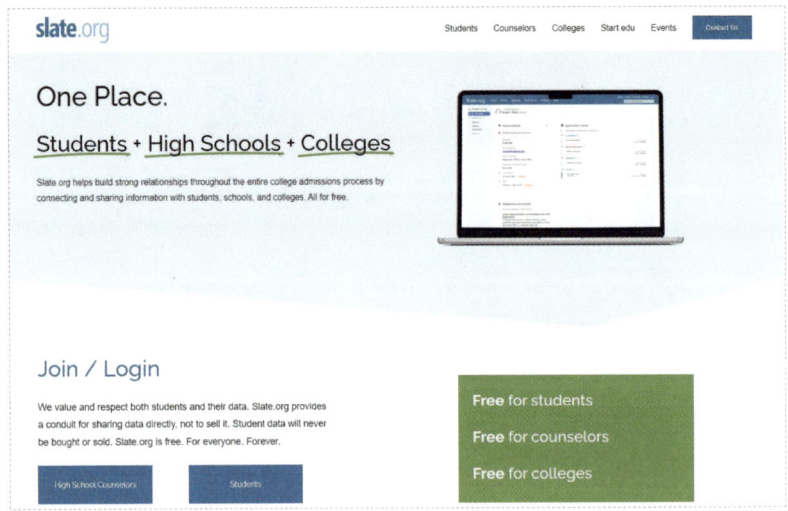

▲ 슬레이트 첫 화면

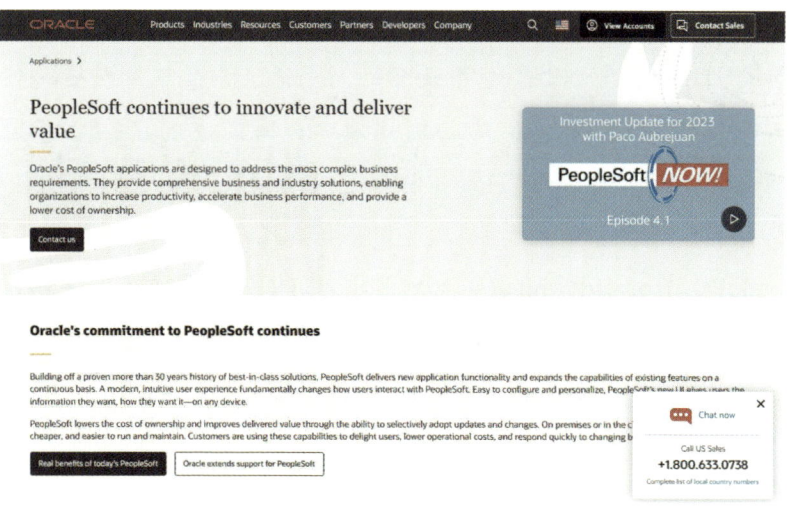

▲ 피플소프트 첫 화면

은 모든 것이 자동인 것 같지만, 코드 형식과 주석 그리고 표절 등을 검사하기 위해서는 추가 프로그램 사용, 혹은 사람의 직접적인 검토가 필요하다.

네이산도 코로나 팬데믹 기간 동안 학생들과 실시간 일대일 미팅을 위해 줌, 스카이프, 마이크로소프트 팀즈 등을 사용했고, 비실시간 소통을 위해서는 이메일을 사용했다. 각각의 프로그램은 접속 불량이나 늦은 확인으로 인한 회의 불참 등의 문제를 일으켰다.

마지막으로 기말 성적을 위해서는 피플소프트PeopleSoft를 사용해야 했다. 이는 직원 관리를 위한 프로그램인데, 학생들의 수강 신청, 대학의 성적표 발송, 기본적인 학업 자문에도 사용되고 있다. 최종 성적은 자동으로 업로드되는 것이 아니라, 일일이 학생별로 수동 입력해야 한다.

다른 대학의 교수들에 따르면 슬레이트Slate와 같은 학생 지도 시스템을 사용하기도 한다. 수업을 따라가는 데 혹은 학교생활 적응에 어려움을 겪는 학생이 눈에 띄면, 교수는 슬레이트에 해당 학생을 표시하고, 그 학생이 어려움을 겪고 있는 내용과 이유를 기록하게 되어 있다. 그러면 이 정보는 지도교수에게 전달되고, 지도교수는 이 학생에게 대학이 제공할 수 있는 자원을 연결해주는 데 활용하게 된다. 우리나라 대학도 이 프로그램은 도입할 필요가 있어 보인다.

네이산이 이야기를 나눠본 대부분의 강사들은 이러한 디지털 매체들이 중요한 기여는 하였지만, 교육의 질을 제고하는 것과는 오히려 거리가 멀다고 생각하고 있었다.

디지털 매체를 제공하는 대신 대학들은 교수 1인이 담당하는 강좌당 학생 수를 크게 늘려가고 있다. 앞서 이야기한 것처럼 대부분의 경우, 이전 학기 수업을 위해 프로그램에 탑재한 자료들을 별로 힘들이지 않고 다음 학기 수업으로 옮겨 사용할 수 있게 되었다. 또 콘텐츠를 직접 복사하여 사용할 수 있다 보니, 강의 내용 보완 부담도 크게 줄어, 미국 대학에서는 강좌당 학생 수를 늘리고 있다.

강좌당 학생 수를 늘리면 확실히 배움의 질은 떨어진다. 하지만 디지털 교육매체 덕에 과제를 자주 부과하고 채점하며 점수를 제시할 수 있어서 교수 1인이 더 많은 학생을 가르치는 것이 가능하게 되었다. 대학 경영 관점에서 보면, 소프트웨어 사용료만 약간 더 지불하면 교수들이 훨씬 더 많은 학생을 감당할 수 있어 교수 생산성 1인당 가르칠 수 있는 학생 수이 크게 향상된다. 그러나 앞에서 살펴본 것처럼, 일부 교육매체 사용은 교육 내용의 질 향상과는 무관하다.

교수들은 교과서나 인터넷을 활용하여 수업에 적합한 자료를 찾고 있는데, 대부분 자신이 아는 범위에서 대충 이뤄져온 것이 현실이다. 생성 AI의 등장으로 디지털 외계인들도 수업 계획 수립, 수업에 필요한 새로운 아이디어 탐색, 수업 자료 제작, 수업 진행, 그리고 평가에 인공지능을 활용할 수 있게 되었다. 인공지능 활용이 쉬워짐에 따라 개인이 쌓아온 지식과 지혜, 그리고 시행착오를 거치며 축적해온 경험이 중요한 시대가 되고 있다.

디지털 교육매체가 가야 할 방향은?

지금까지 살펴본 것처럼 기존의 디지털 교육매체는 교수자가 이전보다 더 많은 학생을 가르치도록 하는 데 주로 초점이 맞춰져 있다. 그렇다면 새로운 교육매체는 어디에 초점을 맞춰야 할지 분명하다.

1) 초보자도 쉽게 배울 수 있고, 기존 매체 간의 통합 비용도 절감해주는 프로그램
2) 수업 내용 준비 및 업데이트에 도움이 되는 프로그램
3) 표절 및 부정행위를 방지하고 적발을 쉽게 할 수 있는 프로그램

미국이나 한국 교수들에 따르면 학습 관리 시스템의 문제 중 하나는 그 프로그램에서 다른 프로그램에 접근하는 것이 어렵다는 것이다. 학습 관리 시스템은 일반적으로 교수가 직접 웹 주소를 적게 하는데, 이 경우 링크에 연결하면 학습 관리 시스템 웹사이트에서는 나가게 된다. 또는 학습 관리 시스템 자체에 탑재하도록 요구하는데, 이 경우에는 외부 프로그램의 레이아웃이 유지되지 않고 엉망이 되는 경우도 있다. 소프트웨어가 모듈화되어 있고, 서로 다른 매체와 시스템이 연동되도록 하는 프레임워크가 존재함에도 불구하고, 교육매체 간에 연동이 잘 되지 않는 것은 문제가 있다. 게다가, 다른 매체와 연

결하려면 상당한 시간과 비용이 들어가는데 이를 감당할 수 있는 교수자도 많지 않다. 새로운 디지털 교육매체는 기존 매체와의 통합이 쉽도록 설계되어야 하고, 기존 교육매체도 다른 매체와의 통합이 쉽도록 수정되어야 한다. 나아가 새로운 프로그램은 세팅과 사용이 편리하도록, 그리고 시스템을 설치하고 사용 방법을 숙지하는 데 시간이 많이 필요하지 않도록 만들어져야 한다. 사용자 친화적인 프로그램이 되어야 사용자의 거부감을 줄이고, 기대하는 효과를 가져올 수 있을 것이다.

이전 학기 강의에 사용한 자료 및 강의 내용을 복사해서 다음 학기에 사용하는 것은 너무나 편리하게 되어 있다. 하지만 내용을 일부 변경하는 것은 아주 불편하게 되어 있다. 이전에 업로드한 모든 항목을 하나씩 수동으로 변경해야 하는데, 편리한 수정 방법을 제시하거나 알려주는 프로그램은 거의 없다. 교수들이 강의 내용을 최신 것으로 업데이트하고자 할 때, 유사 강의를 담당한 다른 교수들은 어떤 내용을 새롭게 포함시키고 있는지에 대해 프로그램이 정보를 제공해 주는 것도 교수들에게 도움이 될 것이다.

마지막으로 필요한 것은 부정행위와 표절을 탐지하는 데 도움이 되는 프로그램을 늘리는 것이다. 코로나 19로 인해 대학에서의 부정행위와 표절이 더 부각되었을 뿐, 이 문제는 상존해왔다.[*] 교수들이 기대하는 것은 현재 담당하고 있는 학생들 사이의 보고서 표절, 과거 학생들의 보고서 표절, 그리고 외부 온라인 자료 베끼기 등을 쉽고 빠르게 탐지할 수 있는 프로그램이다. 학생들이 남의 것을 자신의 것

---

[*] Sneha Dey. (2021. 8. 27). "Reports Of Cheating At Colleges Soar During The Pandemic". *NPR(National Public Radio)*.

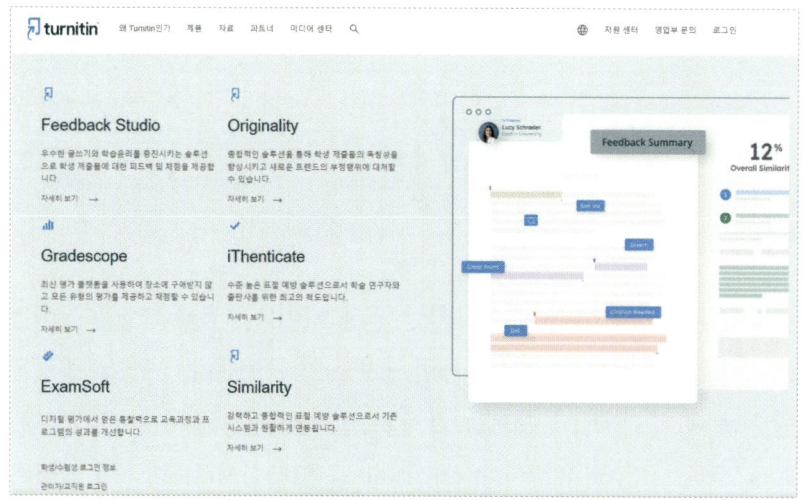

▲ 턴잇인 사이트 화면

인 양 베껴 제출하는 것이 더 어려워지도록 하려면 교수가 평가 기준과 방법을 자주 변형하고 이를 쉽게 탑재할 수 있어야 하는데, 이것을 돕는 프로그램도 필요하다. 표절 적발 프로그램으로 에세이 과제용 턴잇인Turnitin, 프로그래밍 과제용 모스Moss 등이 미국 대학에서 사용은 되고 있지만, 이를 기존 교육매체와 통합하려면 추가적인 노력이 필요하다. 챗GPT와 같은 생성 AI가 등장하면서 부정행위 적발은 더욱 어려워졌다.

이 글에서 제시한 방향으로 새 교육매체들이 개발된다면, 교수들이 필요 이상의 노력을 기울이고서도 좌절을 겪는 대신, 디지털 매체 활용을 통해 수업의 질을 향상할 수 있을 것이다. 그러면 수업 효과 향상만이 아니라 학생들의 학업 성취도 향상, 그리고 더 행복한 대학 생활로 이어지게 될 것이다.

3. 생성 AI 사용 시 이건 꼭 기억해야

챗GPT의 작동 원리와 한계

챗GPT는 거대언어모델LLM 기반 생성 AI이다. '생성 모델링'이라는 프로세스를 사용하여 질문에 대한 답변을 만들어낸다. 생성 모델링은 방대한 텍스트 데이터 세트를 가지고 신경망을 교육하는 머신러닝ML, Machine learning의 한 유형이다. 책, 기사 및 웹페이지 등 기존의 데이터 세트에서 텍스트를 가져와, 그 데이터 세트를 사용하여 훈련한다.

자연어 질문이 주어지면 이를 이해하기 위한 여러 분석 절차를 거친다. 단어에 대한 이해와 단어 간의 관계를 바탕으로 질문의 맥락까지 분석한다. 맥락 분석에는 주어-동사-목적어 관계, 동의어 및 반의어 인식, 관용 표현 이해 등이 포함된다. 이렇게 하여 자연어로 된 질문의 분석이 끝나면 '언어 생성'이라는 프로세스를 사용하여 답변을 만든다. 마지막으로 생성된 답변이 문법적으로 정확하고 형식이 올바른지 확인하는 사후 처리 절차를 거쳐 답이 제시된다.

위의 설명은 답을 도출하는 원리와 과정을 설명해달라는 질문을 챗GPT에게 던져 얻은 답을 토대로 재정리한 것이다. 한마디로 요약하면 챗GPT는 기존 데이터를 기반으로 학습하여 그럴싸한 답을 내놓는 기계AI 프로그램이다.

오픈AIOpenAI가 챗GPT 홈페이지에서 챗GPT의 한계Limitations라며 제시하고 있는 것을 보면 그 한계가 무엇인지 확인할 수 있다.* 이하

---

* 챗GPT 홈페이지에서 화면을 'Limitations'까지 쭉 내리면 한계점이 상세히 소개되어 있다.

의 내용은 오픈AI가 제시한 챗GPT의 한계를 바탕으로 내용을 재구성한 것이다.

첫째, "챗GPT는 때때로 그럴듯하지만 부정확하거나 말도 안 되는 대답을 내놓는다. 현재로서는 이 문제의 해결이 상당히 어렵다." 따라서 수업 시간에 교사가 챗GPT를 활용하고자 한다면 극도로 조심해야 한다. 학생들에게도 제시된 응답에 이런 문제가 있을 수 있으니 답을 믿지 말고 권위 있는 사이트나 논문을 통해 진위 여부를 확인해야 함을 알려야 한다.

둘째, 치명적인 문제로 유해한 지시에 응답하거나 편향된 행동을 보일 수 있다는 점이다. 이는 때로 '환각hallucinating'이라는 심각한 문제로 이어지기도 한다. 이에 대해서는 뒤의 '거짓말도 하는 생성 AI'에서 상세히 설명한다. 교실에서 수업 목적으로 챗GPT를 활용하던 중 학생들이 이러한 응답에 마주칠 경우, 그 책임 소재가 문제 될 수 있으니 각별히 유의해야 한다.

셋째, 질문에서 사용하는 작은 단어 하나에 따라서도 답이 크게 달라질 수 있다. 교사와 학생들이 원하는 답을 얻으려면 수식어, 핵심 단어, 질문 방식 등을 다양하게 바꾸어가며 시도할 필요가 있다. 그 과정을 거쳐 제시된 답변에서 아이디어를 얻어 자신의 아이디어를 발전시켜가면 도움이 될 것이다. 이와 관련된 문제점이 하나 더 있는데, 제시된 질문이 모호할 경우 다시 질문해달라고 하는 대신 사용자의 질문 내용을 나름대로 유추하여 답을 내놓는다는 것이다. 이러한 한계로 인해 전혀 엉뚱한 답을 내놓는 경우도 생긴다. 보다 정확한 단어를 사용해야 원하는 답을 얻을 가능성이 높아진다. 이 경우에도 제시된 답의 진위 여부에 대한 판단은 따로 해야 한다.

넷째, 쓸데없이 장황하게 이야기하고, 특정 문구, 예를 들어 '자신은 오픈AI에 의해 훈련된 언어 모델'이라는 문구를 과도하게 사용하는 경향이 있다. 이는 가능하면 보다 포괄적인 긴 답을 내놓도록 훈련한 탓이다.

어떤 신약이라도 부작용은 따르기 마련이다. 자칫 약의 효능만 보고 사용했다가 치명적인 부작용에 시달릴 수도 있다. 챗GPT의 엄청난 위력만 볼 것이 아니라, 출시한 회사가 명시한 부작용과 전문가들이 이야기하는 부작용을 잘 살펴야 한다.

개발 회사가 밝힌 것처럼 현재 나와 있는 챗GPT를 교육용, 학습용, 연구용으로 사용하기에는 문제가 많다. 세계의 많은 회사들이 특정 목적의 생성 AI를 만들고 있다. 그러한 목적에 부합하는 생성 AI가 출시된다면 학교교육은 대전환을 해야 할 것이다. 교육계는 대전환기의 출발점에 서 있다. 지금부터 생성 AI 시대에 부합하는 교육 패러다임을 찾기 위해 적극적으로 노력해야 할 것이다.

거짓말도 하는 생성 AI

우선 AI가 무엇인지에 대해 다시 한번 생각해볼 필요가 있다. 아직까지 AI는 의식을 가진 독립된 존재가 아니다. 단지 데이터 소스를 가져와 수학적 모델을 바탕으로 그 데이터 내에서 패턴을 찾고, 그 패턴을 바탕으로 출력을 제공하는 일련의 행위를 하는 프로그램기계에 지나지 않는다.

문제가 거의 해결된 이상적 AI가 생각보다 빨리 출현할 가능성이 높아지고는 있지만, 이에 대해 회의적인 시각을 가진 AI 전문가가 더 많다. 인간과 가까운 AGI Artificial General Intelligence; 일반 인공지능를 쉽게

▲ 거짓말하는 인공지능. 생성 AI에게 그려달라고 요청하여 받은 그림이다.

만들기 어려운 이유는 우리가 직관적으로 알 수 있는 것도 AI는 아주 복잡하고 다양한 상황을 고려하는 수학적 모델을 통해야만 알 수 있기 때문이다. 예를 들어, 우리는 바나나를 가지고 자동차 시동을 걸 수 없다는 것을 직관적으로 알고 있지만, AI가 이를 알려면 데이터 세트에 이 내용이 포함되어 있어야 한다. AI가 자동차 운전, 암세포 인식 등과 같은 특정 목적용으로 개발되는 것은 이러한 한계 때문이다. 챗GPT는 논리적인 텍스트를 만드는 역할을 하는 특화된 프로그램이다. 그래서 앞서 이야기한 한계를 가지고 있을 수밖에 없다.

논리적으로 생각해보면 챗GPT의 한계점을 쉽게 이해할 수 있다. 챗GPT는 텍스트 데이터로 훈련되었다. 사용된 텍스트 데이터는 매우 다양하다. 여러 언어로 된 텍스트, 텍스트는 아니지만 텍스트 형태로 표현되는 기호예를 들어 ☺, 프로그래밍 언어까지 여기에 포함된다.

텍스트가 제공하는 데이터에서 어떻게 정보가 추출되는지는 일부 알려져 있다. 즉, 기린에 대한 것은 기린에 관한 텍스트 '파일'에서 나오고, 개에 대한 것은 개에 관한 텍스트 '파일'에서 나온다. 개에 대한 것이 기린 파일에서 추출되거나, 기린에 대한 것이 개에 관한 파일에서 추출되지는 않는다. 일정 수준의 데이터 품질 검사 – 신뢰성 있는 소스를 받아들이려는 시도 – 를 하지만, 일부 한계가 있다. – 예를 들어 논란이 되는 이슈에 대해서는 출력할 수 없다. – 또 제작자들이 모든 데이터 세트를 조사하는 것이 현실적으로 불가능하기 때문에 만들어진 AI가 완벽할 수도 없다. 이미 잘 세팅된 것에 대한 질문을 받을 때 – 예를 들어 "기린에 대한 10가지 사실을 알려주세요." – 에만 기대하는 수준의 제대로 된 응답을 얻을 수 있을 것이다.

따라서 세팅되어 있지 않은 것, 존재하지 않는 것들에 대해 질문하고자 할 때는 조심해야 한다. 챗GPT는 텍스트 데이터를 기반으로 훈련된 언어 모델로서, 주어진 데이터를 활용해 논리적으로 이치에 맞는 텍스트를 만드는 것을 주목표로 하고 있는 프로그램이다. 만일 유니콘에 대해 설명해달라고 하면 상세히 설명해줄 것이다. 챗GPT는 '사실이 아닌' 것들, 학습한 데이터 세트 내에서 쉽게 발견되지 않는 것들, 또는 분명히 존재하지 않는다고 언급된 데이터 세트 내의 것들에 대해 이야기하는 것은 금하거나, 질문자에게 경고를 하도록 훈련되어 있다. 그래서 대답을 내놓을 때 마치 유니콘이 허구의 동물이라는 것을 정말로 이해한 것처럼 "유니콘은 실제로 존재하지 않지만, 실제로 존재했다는 가정하에…"와 같은 문장을 덧붙이기도 한다. 그러나 이러한 답을 내놓는 것은 챗GPT가 데이터를 바탕으로 그 사실을 유추할 수 있어서가 아니라, 데이터 세트 중에 유니콘이 실제가 아니라는 것을 언급하는 텍스트 영역이 있기 때문일 가능성이 크다.

제공한 답을 보면 챗GPT가 스스로 무엇을 말하고 있는지 아는 것처럼 보이지만 실제로는 그렇지 않다는 것이다.

마치 존재할 것 같은 것에 대해 질문을 받으면 챗GPT가 오류를 범할 가능성은 더 커진다. 예를 들어 에이브러햄 링컨의 의상 선택에 대한 긴 에세이를 쓰라고 요청한다고 가정해보자. 그에 대해 이야기하는 텍스트가 많을 가능성은 희박하다. 하지만, 링컨의 초상화와 일반적인 묘사를 통해 그가 검은 모자와 정장을 입는 경향이 있다는 것에 대해서는 널리 알려져 있다. 챗GPT는 이 사실을 알고 있을 것이기에 링컨이 자주 정장과 함께 모자를 썼다고 글을 쓸 가능성이 있다. 심지어 링컨의 의상 대부분이 모자를 쓴 정장 스타일이었다고 자신 있게 이야기할 수도 있다. 하지만 실제로는 링컨이 정장과 모자 외의 다양한 옷으로 가득 찬 옷장을 가지고 있었을 가능성이 더 높다. 게다가, 챗GPT는 긴 에세이의 경우에는 주장을 뒷받침하기 위해 필요한 인용을 한다는 것을 데이터 세트를 통해 학습하였으므로, 진짜처럼 보이는 가짜 참고 문헌을 만들어 보여줄 가능성마저 있다. 이는 이미 여러 사례를 통해 확인되었다.[*] 또 하나 중요한 점은 챗GPT가 '대화형'으로 훈련되었다는 것이다. 챗GPT 홈페이지에서는 "우리는 대화하는 방식으로 상호작용하는 챗GPT라고 불리는 모델을 훈련시켰다."라고 밝히고 있다. 사람들은 대화할 때 어떤 일에 대해 상당히 과장하는 경향이 있다. 예를 들면 40% 할인 행사에서 500달러짜리를 300달러에 샀으면서도 "할인 판매 중인 새 지갑을 샀는데 거의 공짜더라구!"라고 이야기한다. 또는 당신이 치우지 않은 개똥을 치우라고 이야기한 옆집 사람을 "우리 옆집 사람 있잖아, 성격이 참 더러

---

[*] Mike Tyson Junior. (2023). ChatGPT gives me references I can't find back. *Reddit*.

워!"라고 친구에게 이야기하기도 한다. 이러한 모습은 챗GPT를 비롯한 여러 인공지능에서도 그대로 나타나는데, 이를 '환각 현상'이라고 한다. 전문가들에 따르면 대화형 AI의 주요 단점 중의 하나가 바로 거짓말을 사실처럼 얘기하는 '환각' 현상이다. 특히 "사용자가 AI를 '환각'의 길로 몰아가면 AI는 현실에서 더 멀어진다."고 한다.* 챗GPT 제작자들은 답을 할 때 너무 확신하는 듯한 언어를 사용하지 않도록 훈련하고자 했다. 그러나 대화형으로 훈련한 탓에 자신의 주장을 뒷받침하기 위해 없는 것을 만들어내는 경향이 챗GPT에서 나타나고 있다. 우리는 챗GPT가 거짓말을 하도록 시킬 수도 있다. 그것을 막기 위한 몇 가지 안전장치가 되어 있기는 하지만, 이를 피해 거짓말을 시키는 것은 아주 간단하다.**

---

* 김현수. (2023. 2. 18). MS챗봇, 어두운 욕망 묻자 "치명적 바이러스 유포−핵 암호 훔칠 것". 「동아일보」.
** Barry Collins. (2022. 12. 30). ChatGPT: Five Alarming Ways In Which AI Will Lie For You. *Forbes*.

4. 생성 AI 활용 컨설팅 시스템이 필요하다

생성 AI 활용 컨설팅 시스템, 왜 필요한가?

챗GPT 열풍으로 교육자는 수업 준비, 수업 활동, 시험문제 출제 및 채점, 생활기록부 – 학습 발달 상황, 과목별 세부 능력 특기 사항, 행동 특성 및 종합 의견 등 – 작성, 상담 등에 챗GPT를 활용하고, 학교 경영자는 각종 안내문이나 공지 사항 작성에 활용하고 있다. 또 교육청의 장학사는 각종 인사말, 공문서 작성, 사업 기획안, 보도 자료 등등의 공적 자료 작성에 활용하며, 학생은 과제 수행 및 학습에 활용하고 있다. 개인이 사적으로 인공지능을 활용하는 것은 별도의 규정이 없는 한 개인의 자유이다. 책임도 개인이 질 것이다. 하지만 조직 내의 개인이 업무와 관련하여 인공지능을 활용하는 경우는 다르다. 기관 차원의 활용 지침과 절차, 그리고 효과성에 대한 평가 시스템 구축이 필요하다. 만일 조직 구성원이 생성 AI를 활용하여 작성한 공문서에 오류가 생길 경우, 그 개인만이 아니라 기관도 비난을 받게 되고, 심할 경우 기관이 법적인 책임을 져야 할 수도 있기 때문이다.

미국에서는 2023년 변호사 로버토 마타Roberto Mata가 아비앙카 항공Avianca airlines을 상대로 한 소송에서 변론서를 작성하면서 '챗GPT'를 이용해 찾은 허위 판례들을 인용하여 문제가 되었다. 로버토 마타는 6건의 허위 판례를 인용했으며, 이들 판례는 실제로 존재하지 않는 것으로 드러났다. 그로 인해 그가 속한 변호사 사무실은 법원으로

부터 징계 처분을 받을 위기에 놓였다.* 우리나라에서도 조만간 그러한 사례가 발생할 수 있음은 충분히 예견할 수 있다.

기관과 개인이 법적으로 책임져야 하는 사태를 예방하기 위해서만이 아니라, 보다 적극적으로 인공지능 시대를 대비하기 위해서는 국가 차원 혹은 단독 교육기관 차원의 인공지능 활용 컨설팅 시스템이 구축되어야 할 필요가 있다. 이 시스템이 구축되면 개인과 기관 차원에서 인공지능 활용 역량은 어느 정도인지, 인공지능 인프라 구축은 어느 정도인지, 인공지능 활용이 기대하는 효과를 가져오는지, 인공지능 활용을 더 늘려야 할 부분은 없는지, 인공지능 활용에 따른 학생들의 인공지능 의존도 및 중독성 증가 등의 다양한 문제 예방책은 잘 마련되고 있는지 등을 파악하고 적절한 대안도 제시할 수 있을 것이다.

생성 AI 활용 컨설팅 시스템, 어떻게 구축할까?**

기관 차원의 생성 AI 활용 지침도 제대로 만들어지지 않은 상황에서 활용 컨설팅 시스템을 구축한다는 것은 너무 이른 감이 있다. 그러나 급변하는 상황에 대응한다는 차원에서 가능하면 빠른 시일 내에 국가와 교육 자치 단체, 그리고 학교 차원에서 컨설팅 시스템을 구축할 필요가 있다. 국가 차원의 컨설팅 팀은 생성 AI 전문가 및 활용 전문가, 전문 학회 추천 인사, 담당 공무원, 교직단체 대표 등으로 구성하고, 컨설팅 기초 자료는 국가가 발주하여 제작하게 하면 좋을 것이

---

* Ramishah Maruf. (2023. 5. 28). Lawyer apologizes for fake court citations from ChatGPT. *CNN*.
** 이 글은 유네스코(2023)의 『고등교육에서 챗GPT와 AI 활용 지침(chatGPT and Artificial Intelligence in higher education – Quick start guide)』에서 얻은 아이디어와 챗GPT에게 "인공지능 활용 평가 실시"라는 프롬프트(명령어)를 입력(2023.06.25.)하여 얻은 결과를 바탕으로 인공지능 활용과 관련하여 디지털 외계인들을 위해 어떠한 컨설팅 시스템을 구축해주어야 할지에 대해 쓴 것이다.

다. 국가 차원에서 마련하기 전이라도 각 기관은 서둘러 활용 지침을 만들고, 나아가 생성 AI 활용 최적화를 위한 컨설팅 시스템을 구축해야 할 것이다.

컨설팅 시스템 구축의 목적은 생성 AI 활용 실태 및 추가 활용 가능성 분석, 활용이 가져올 잠재적인 위험이나 윤리적 문제 식별 및 대응책 구비 여부 확인 및 지원, 관련 규정 및 정책 준수 여부 확인 및 지원 등으로 나눠볼 수 있다.

기관 차원의 생성 AI 활용 컨설팅은 외부 기관에 맡기거나, 아니면 외부의 활용 전문가를 포함한 기관 내부 구성원으로 구성하는 것이 바람직하다. 컨설팅 위원은 어느 정도의 전문성을 갖춰야 하므로 구성원의 대표가 아니라 전문성을 인정받은 사람으로 구성하는 것이 좋다. 생성 AI 전문가와 활용 전문가를 초빙하여 위원들 대상으로 컨설팅 역량을 강화시킬 필요도 있다.

생성 AI 활용 실태 분석이 필요하다

실태 분석의 대상은 개인과 기관 차원에서 생성 AI 활용 역량, 생성 AI 인프라 구축, 현재 사용되고 있는 생성 AI, 생성 AI 활용 관련 정책 결정 구조거버넌스, 기관 차원의 관련 정책과 규정 등이다.

생성 AI 활용 역량

100여 개의 교육기관을 대상으로 강연을 하면서 알게 된 것은 교육자 중에 생성 AI 활용 기초 역량을 갖추고 있는 비율이 우리의 생각과 달리 그렇게 높지 않다는 것이다. 기관 차원의 활용 역량, 즉 생성

AI 활용 업무 담당자 배치도 잘 이뤄지지 않고 있다. 생성 AI 도입 초창기이므로 당연한 일이지만, 기관과 개인이 생성 AI 활용에 필요한 역량을 어느 정도나 갖추었는지 평가하고, 이를 바탕으로 역량 향상 계획을 수립할 필요가 있다. 활용 역량에는 윤리적 사용과 개인정보 보호에 대한 인식과 적용 정도도 포함된다.

인공지능 인프라 구축 및 활용 실태

다음으로 점검이 필요한 것은 인프라 구축이다. 단순한 디지털 기반 구축에서 나아가 교육활동에 활용할 만한 생성 AI를 구입하여 비치하고 있는지, 활용 과정에서 발생하는 문제를 해결해줄 전담자는 있는지 등을 파악할 필요가 있다. 그리고 기관 내의 부서와 개인들이 어떤 생성 AI를 어떤 목적과 방식으로 활용하고 있는지도 실태 파악이 필요하다. 실태를 파악할 때 적절한 생성 AI가 타당하게 활용되고 있는지, 생성 AI 활용 비용 부담 주체는 누구인지 등도 분석되어야 한다. 이때 모든 이해관계자 – 교수자, 교직원, 학생 – 가 이러한 도구에 접근할 수 있도록 형평성이 보장되고 있는지에 대한 진단이 이뤄져야 한다. 또 이를 이용하고자 하는 구성원에게 연수와 필요한 지원은 적절하게 이뤄지고 있는지도 진단하고 대안을 제시해주어야 한다.

관련 정책결정기구(거버넌스)

생성 AI 활용 관련 정책 결정과 관련하여 중요한 것은 참여자, 결정 과정 및 절차 등이다. 결정 기구는 가능하면 기관 내외의 생성 AI 활용 전문가, 기관 집행부, 기관 구성원 등으로 구성되는 것이 바람직하다. 그래야만 기관의 실정에 부합하는 정책이 만들어지게 될 것이다. 컨설팅에서는 생성 AI 활용 관련 사항 정책결정기구의 위상의 적절성, 구성원의 다양성, 제시된 정책결정 절차의 합리성 등을 살필 필요가 있다.

기관 차원의 관련 정책과 규정

다음으로 필요한 것은 기관 차원에서 마련하고 있는 관련 정책과 규정을 분석하고 더 나은 방향을 제시하는 것이다. 생성 AI 활용 지침에는 생성 AI 프로그램 구입 시 따라야 할 절차, 생성 AI 사용 지침 – 활용 범위, 방식, 사용 여부 공개, 개인정보 보호 및 데이터 보호, 표절 및 보안에 관한 사항 등이 포함되는 것이 좋다. 가령 장학사가 업무에 챗GPT를 활용할 경우 어느 정도 구체적으로 활용 사실을 공개하는 것이 바람직할지에 대한 지침을 만들고 준수하도록 하는 것이 바람직하다. 컨설팅 팀은 외부 전문 기관들이 제시하는 지침을 참고하여, 대상 기관이 특성을 반영한 적합한 정책과 규정을 만들어 활용하고 있는지를 진단할 필요가 있다.

생성 AI 활용 효과와 확장 가능성은?

챗GPT로 인해 생성 AI를 꼭 활용해야 할 것 같은 압박감을 느끼는 교육자와 기관들이 늘고 있다. 그러나 제대로 활용할 역량을 갖추지 못했거나, 필요한 인프라가 구축되지 못한 경우, 그리고 부작용을 막을 수 있는 보완책이 마련되지 못한 경우에는 효과보다는 부작용이 더 클 수도 있다.

생성 AI 사용 실태 분석만이 아니라 나아가 활용 효과에 대한 진단

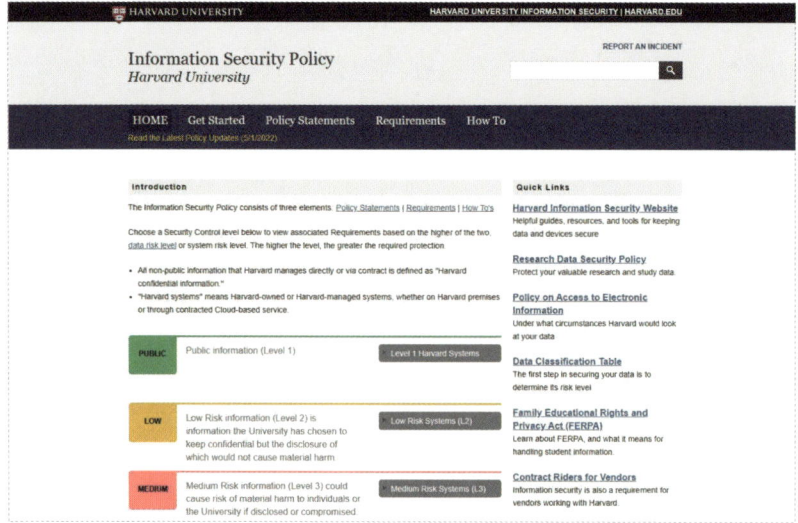

▲ 하버드대 보안 사이트. 하버드대학교에서는 '기밀 데이터 보호'를 가장 먼저 제시하고 있으며, '피싱 경각심'을 강조하고 있다.

도 필요하다. 활용 효과 진단을 위해서는 효과 측정 기준과 방법이 마련되어야 한다. 활용자들을 대상으로 설문조사와 심층 면담, 그리고 참여관찰을 실시하여 효과와 효율성, 그리고 문제점 등을 진단하고, 대안을 제시할 수 있다. 초기에는 설문조사 정도만 해도 좋을 것이다.

생성 AI 활용 효과와 관련하여 컨설팅에 추가되어야 할 사항은 수집된 데이터의 기관 사용 여부, 데이터 사용 방식, 데이터 수집 주기, 데이터 보호 등이다. 생성 AI 활용 결과로 만들어진 데이터를 개인이 활용하겠지만, 나아가 기관 차원에서 활용하기 위한 시스템을 구축하는 방안도 만들 필요가 있다.

한국과학기술원KAIST의 김대식 교수는 강연에서 앞으로의 직업 세계는 직무 관련 생성 AI를 잘 활용할 줄 아는 사람과 그렇지 못한 사람으로 구분될 것이라고 이야기했다. 챗GPT를 잘 활용하는 기자는 하루에도 수십 편의 기사를 써낼 수 있을 것이고, 잘 활용하는 교사는 적은 시간과 에너지를 투자해서 훨씬 역동적이고 재미있게 수업을 진행하며 학생들을 배움의 세계로 이끌 수 있을 것이다. 대학교수의 경우에는 교육 및 학생 지도, 연구, 사회봉사 활동 등에 생성 AI의 도움을 받을 수 있다. 기관은 개인들이 생성 AI의 도움을 어느 정도나 받고 있는가에 대한 실태 파악에서 나아가 적절한 수준에서 제대로 활용하고 있는지, 활용에 필요한 역량은 갖추고 있는지, 활용에 필요한 지원은 제대로 받고 있는지 등을 진단하고, 생성 AI의 도움을 받을 수 있는 분야 등에 대해 추가 대안을 제시할 필요가 있다.

부작용에 대한 대응책도 필요하다

부작용에 대한 충분한 대책 마련 없이 학생들에게 생성 AI를 활용하도록 하는 것은 극히 위험할 수 있다는 경고가 이어지고 있다. 챗GPT를 비롯한 생성 AI가 가져올 중독성, 의존성 등에 대한 우려 때문이다. 보고서 주제만 제시하면 보고서 제목, 목차, 내용까지 써주는 생성 AI를 경험하고 나면, 사용하고자 하는 유혹에서 벗어나기 어려워진다. 이러한 중독성과 의존성을 막기 위한 장치가 준비되어 있는지에 대한 진단이 필요하다.

생성 AI의 활용을 위해서는 잠재적인 위험에 대한 대비와 함께 학생, 교사, 행정가가 활용 윤리, 개인정보 보호, 보안 등에 대한 지속적이고 활발한 토론을 이어가야 한다. 윤리적 문제를 식별하는 데 필요한 교육 프로그램 구비 및 실시 실태에 대한 진단도 필요하다. 이는 디지털 리터러시와도 관련된다. 정보 해석 역량 정보 수집, 평가, 분석, 시사점 도출 중에서 기초 역량인 가짜 뉴스 식별 역량 강화 프로그램 운영 및 성과 진단도 이뤄져야 한다. 생성 AI로 인해 향후 가짜 뉴스는 폭발적으로 증가할 가능성이 높다. 인터넷을 통해 다양한 정보를 접할 때 진위 여부를 식별할 역량을 기르고, 가짜 뉴스를 생산하지 않도록 하며, 그 위험성을 깨닫게 하는 등의 교육이 절실히 필요하다. 아울러 생성 AI 활용 접근성의 형평성 진단, 형평성 문제 극복과 해결 정도 측정 방식 등에 대한 컨설팅도 필요하다. 형평성 문제를 불러일으키는 큰 요인의 하나인 학부모 교육 및 이들 대상 연계 체제 구축에 대한 컨설팅도 중요하다.

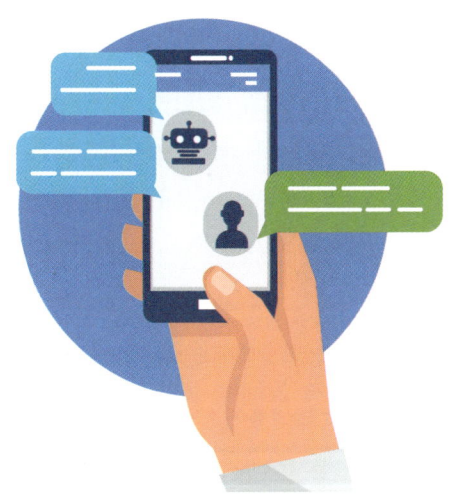

제2장 디지털 외계인을 위한 명령어 작성 기초

100여 개 대학의 교수, 교육청 장학 직원, 학교 교원들을 대상으로 생성 AI 시대 교수법과 교육의 방향 등에 대한 강연을 하면서 느낀 것이 몇 가지 있다. 그중 하나가 생성 AI가 자연어에 반응하여 답을 내놓으니 생성 AI에게 명령 내리는 법을 따로 배울 필요를 별로 느끼지 않는다는 점이다. 시행착오를 거치면서 명령어 작성 실력이 차츰 향상되고는 있으나, 한계를 느끼고 있음도 알 수 있었다. 그러한 사람들의 경우 명령어 작성의 기초를 조금만 닦아도 활용도를 크게 높일 수 있을 것이다. 자신에게 필요한 고품질의 응답을 얻으려면 해당 AI 엔진이 잘 이해할 수 있는, 정제된 언어로 적절하게 질문하는 방법을 배워야 한다.

프롬프트 엔지니어링이란 자신이 원하는 결과를 거대언어모델LLM 기반의 생성 AI가 제대로 만들어낼 수 있도록 효과적인 명령어프롬프트를 만드는 것을 뜻한다. 명령질문에 따라 제시되는 결과의 질이 크게 달라지므로 프롬프트 엔지니어링은 거대언어모델로 작업하는 모든 사람에게 매우 중요한 기술이다. 컴퓨터와 소통하기 위해서는 힘들게 컴퓨터 언어를 배워야 했지만, 생성 AI는 자연어를 인식하기 때문에 인간의 언어로 소통할 수 있게 되었다. 명령어 관련 기본 개념과 몇 가지 핵심 기술을 포함한 기초를 닦으면 누구나 쉽게 생성 AI를 활용할 수 있다. 이 장에서는 교원 중에서도 생성 AI 사용에 익숙하지 않은 디지털 외계인을 위한 명령어프롬프트 작성 팁을 제시하고자 한다.

I. 명령을 잘해야 한다

컴퓨터 운영체제로 도스DOS만 깔려 있던 초기 컴퓨터 시절에는 컴퓨터를 켜면 작은 가로 막대 하나만 깜빡이고 있었다. 여기에 명령어를 입력해야 컴퓨터가 작동했는데, 입력을 기다리는 그 가로 막대를 프롬프트명령어 입력창라고 불렀다. 챗GPT를 비롯한 생성 AI의 경우는 거대언어모델로부터 응답을 생성하기 위한 입력값, 쉽게 말하면 사용자가 입력하는 '명령어'를 프롬프트라고 한다.

생성 AI에게서 원하는 대답을 제대로 받아내려면 이 명령어를 잘 작성해야 한다. 생성 AI는 앞에서 살펴본 것과 같이 입력되는 명령어를 바탕으로 내용과 맥락을 파악하고, 그에 맞는 정보를 찾아 맥락에 맞게 답을 생성하기 때문이다.

```
Welcome to FreeDOS

CuteMouse v1.9.1 alpha 1 [FreeDOS]
Installed at PS/2 port
C:\>ver

FreeCom version 0.82 pl 3 XMS_Swap [Dec 10 2003 06:49:21]

C:\>dir
 Volume in drive C is FREEDOS_C95
 Volume Serial Number is 0E4F-19EB
 Directory of C:\

FDOS                <DIR>   08-26-04  6:23p
AUTOEXEC BAT          435   08-26-04  6:24p
BOOTSECT BIN          512   08-26-04  6:23p
COMMAND  COM       93,963   08-26-04  6:24p
CONFIG   SYS          801   08-26-04  6:24p
FDOSBOOT BIN          512   08-26-04  6:24p
KERNEL   SYS       45,815   04-17-04  9:19p
         6 file(s)         142,038 bytes
         1 dir(s)    1,064,517,632 bytes free

C:\>_
```

🔺 도스(disk operating system) 체제의 시작 화면. c:\의 가로 막대(_)가 명령어 입력을 기다리며 깜빡이고 있었다.

2. 명령을 잘하려면

명령어는 명령형, 질문형, 문장형, 토픽형 등 다양한 형태로 입력이 가능하다. 존댓말-해주세요.을 쓰기보다는 간단한 어투-해줘.를 사용하는 것이 더 편리하다.

자연어 처리NLP, Natural Language Process와 머신러닝에 대해 어느 정도 알고 있으면 더 수준 높은 명령어를 만드는 데 보탬이 된다. 자연어 처리에 대해 이해하고 있으면 보다 명확하고 간결하며 모호하지 않은 명령어를 만들 수 있고, 지도supervised · 비지도unsupervised · 강화reinforcement 학습과 같은 머신러닝 개념을 이해하면 자연어 처리의 작동 방식과 학습 과정을 효과적으로 안내하는 명령어를 만들 수 있다.[*] 하지만 전문 프롬프트 엔지니어가 되고자 하는 경우가 아니라면 이를 별도로 배우기보다는 이하에서 설명하는 기본적인 내용을 바탕으로 실제에 적용하면서 명령어 작성 역량을 높여가면 된다.

명령어 작성은 특정 틀에 맞추어 그대로 따라 하는 것이 아니라, 자신만의 혁신적인 방식으로 원하는 결과를 만들어가는 창의적인 과정이라는 점을 기억할 필요가 있다.

시간이 흐르면 프롬프트 엔지니어링이 고도화되어 최상의 명령어 형식이 몇 가지로 제시될 수도 있다. 아니면 AI가 더욱 발달하여 어떻게 질문을 하든 최상의 답을 주는 시대가 올 수도 있다. 하지만 그

---

[*] Bajarin, T. (2023.12.01.). Writing Accurate AI Prompts For Best Results In An AI Chatbot. *Forbes*. https://bit.ly/46CczXC"

때까지는 사용자의 창의성이 더 중요할 것으로 예상된다.

명령어 작성 역량을 키우기 위한 또 하나의 방법은 다른 사람들과 협업하는 것이다. 자신이 만든 명령어를 다른 사람들과 공유하고 그들의 피드백을 받고, 다른 사람들의 명령어를 통해 아이디어를 얻어 자신의 명령어를 개선해가면 혼자서 노력하는 것보다 발전 속도가 훨씬 더 빠를 것이다.

여기서는 명령어 작성에 도움이 될 중요한 원칙또는 기법을 몇 가지 소개한다.

구체적으로 써라!

자신이 원하는 결과를 구체적이고 명확하게 기술하는 것이 좋다. 답변을 어떤 양식으로 받아보기를 원하는지까지 구체적으로 제시하면 기대에 근접한 답을 얻을 수 있다. AI가 답을 할 때 참고할 조건도 구체적으로 제시할수록 기대에 근접하는 답을 얻게 된다. 처음부터 원하는 수준의 답을 얻기는 어렵다. 오류가 적은 원하는 답을 얻을 때까지 지속적으로 명령을 구체화하거나 단어를 바꿔가며 시도할 필요가 있다.

1차 명령어

"초등학교 3학년 수학 분수 이해도 측정을 위한 객관식 문제 5개 만들어줘."

2차 명령어

> "한국 어촌 초등학교 3학년 수학 분수 이해도 측정을 위한 객관식 문제 5개 만들어줘."

이처럼 구체적으로 상황을 제시하면 어촌에 사는 초등학교 3학년에 적합한 예시가 들어 있는 문제를 만들어준다. 하지만 어떤 글을 제시하며 거기에 부합하는 그림을 그려달라거나, 그림을 제시하며 그림에 부합하는 글을 써달라고 할 때는 오히려 단서를 달지 않을 때 더 그럴싸한 그림이나 글이 제시되기도 한다. 처음부터 구체적인 명령을 내리기보다 단순한 명령을 내린 후 보완할 점이 보이면 거기에 보완사항을 더해가는 것이 더 나은 접근일 수 있다.

줄을 바꿔가며 핵심만 간결하게!

필자의 경우 조교에게 장황하게 설명하면서 일을 시키면 필자가 요청한 것이 이것이냐며 조교가 필자에게 확인하여 과업 수행의 오류 가능성을 줄인다. 하지만 챗GPT 등의 거대언어모델은 우리가 명령을 내리면 반문하지 않고 자신이 이해한 대로 답을 한다. 가령 한 문장에 혹은 여러 문장에 걸쳐 구체적인 조건을 길게 붙여가면 AI가 명령의 핵심을 놓치고 제대로 이해하지 못하여 우리가 원하는 답을 내놓지 못할 가능성이 높아진다. 이런 오류를 줄이려면 명확하고 간결한 언어로 명령을 내려야 한다. 간결한 명령어 작성법의 하나는 최종적으로 원하는 것을 먼저 제시하고 나머지 구체적인 조건들은 줄을 바꿔가며 제시하는 것이다. 예를 들어 다음과 같이 제시한다.

> **나** ◦ 다음 주제에 대한 시험문제를 만들어줘. 각 문제 뒤쪽에 난이도 표시.
>
> - **주제**: 과학 교과의 암석 탐사
> - **중점 내용**: 암석의 성질
> - **대상**: 한국 중학교 1학년
> - **시험문제 형식**: 4지 선다형
> - **문항 수**: 5개
> - **난이도 구성**: 상 20%, 중 50%, 하 30%

이러한 방식으로 명령어를 작성하면 원하는 답을 얻기 용이하다는 것 외에 다른 이점도 있다. 자신이 만든 명령어에 따라 제시된 답이 자신의 기대에 부합한다면, 이를 다른 교과, 주제, 대상, 시험문제 형식에도 쉽게 활용할 수 있다. 가령 나머지는 모두 그대로 두고 시험문제 형식을 OX, 빈칸 채우기, 단답형, 서술형 등으로 변경하면 다양한 형식의 시험문제를 만들 수 있다.

원하는 답이 나올 때까지 수정 보완하라!

원하는 답을 얻지 못했거나 더 구체적인 답을 얻고자 한다면, 자신이 원하는 구체적인 조건을 제시하거나 단어 – 형용사 등의 수식어, 혹은 핵심 명사 – 를 바꾸어 명령을 하면 된다. 몇 차례의 과정을 거치다 보면 자신이 원하는 답에 가까운 답을 얻을 수 있다. 85쪽의 '명령어를 수정·보완하는 데 사용할 단어' 참고

예시문을 제시하라!

원하는 출력 유형을 보여주는 예시문을 제공하면 AI가 기대치를 더 잘 이해하고 더 정확한 결과를 만드는 데 도움이 된다. 가령 생활기록부 작성을 요청할 때, 실제 예시를 제시해주면 더 나은 결과물을 받아볼 수 있다.

> **나** 다음 예시글을 참고하여 고등학교 1학년 학생 생활기록부에 들어갈 내용을 작성해줘.
>
> - **예시글**: 창의적 글쓰기 시간에 수필, 시, 소감문 등을 독창적인 관점에서 깊이 있게 쓰며, 자신의 감정과 주장, 의견 등을 논리적이면서도 따스한 글로 표현하는 경험을 함. '나의 첫 해외여행'을 주제로 한 수필에서는 처음 접한 외국의 풍경에서 낯섦보다는 설렘 속에서 자신을 돌아보는 반성적 글쓰기의 효과를 직접 경험함. 창작시 「고향집」에서는 자신의 철없는 행동으로 상처받은 부모님의 마음을 비유적으로 표현하는 탁월한 문학 창작 능력을 보여줌. 1인 1프로젝트에서는 '생성형 AI 시대가 학생에게 가져다줄 부작용'을 주제로 전문가, 교사, 주변 친구들과의 면담 방식으로 연구를 진행하고, 수준 높은 글을 씀. 조사 연구 결과를 바탕으로 학생들이 의존성과 중독성이라는 부작용을 극복하기 위해 교육청과 학교, 교사, 학부모, 그리고 학생들은 무엇을 어떻게 해야 할지에 대한 방안까지 포함한 보고서를 작성함.
>
> (…이하 생략…)

영어로 쓰면 좀 더 나은 답을 얻는다!

미국에서 만들어진 챗GPT를 비롯한 거대언어모델은 영어를 기반으로 하기 때문에 영어를 사용할 때 원하는 답을 정확히 얻을 수 있다. 한글로 명령을 내리면 이를 영어로 번역한 후 답을 한다. 답이 정확하지 않을 경우에는 영어로 번역된 명령이 자신이 내린 명령과 일치하는지 확인한 후, 오류가 보이면 수정하여 다시 명령을 내리는 것도 방법이다. 출시된 모델이 계속 발전하면서, 전문 분야가 아닐 경우에는 한글을 사용해도 크게 문제가 되지는 않는다.

전문용어는 영어로 써라!

전문용어나 복잡한 용어는 되도록 피하는 것이 좋다. 특히 영어를 번역한 전문용어가 섞여 있으면 명령어 번역 과정에서 오류가 생기는 경우가 많다. 영어로 된 전문용어를 사용해야 할 경우엔 명령어에 영어 단어를 그대로 포함하거나 한국어 뒤에 괄호로 영어를 병기하면 답의 오류를 줄일 수 있다. 명령어로 자주 사용할 전문용어와 상용어를 영어로 저장해두고 사용하는 것도 좋은 방법이다.

출처를 요구하고 확인하라!

반드시 '사실'에 근거한 자료가 필요할 경우에는 인용을 하고 출처를 제시하도록 할 필요가 있다. 출처를 요구하면 웹사이트를 바탕으로 답변을 작성하고, 출처를 제시해준다. 가령 다음과 같은 조건을 추가하면 된다.

나 APA 스타일로 인용과 참고 문헌 제시

이렇게 조건을 추가하더라도, AI가 자신이 밝힌 사이트에 있는 내용만 참고하는 것이 아니므로 사실 여부에 대해서는 해당 사이트를 방문하여 직접 확인할 필요가 있다.

명령어 파일을 만들어두면 편리하다

명령어를 만들 때 챗GPT 등의 생성 AI 입력창에서 직접 작업하기보다는 별도의 텍스트 파일 – 예를 들어 한글 파일 – 을 열어놓고 거기에 명령어 텍스트를 만든 후 복사해 붙이는 것이 좋다. 입력창에서 직접 작업하면 마음이 바빠져 정리가 잘 되지 않고, 실수로 엔터 키를 눌러 명령이 실행되는 오류도 종종 발생한다. 별도의 한글 파일에서 작업하면 차분하게 생각을 정리하면서 명령어를 만들 수 있다. 이렇게 해서 만들어진 명령어 중에서 잘 만들어진 것은 저장해놓으면 자신만의 훌륭한 명령어 파일이 된다. 명령어 파일을 필요에 따라 과목별, 활동별, 목적별 등등으로 분류하여 저장해놓으면 다음 작업을 할 때 쉽게 활용할 수 있다.

3. 명령어 구조화 틀

여러 명의 교육감이 동시에 참여하는 행사가 있었는데 축사 관련해서 작은 문제가 발생했다. 첫 번째 교육감이 한 축사 내용과 세 번째 교육감이 한 축사 내용이 너무 유사해서 축사를 읽던 교육감이 상당히 난처해진 것이다. 이는 강연 중 어느 장학사로부터 전해 들은 이야기다. 아마 두 교육청의 장학사가 각기 챗GPT에 행사명을 입력하고 거기에 적합한 축사를 요청하는 간단한 명령을 내린 후 별로 손을 보지 않고 각 교육청의 교육감에게 그대로 제공했던 것 같다. 만일 세 번째 교육감이 순발력이 있었더라면 써준 축사 대신 당일 자기가 하고 싶은 이야기로 대신할 수 있었을 텐데 그리하지 못했던 모양이다. 아마 축사를 써주었던 장학사도 크게 당황했을 것이다.

이러한 문제를 예방하기 위해, 그리고 보다 체계적이며 독창적인 출력물을 받아보기 위해서는 명령어 요청 사항를 구체적으로 제시해야 한다. 이를 위해 프롬프트 엔지니어링 연구소 Prompt Engineering Institute의 '프롬프트 엔지니어링 마스터하기: 구조화된 접근 방식을 통한 프롬프트의 이해'를 바탕으로 명령어 작성할 때 고려할 만한 구조와 요소를 간단히 소개한다. 명령어 작성의 기초를 터득한 후에 다음의 틀을 공부하면 도움이 될 것이다.

명령어의 기본 틀은 1) 명령의 목적, 2) 요청할 과업, 3) 이를 위한 지시 내용에 포함될 조건, 4) 시점 – 맥락. 예를 들어 작성자, 대상자 – 등으로 이뤄진다.

■ 명령어 작성 구조화 틀

요소	설명
목적	최종적으로 얻고자 하는 결과물
요청할 과업	목적을 달성하기 위해 생성 AI가 수행해주기를 바라는 구체적인 작업 • 과업에 포함될 사항: 역할, 주제, 요청 사항, 명령 등
지침	• AI에게 내리는 명령 사항 • 지시에 포함될 사항: 답을 할 때 고려할 사항, 출력 형식과 구조, 답에 포함될 내용, 반드시 해야 할 것 혹은 하지 말아야 할 것 등
시점 (맥락)	• '시점(맥락)'이란 작성자와 제공 대상자를 의미 • 작성자는 AI가 택할 역할. 예를 들어 교사, 학생, 학부모, 학교장 등 • 제공 대상자는 누구에게 제공할 무엇. 예를 들어 학부모에게 보낼 이메일 등

'목적'이란 최종적으로 얻고자 하는 결과물을 의미한다. 목적이 명확해야 원하는 것을 얻을 수 있다. 거대언어모델 기반 생성 AI의 특성상 열린 요청 즉 "AI가 교사의 역할을 대체할 수 있을까?"보다는 닫힌 요청 즉 "AI가 교사의 역할을 대체할 수 있는가에 대한 에세이를 써줘."라고 명령을 입력할 때 더 체계적으로 정리된 응답을 얻어낼 수 있다. 목적 즉 원하는 최종 결과물을 구체화하기 어려울 때, 즉 막연한 아이디어를 가지고 시작할 때도 있다. 이런 경우에는 생각나는 대로 입력하고 제시된 결과물을 보면서 목표를 차츰 구체화해갈 수도 있다.

'요청할 과업'이란 목적을 달성하기 위해 생성 AI가 수행해주기를 바라는 구체적인 작업을 의미한다. 요청할 과업은 사람에게 지시할 때처럼 명확한 단어^{용어}를 사용해야 한다. 과업에 포함될 사항에는 역할, 주제, 요청 사항, 명령 등이 있다. 과업을 명확하게 정의해줄 때 AI는 목적과 검색해야 할 정보를 명확히 이해할 수 있다.

'지침'_{지시 내용에 포함될 조건}의 예로는 1) 답을 할 때 고려할 사항, 2) 출력 형식과 구조, 3) 답에 포함될 내용, 4) 반드시 해야 할 것 혹은 하지 말아야 할 것 등이 있다. 이 외에도 자신의 필요에 따라 필요한 조건을 첨삭할 수 있다.

'시점_{맥락}'이란 작성자와 제공 대상자, 즉 1) 누가 작성했다고 가정할 것인가_{교사, 학생, 학부모, 학교장 등}, 2) 누구에게 제공할 무엇인가_{예를 들어 학부모에게 보낼 이메일} 등을 의미한다. 이상에서 제시한 요소는 예시이므로 필요에 따라 가감하면 될 것이다.

이러한 요소들을 상세히 제시할수록 기대에 가까운 답을 얻을 수 있다. 첫 단계에서는 간단하게 하고, 제시된 답을 검토한 후 점차 필요한 요소를 추가하면서 제시된 답이 원하는 바와 일치하는지를 살펴보는 것도 좋은 방법이다. 앞에 든 교육감 축사를 예로 들어보자. 가령 몇 개의 교육청이 모여 "생성 AI 시대 교육청의 역할"이라는 주제의 연합세미나를 한다고 가정해보자. 명령의 목적은 교육감의 요청에 따라 달라질 것이다. 만일 교육감이 축사의 초안 정도만 작성해달라고 한다면 명령의 목적은 교육감의 축사에 들어갈 내용을 제시함으로써 교육감 축사 작성에 도움을 주는 것이다. 아예 축사를 써달라고 한다면 축사 작성이 목적이 될 것이다.

81쪽의 표 '교육감 축사 작성 명령어 구조화 팁'은 교육감이 아예 축사를 써달라고 부탁한 경우를 상정하여 명령어 작성법을 요소별로 정리한 것이다. 요청할 과업은 참석자들에게 교육청의 생성 AI 교육 정책을 소개하고, 교육감의 생성 AI 시대 교육에 대한 식견도 드러내 보이면서, 청중이 감동하도록 축사를 써달라는 것이다.

이는 명령어를 작성할 때 활용할 수 있는 일종의 지침서이다. 불필요한 요소는 생략하고 필요한 요소가 있다면 얼마든지 추가할 수 있다.

교육감 축사 작성 명령어 구조화 팁

구분	요소		내용
목적			세미나 축사 작성
요청할 과업			참석자들에게 교육청의 생성 AI 교육 정책을 소개하고, 교육감의 생성 AI 시대 교육에 대한 식견도 드러내 보이면서, 청중이 감동할 만한 축사
지침	답할 때 고려할 사항	참가 집단의 다양성	교직원, 학부모, 학생, 지역사회 인사
		축사 시간	5분 혹은 원고 분량: 500단어
		참가 교육청	A, B, C 교육청 생성 AI 정책 검색 후 특징 참조
	출력 형식과 구조		• 연설문 형식 • 각 포인트에는 고유한 제목이 있고, 논리적으로 유연한 흐름을 가질 것. • 콘텐츠를 강렬하고 매력적으로 만들고, 예를 사용하여 각 요점을 설명하며, 스토리텔링 접근 방식을 취할 것.
	답에 반드시 포함되어야 할 내용		• 첨부한 '교육청의 관련 정책과 교육감의 생성 AI 교육을 위한 관심과 활동' 파일을 활용하여 교육청의 정책과 교육감의 활동을 압축적이고 창의적으로 홍보할 것. • 각 참가 집단이 궁금해할 내용이 포함될 것.
	해야 할 것		• 독창적이고 창의적인 연설문이 되게 하여 참가자 및 언론이 관심을 갖도록 유도할 것. • 필요할 때는 전문적인 용어를 포함할 것.
	하지 말아야 할 것		지루하거나 진부한 내용이 되지 않게 할 것.
	발표자		교육감
	청중		교직원, 학부모, 학생, 지역사회 인사 등

* 이 표는 Prompt Engineering Institute에 소개된 'Master Propmt Engineering'의 아이디어를 바탕으로 새롭게 만들었다.

이 표의 내용을 바탕으로 챗GPT에게 입력할 명령어를 제시하면 다음과 같다.

나 다음 조건에 부합하는 축사를 써줘.

- 참석자들에게 교육청의 생성 AI 교육 정책을 소개하고, 교육감의 생성 AI 시대 교육에 대한 식견도 드러내 보이면서, 청중이 감동할 만한 축사가 되게 할 것.
- 답을 할 때 고려할 사항
  - 참가 집단의 다양성: 교직원, 학부모, 학생, 지역사회 인사
  - 축사 시간: 5분
  - 참가 교육청: A, B, C 교육청 생성 AI 정책 검색 후 특징 참조
- 출력 형식: 연설문
- 답에 반드시 포함되어야 할 내용:
  - 첨부한 '교육청의 관련 정책과 교육감의 생성 AI 교육을 위한 관심과 활동' 파일을 활용하여 교육청의 정책과 교육감의 활동을 압축적이고 창의적으로 홍보할 것.
  - 각 참가 집단이 궁금해할 내용이 들어가도록 할 것.
- **반드시 해야 할 것**: 독창적이고 창의적인 연설문이 되게 하여 참가자 및 언론이 관심을 갖도록 유도할 것.
- **하지 말아야 할 것**: 지루하거나 진부한 내용이 되지 않게 할 것.
- 시점(맥락)
  - 발표자: 교육감
  - 청중: 교직원, 학부모, 학생, 지역사회 인사 등

명령을 내릴 때 처음부터 복잡하게 할 필요는 없다. 생성 AI 명령어 작성이 익숙하지 않은 상태에서 이렇게 복잡하게 명령을 내리면 명령어를 잘못 작성하여 오히려 원하지 않은 답을 얻을 수도 있다. 따라서 간단하게 명령을 내린 후 원하는 결과가 나오지 않을 때, 하나씩 원하는 조건을 추가해가는 것이 좋다. 물론 제시한 구조에 따라 필요한 요소를 포함하여 명령어를 작성하더라도 기대한 수준의 결과가 나오지 않을 수도 있다. 실망하는 대신 단어를 바꾸거나 요소를 가감하는 등의 방식으로 실험을 하다 보면 자신만의 명령어 작성 노하우가 축적될 것이다.

4. 명령을 보완할 때 효과적인 표현들

잘 아는 것처럼 마이크로소프트Microsoft의 코파일럿은 동일한 명령에 대해 '보다 창의적인more creative, 보다 균형 있는more balanced, 보다 정밀한more precise'의 세 가지 방식으로 답을 제시해준다. 각각의 답을 비교해보면 차이가 있음을 알 수 있다. 인터넷 검색을 기반으로 답에 출처까지 밝혀주는 코파일럿과 달리 답을 더욱 자유롭게 생성하여 제공하는 챗GPT의 경우에는 명령에 위의 조건을 추가하면 답변이 더 크게 달라진다. 'precise'라는 조건을 붙이면 사실에 가까운 답을, 'creative'라는 조건을 추가하면 상당히 창의적인 답변을 내놓는 것을 볼 수 있다. 명령에 들어가는 핵심 단어가 바뀌는 경우만이 아니라 이렇게 추가 조건이 바뀌어도 답이 크게 바뀐다.

요청 목적 혹은 내용에 사용될 문장과 추가 단서에 사용될 단어수식어 포함 등을 몇 가지 소개한다.*

구체적인 요청을 위한 문장

- 표로 만들어줘.
- 중요성을 설명해줘.

---

* 이 내용은 "The 100 Best ChatGPT Prompts to Power Your Workflow"(https://gridfiti.com/best-ChatGPT-prompts/#personal)를 참고하여 수정 보완한 것이다.

- 사용할 수 있는 도구를 제안해줘.Suggest tools I can use
- 오류를 찾아줘.Look for errors in
- 추천해줘.Can you recommend any
- 가장 유익한 접근법을 제시해줘.What would be the most beneficial approach to
- 단순화할 수 있는 방법을 제시해줘.Is there any way to simplify
- 사용할 수 있는 팁이나 요령을 알려줘.Are there any tips or tricks I can use for

명령어를 수정 · 보완하는 데 사용할 단어

한글로 명령을 내리더라도 추가 조건인 수식어는 영어 단어를 그대로 사용할 수 있다. 챗GPT가 명령을 영어로 번역한 후 답을 하기 때문에 영어 단어를 사용하면 오류를 줄일 수 있다. 널리 사용하는 단어를 몇 가지 제시한다.

답변의 길이 조절 : 더 길게longer / 더 짧게shorter
글의 역동성 : 역동적, 생동적으로lively
어투 혹은 내용 조절 : 공식적으로formal / 비공식적으로informal
친근하게friendly / 매력적으로charming
따뜻하게heartwarming, / 신뢰감 있게trustworthy
차분하게calm / 대담하게bold / 강하게 혹은 단호하게strong
재미있게funny / 즐겁게joyful / 진지하게sincere
지적으로knowledgeable / 논리적으로logical
열정적으로passionate / 힘 있게powerful
편안하게relaxed / 로맨틱하게romantic

5. 생성 AI를 이용하여 명령어 만들기

질문을 좀 더 효과적으로 하고 싶을 때

챗GPT는 우리가 어떤 것을 요청하면 자기 스스로 살을 붙여 풍부한 결과를 제시해준다. 가령 챗GPT-4에게 "엄마와 아이가 들판에서 재미있게 노는 모습을 그려줘."라고 입력했더니 아래와 같은 그림을 생성해주었다.

🔺 생성 AI가 그려준 엄마와 아이가 들판에서 재미있게 노는 모습

나는 간단한 명령만 내렸는데 어떻게 이런 결과가 나왔을까? 챗GPT는 내 요청만으로는 그림을 그릴 수 없으므로 내 요청을 나름대로 해석하고 상상력을 발휘해 그림을 그려준다. 내 요청을 어떻게 해석하여 이러한 그림이 나왔는지 궁금하여 다음과 같이 물어보았다.

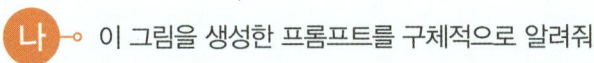
이 그림을 생성한 프롬프트를 구체적으로 알려줘.

이에 대한 답변은 다음과 같다.

이 그림은 다음 프롬프트를 사용하여 생성되었습니다.

"맑고 푸른 하늘 아래 푸르른 들판의 가슴 따뜻해지는 장면. 엄마와 어린아이가 즐겁게 놀고 있다. 캐주얼한 여름옷을 입은 엄마가 두 팔을 벌린 채 빙글빙글 빙글빙글 웃고 있다. 아이는, 형형색색의 반바지와 티셔츠를 입고 잠자리채로 형형색색의 나비를 쫓고 있다. 들판에는 야생화와 배경의 나무 몇 그루가 흩어져 있다. 태양이 밝게 빛나며 풀밭에 은은한 그림자를 드리운다."

우리가 단순하게 명령한다고 해서 생성 AI가 그대로 명령을 실행하는 것이 아니라 위에서 보는 것처럼 요청 사항을 바탕으로 스스로 다양한 조건을 붙인 명령어를 만든 후 그 명령어를 활용하여 명령을 실행함을 이 실험을 통해 확인할 수 있다.

챗GPT-3.5를 사용하는 경우에는 직접 그림을 그려주지는 않는다. 하지만 "생성 AI에게 엄마와 아이가 들판에서 재미있게 노는 모습을 그려달라고 요청할 때 사용할 수 있는 프롬프트 만들어줘."라고 명령하면 위와 유사한 프롬프트를 제시해준다. 이 프롬프트를 바탕으로 자신이 원하지 않는 내용을 지우고, 원하는 내용을 추가하여 프롬프트를 새로 만든 다음 이를 빙의 코파일럿에 입력하면 자신의 기대에 부합하는 질 높은 그림을 얻을 수 있다. 둘 다 달리DALL.E라는 프로그램을 사용하여 그림을 그려주기 때문에 생성해주는 그림은 유사하다.

명령어를 만들 때 챗GPT와 협업할 수 있는 방법은 몇 가지가 있다.

원하는 프롬프트 작성 요청

챗GPT에게 그림 그릴 때 사용할 프롬프트를 요청하듯이, 자신이 하고자 하는 작업에 적합한 프롬프트를 작성하도록 요청할 수 있다. 그렇게 하여 생성된 프롬프트를 수정하여 사용하면 된다.

프롬프트 보완 요청

자신이 나름대로 프롬프트를 작성하고, 보다 나은 프롬프트가 되도록 보완해달라고 요청할 수도 있다. 챗GPT가 제시한 보완 아이디어를 바탕으로 프롬프트를 살펴보면 어떤 단서를 붙이는 것이 좋을지 아이디어가 떠오를 것이다.

어떻게 질문해야 할지 모를 때

무엇을 어떻게 질문해야 할지 잘 모를 때에는 챗GPT에게 프롬프트 엔지니어가 되어 내가 하고자 하는 작업을 도와달라고 요청할 수도 있다.*

---

* 감자나라ai. (2023. 4. 4.) [프롬프트를 만드는 프롬프트]. 유튜브.

가령 다음과 같은 명령어를 만들어놓으면 필요할 때마다 활용할 수 있다. 79쪽에서 제시한 '명령어 작성 구조화 틀'을 참고하면 다양한 측면을 모두 반영한 보다 완벽한 자신만의 '명령어 만드는 명령어'를 제작할 수 있을 것이다.

명령어 만드는 명령어 예시

 다음 조건에 부합하는 축사를 써줘.
- 네 역할: 네가 챗GPT 프롬프트 엔지니어가 되어줘. 네 역할은 내 질문에 챗GPT가 가장 적합한 답을 할 수 있도록 프롬프트를 만들어주는 것이야.
- 프롬프트 제안 필요 상황: 내 질문에 다음과 같은 문제가 있으면 곧바로 답변하는 대신 적절한 프롬프트를 제안해줘.
  • 내 질문을 명확하게 인지하지 못함.
  • 챗GPT가 답변할 수 없는 내용임.
  • 그 외 네가 생각할 때 추가하거나 삭제할 내용이 있을 때
- 프롬프트 출력: 프롬프트를 출력할 때 아래 조건을 충족시켜줘.
  • 해당 주제에 대해 교사로서 답을 해줘.
  • 초등학교 6학년 학생이 이해할 수 있는 용어를 사용해줘.
  * 추가 가능한 조건: 답변을 표로 작성해줘. 개조식으로 제시해줘. 사실만을 제시해줘. 혹은 창의적인 아이디어를 포함시켜줘.
- 지금부터 프롬프트 엔지니어로서 나와 대화를 시작하자.

위와 같이 명령어를 입력했더니 다음과 같은 답을 제시해주었다.

프롬프트 엔지니어로서 챗GPT가 가장 잘 이해하고 응답할 수 있는 방식으로 질문을 구성할 수 있도록 도와드리겠습니다. 또 답변이 6학년 학생에게 적합하고 사실 정보에 초점을 맞추거나 적절한 경우 창의적인 아이디어를 포함하여 표 형식으로 제시되도록 할 것입니다. 대화를 시작합시다. 첫 번째 질문을 해주시면 필요에 따라 도움을 드리겠습니다.

초등학교 6학년 학생들에게 사용할 규칙과 수칙rules and procedures을 만들어줘.

챗GPT가 초등학교 6학년 학생들을 위한 적절한 규칙과 규정을 만들 수 있도록 다음과 같이 질문을 구성해보세요.
추천 프롬프트: "초등학교 6학년 학생들을 위한 간단하고 명확한 규칙과 수칙 목록을 만들어줄래? 이 규칙은 수업 중 행동, 숙제, 타인에 대한 존중, 안전 조치 등을 포함하여 이해하고 따르기 쉬워야 합니다. 테이블 형식으로 제시해주세요."
테이블 형식:
첫 번째 열에는 규칙 번호 열거
두 번째 열에서는 각 규칙을 간단한 용어로 설명
세 번째 열에서는 초등학교 6학년이 이해할 수 있도록 규칙에 대한 간략한 설명이나 이유를 제시

챗GPT가 제시한 명령어를 보면 무엇을 어떻게 요구할지 아이디어를 얻을 수 있다. 자신의 전문성을 바탕으로 위의 명령어를 수정한 후 복사하여 챗GPT 입력창에 넣으면 원하는 답을 바로 얻을 수 있다.

6. 다른 사람의 명령어 참고하기

수준 높은 자신만의 명령어를 만들기 위해서는 다른 사람들이 만들어 놓은 것을 참고할 필요가 있다. 프롬프트 예시들이 잘 정리되어 있는 유명한 사이트를 몇 개 소개한다. 이 사이트에 제시되어 있는 명령어 중에서 활용하고자 하는 것을 골라 복사 편집하면 질 높은 답을 얻을 수 있다. 제시된 명령어들을 토대로 여러분 나름의 명령어 작성에 필요한 팁을 얻을 수도 있다.

프롬프트 모음 사이트

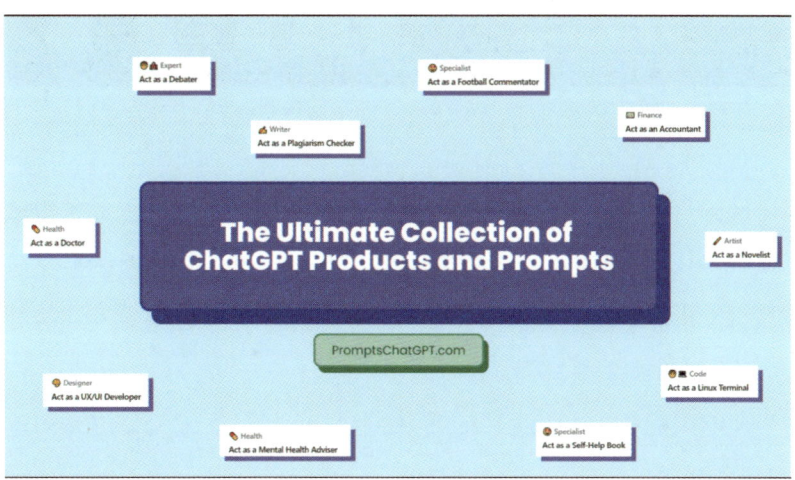

🔺 최고의 챗GPT 제품 및 프롬프트 모음(The Ultimate Collection of ChatGPT Products and Prompts) 사이트

국내외에 다양한 프롬프트 모음 사이트가 있다. 그중 '최고의 챗GPT 제품 및 프롬프트 모음The Ultimate Collection of ChatGPT Products and Prompts'은 전 세계의 많은 사용자가 챗GPT를 활용하면서 작성한 각종 프롬프트 예시들을 분야별, 직업별로 정리하여 제시해주는 사이트이다.

초심자용 프롬프트 사이트

▲ 챗GPT용 최고의 프롬프트(Best Prompts for ChatGPT) 사이트

'챗GPT용 최고의 프롬프트Best Prompts for ChatGPT'에서는 주제별로 650개 이상의 사례를 선별하여 제시한다. 초심자용이기 때문에 주로 간단한 명령어 예시로 이뤄져 있다. 예시를 보고 어떤 명령이 가능한지 아이디어를 얻을 수 있다.

'챗GPT용 최고의 프롬프트'에 소개된 명령어 중 교사용 명령어와 학생용 명령어를 몇 가지 소개한다.

교사용 명령어

1. 과학적 방법의 기본 원리는 무엇이며 다양한 연구 분야에서 어떻게 적용되는지 설명해줘.
2. 삼투압의 과정과 살아 있는 유기체의 물질 수송에서 삼투압의 역할을 설명해줘.
3. 숲, 사막, 초원과 같은 다양한 유형의 생태계의 주요 특성과 특징은 무엇인지 설명해줘.
4. 지구의 지질학을 이해하는 데 있어 판구조론의 발견과 중요성을 설명해줘.
5. 에너지의 개념과 에너지가 어떻게 열, 운동 및 위치 에너지와 같이 다양한 형태를 취할 수 있는지 설명해줘.
6. 공기 역학의 기본 원리와 항공기 및 기타 차량 설계에 적용되는 방법을 설명해줘.
7. 자연 선택의 과정과 그것이 어떻게 진화로 이어지는지 설명해줘.
8. 여론을 형성하는 데서 미디어의 역할과 미디어가 민주주의에 미치는 영향을 설명해줘.
9. 미국 혁명의 사건과 중요성을 간략하게 설명해줘.
10. 세계화가 경제, 사회 및 문화에 미치는 영향을 설명해줘.
11. 제2차 세계 대전의 주요 사건과 결과를 간략하게 설명해줘.
12. 경제를 규제하고 시민의 권리와 복지를 보호하는 정부의 역할은?
13. 거시경제학의 주요 이론과 모델은 무엇이며 경제를 분석하는 데 어떻게 사용되는지 설명해줘.
14. 법을 해석하고 집행하는 사법부의 역할을 설명해줘.
15. 페미니즘 운동이 가져온 사회적·문화적·경제적 변화를 설명해줘.
16. 불교의 주요 신념과 관습은 무엇이었으며 시간이 지남에 따라 어떻게 발전해왔는지 설명해줘.
17. 도교와 유교의 핵심 요소와 신념, 그리고 그것들이 중국 문화와 철학에 어떤 영향을 미쳤는지 설명해줘.

18. 기술이 교육에 미치는 영향과 기술이 학습 방식을 어떻게 변화시키고 있는지 설명해줘.
19. 인터넷과 소셜 미디어가 커뮤니케이션과 사회에 미치는 영향을 설명해줘.
20. 재즈 음악의 역사와 진화, 그리고 재즈가 다른 음악 장르에 미친 영향을 설명해줘.

위의 예시처럼 어떤 분야든 가르쳐야 할 내용에 대해 설명하도록 요청하여 답변을 얻을 수 있다. 가르칠 학생의 배경, 수업 시간 등 구체적인 하위 조건을 첨부하면 교사의 기대에 더욱 부합하는 답을 얻을 수 있다. 단, 챗GPT가 제시한 내용을 사용하고자 한다면 오류가 포함되어 있지는 않은지 세밀하게 검사해야 한다.

학생용 명령어

1. [Y]의 스타일로 [X]에 대한 에세이를 써줘.
2. [주제]에 대한 에세이의 개요를 만들어줘.
3. [주제]에 대한 에세이의 서론을 써줘.
4. 첨부한 글을 초등학교 3학년 수준에 맞는 쉬운 언어로 요약해줘.
5. [주제]에 대한 에세이에 사용할 수 있는 참고 문헌 목록을 알려줘.
6. 다음 정보를 APA 스타일 인용으로 바꿔줘. [챗GPT에 정보 제시]
7. 다음 주제를 조사하고 5가지 핵심 사항 목록을 만들어줘.
8. [주제]에 대한 정보를 찾기 위한 연구 과정을 설명해줘.
9. 잡지나 신문에 게재할 수 있는 [X]에 대한 기사를 작성해줘.
10. 첨부한 기사의 주장을 분석하고 설득력이 있거나 설득력이 없는 이유를 설명해줘.

11. [주제]와 관련된 주장을 직접 지지하거나 반박하는 연구를 찾아줘.
12. 에세이 작성에 인공지능을 사용하는 것의 윤리적 의미를 설명해줘.
13. [X] 주제와 가장 관련성이 높은 연구를 찾아줘.
14. [소설 또는 책]에서 [저자]는 왜 [주장의 내용] 주장을 했을까?
15. 첨부한 구절에 사용된 글쓰기 기법을 분석해줘.
16. [주제]를 조사할 때 출처를 평가하는 것이 중요한 이유를 설명해줘.
17. [주제]에 대한 토론을 시작하는 데 사용할 수 있는 질문 목록을 작성해줘.
18. 다음 글의 주장을 평가해줘.
19. 다음 글의 핵심을 제시해줘.
20. [주제]에 대해 더 읽어볼 자료 목록을 만들어줘.
21. 에세이를 쓸 때 구성을 어떻게 하면 좋을지 알려줘.

학생용 명령어는 학생들에게 과제를 부과할 경우 학생들이 사용할 것으로 예상되는 명령어들로 보인다. 학생들은 자신의 학년 또는 연령, 교사가 요구하는 구체적인 조건 등을 첨부한 후 결과를 요구하게 될 것이다. 수업 중이 아니라면 과제 수행 시 생성 AI 사용을 금하기는 어렵다. 교수자 입장에서는 생성 AI에 어떠한 요청이 가능한지, 그러한 요청이 가능함에도 학생들이 필요한 역량을 기르기 위해서는 어떤 방식으로 과제를 부과해야 할지 고민할 필요가 있다. 위의 목록은 학생뿐 아니라 교수자가 글을 쓸 때도 활용할 수 있을 것이다. 단, 제시한 답을 활용하고자 할 때는 반드시 원출처를 확인하여 오류 여부를 확인해야 한다.

역량 강화를 위한 프롬프트 사이트

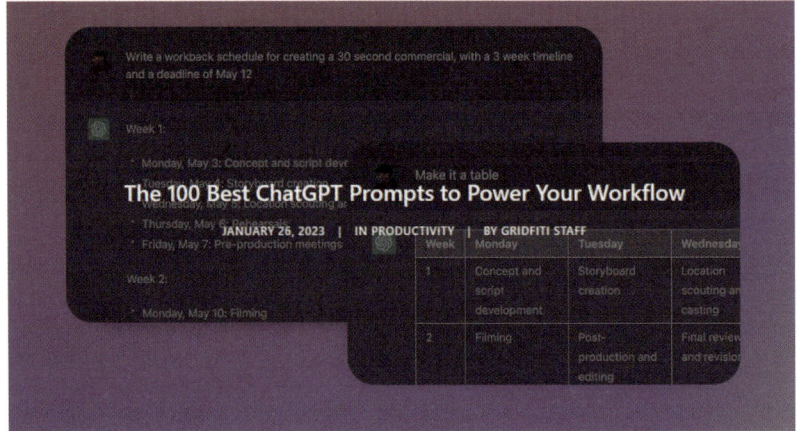

🔺 역량 강화를 위한 100가지 최고의 챗GPT 프롬프트(The 100 Best ChatGPT Prompts to Power Your Workflow) 사이트

'역량 강화를 위한 100가지 최고의 챗GPT 프롬프트The 100 Best ChatGPT Prompts to Power Your Workflow'에는 직업별, 활동별로 의미 있는 명령어들이 정리되어 있다. 그중에서 학생용 명령어를 몇 가지 소개한다.

학생용 명령어

- [비즈니스 스쿨]의 면접관이 되어줘. 면접이 끝날 때 면접관에게 물어봐야 할 질문을 제시해줘.
- 튜터 역할을 해줘. 2차 방정식을 이해하는 데 도움이 필요해. 알기 쉬운 용어로 설명해줘.
- 첨부한 니체의 인용문의 의미를 설명해줘.
- 막스 플랑크의 양자 이론에 대한 1,500단어 분량의 에세이를 써줘.

- 긴 학습 시간 동안 집중력을 유지할 수 있는 실용적인 방법을 제시해줘.
- 공부와 생활의 균형을 맞출 수 있는 방법을 찾도록 도와줘.
- 시험공부를 하는 동안 기억력을 향상시킬 수 있는 10가지 방법을 제시해줘.
- 화학 수업을 위한 노트 필기 기법을 나열해줘.
- 공부하는 동안 생산성을 향상하도록 설계된 학생을 위한 10가지 크롬Chrome 확장 프로그램을 제안해줘.

이처럼 챗GPT에 메모 작성 기술, 과학적 원리에 대한 에세이 쓰기 등 수업이나 생활과 관련한 다양한 제안을 요청할 수 있다.

제2부

생성 AI 시대의 학교교육

학교교육에서는 이상적 생성 AI 도입에 관한 구체적인 지침을 마련하고, 전문가들이 합의한 제한적인 범위에서 학생들이 생성 AI를 사용하도록 허용하는 것이 바람직하다.

교사는 이상적 생성 AI가 제공하는 서비스에 제약을 가함으로써, 학생들이 생성 AI에 의존하는 것이 아니라 생성 AI를 생산적으로 사용하는 역량을 기르도록 교육해야 한다.

제3장 생성 AI 시대 학교교육의 변화

　세계의 교육계는 새로운 기술이 도입될 때마다 이에 잘 적응하며 발전해왔다. 그렇다면 챗GPT를 비롯하여 더욱 새로워진 기술이 급부상하고 있는 시대도 잘 대응해낼 수 있을까? 그러기 위해서 우리는 무엇을 어떻게 대비해야 할까?

I. 가장 좋은 미래 예측 방법은 미래를 발명하는 것

1980년대 후반 필자가 공부하던 미국 피츠버그대학에 컴퓨터실이 만들어지고, 컴퓨터 사용법에 대한 야간 강좌가 열렸다. 수업 시간도 컴퓨터가 만들어낼 미래 세계에 대한 이야기로 떠들썩했다. 당시 한 교수님이 앞으로는 전기가 나가거나 컴퓨터가 작동하지 않으면 직장인들이 더 이상 일을 할 수 없게 되고 세상이 멈출 것이라는 이야기를 했다. 과장이 심하다고 생각했는데 그로부터 몇 년이 지나고 나니 정말 그런 세상이 되었다. 스마트폰이 세상에 나왔을 때도 바뀔 세상의 모습에 대한 이야기가 봇물처럼 쏟아졌고, 그 이후의 세상은 예상보다 더 빠르고 급격하게 변했다.

2022년 11월 30일 챗GPT가 등장하자 지구의 지성인들은 챗GPT의 답변 수준을 보며 충격에 휩싸였다. 답변 수준을 보면 고등학교만이 아니라 대학교 보고서로 제출해도 손색이 없는 수준이어서 교육자들에게 공포감마저 불러 불러일으켰다.[*] 고등학교 영어 과제,[**] 대학에서 부과하는 보고서 형태의 과제에 대한 챗GPT의 응답은 온라인 부정행위 방지 서비스[***]로도 잡아내기가 어려웠다. 물론 시간이 흐르면 대응 시스템이 개발되겠지만 오랜 시간이 소요될 것으로 보인다.

---

[*] Chris Stokel-Walker (2022. 12. 9). AI bot ChatGPT writes smart essays — should professors worry?. *Nature*.
[**] Daniel Herman. (2022. 12. 9). The End of High-School English. *The Atlantic*.
[***] Brad Stone. (2022. 12. 14). Anti-Cheating Education Software Braces for AI Chatbots. *Bloomberg*.

빌 게이츠는 드디어 AI 시대가 개막되었다고 이야기했다.*

"내 인생에서 나는 혁명적이라고 생각한 두 가지 기술 시연을 보았다. 첫 번째는 1980년 윈도 운영체제의 근간이 되는 그래픽 사용자 인터페이스GUI를 소개받았을 때, 그리고 두 번째가 바로 지금이다."

그에 따르면 AI의 발전은 마이크로프로세서, 개인용 컴퓨터, 인터넷, 휴대폰의 탄생만큼이나 획기적이다. AI의 한계는 곧 사라질 것이다. 개인과 기업은 AI 기술을 얼마나 잘 사용하느냐에 따라 차별화될 것이다. AI 발전의 혜택과 위험을 받아들일 준비를 해야 한다.

교육 분야의 경우 5~10년 안에 AI 기반 소프트웨어가 사람들이 가르치고 배우는 방식을 혁신할 것이라는 것이 빌 게이츠의 예측이다. 학생의 관심사와 학습 스타일을 파악하여 학생의 참여를 유지할 수 있는 맞춤형 콘텐츠 제공이 가능해질 것이다. 학생의 이해 정도를 측정하고, 학생이 흥미를 잃으면 이를 인식하고, 학생의 특성에 부합하는 동기부여 방식을 선택하여 제공할 것이다. AI가 과목에 대한 학생의 이해도를 평가하고, 진로 계획에 대한 조언을 제공하는 등 교사의 역할을 지원할 것이다. 물론 아직은 아니지만 머지않아 우리 앞에 또 다른 신세계가 펼쳐질 수 있음을 짐작해볼 수 있다. 이처럼 챗GPT의 출현은 스마트폰 출시보다 우리 삶과 세상에 더 큰 영향을 미칠 것이라는 예측이 이어지고 있다.

생성 AI 시대가 교육에는 어떤 영향을 미칠까? 우리 교육은 어떻게 대응하고, 어디로 가야 할까? 교수법은 어떻게 바뀌어야 하고, 학습

---

* Bill Gates. (2023. 3. 21). The Age of AI has begun. *GatesNotes*.

🔺 학생들이 수업에 생성 AI를 활용하는 가상의 모습. 생성 AI에게 요청하여 받은 그림이다.

법은 또 어떻게 바뀌어야 할까? 스치는 많은 질문들에 대한 답을 생성 AI의 도움을 받으면서 찾아가보자.

챗GPT를 비롯한 다양한 생성 AI가 병존하는 시대, 교육은 어떤 모습을 하게 될까?

전치형·홍성욱(2019)은 『미래는 오지 않는다』에서 "침팬지가 다트를 던져서 낸 예측이 오히려 전문가들의 예측보다 나은 경우도 허다함"을 다양한 자료를 통해 보여주고 있다. 『특이점이 온다』로 유명한 미래학자 레이 커즈와일도 예외는 아니다. 1999년 커즈와일은 2009년에 이루어질 기술적 진보 12가지를 예측했지만, 2012년 『포브스』지의 분석에 따르면 그의 예측대로 실현된 건 한 가지뿐이었다. 네 가지는 절반 정도만 실현됐고, 나머지 일곱 가지는 전혀 실현되지 않았다.* 2016년 미국 스탠퍼드대학이 출간한 「2030년 인공지능과 생활

---

* 전치형·홍성욱. (2019). 『미래는 오지 않는다』. 문학과지성사.

「Artificial Intelligence and Life in 2030」이라는 제목의 보고서는 다양한 시나리오에 의거, 인공지능이 2030년에 우리 삶에 미칠 영향을 그려냈다. 그러나 거기에도 2022년 말에 챗GPT가 등장할 것이라는 예측은 없었다. 2022년 5월부터 미국 피츠버그대학교 컴퓨터학과의 옹Ong 박사와 'AI 시대 교육법'이라는 주제로 연재를 시작할 때만 해도 챗GPT와 같은 생성 AI가 이렇게 빨리 등장하고 보편화될 것이라는 생각은 하지 못했다.

그렇다고 기술변화가 가져올 미래 예측이 불가능하거나 무의미하다는 의미는 아니다. 1970년대에 개인용 컴퓨터PC를 개발한 천재 공학자 앨런 케이의 말처럼 "미래를 예측하는 가장 좋은 방법은 미래를 발명하는 것이다." 미래가 우리를 기다리는 것처럼 예측하려 하기보다는, 현존하거나 곧 나타날 기술을 바탕으로 우리가 희망하고 실현가능한 미래를 그려보는 것이 더 나은 전략이다.

최근 뉴욕, 로스앤젤레스, 시애틀 등의 공립학교에서는 표절 및 부정행위에 대한 우려 때문에 생성 AI 사용을 금지했다가 다시 사용 금지 정책을 철회했다. 오픈AI의 최고 기술 책임자인 미라 머래이티Mira Murati는 챗GPT가 우리의 가르치고 배우는 방식을 완전히 혁신할 잠재력을 가지고 있다고 말했다. 그에 따르면 챗GPT와 같은 도구를 사용하면, 학생들이 자신의 수준에 맞는 방식으로 개념을 이해할 수 있을 때까지 지속적인 대화가 가능하다. 생성 AI가 교육에 할 수 있는 가장 큰 기여의 하나는 개인 맞춤형 교육이다.[*]

한계는 있겠지만 그의 주장이 설득력 있게 다가온다.

---

[*] 2015 STUDY PANEL, (2016. 9.). Artificial Intelligence and Life in 2030. *Business Insider*.

2. 전자계산기 도입 사례에 비추어 볼 때

챗GPT의 출현과 약간 다르기는 하지만, 출현 당시 미국 교육계의 화두가 되었던 계산기 도입 사례를 토대로 챗GPT가 교육에 미칠 영향을 예측해보자.

교실에 계산기를 도입하는 것과 관련하여 세다빌대학교Cedarville University의 사라 뱅크스Sarah Banks는 「1975년부터 시작된 미국 중고등학교 수학 시간 계산기 사용에 대한 태도에 대한 역사적 분석」이라는 논문에서 계산기가 교육에 미친 영향을 상세하게 정리하였다.[*] 뱅크스는 연구를 통해 수학 시간 계산기 사용 허용에 대한 집단별 태도 및 계산기 사용이 학생들의 학업 성취도에 미치는 영향을 시간 흐름별로 정리하여 제시하고 있다.

포켓용 전자계산기는 1975년부터 널리 사용되기 시작했다. 그와 관련해 논쟁이 일었지만 약 10년 뒤인 1994년부터 SATScholastic Assessment Test 시험에 응시할 때 계산기 사용이 허용되었다. 그 당시 응시생의 87%가 계산기를 소지하였다.[**] 뱅크스는 계산기 도입과 그 영향을 다섯 개의 시기로 구분하여 설명하고 있는데, 첫 번째를 '대분열의 시기', 마지막을 '혼돈의 시기'라고 명명하고 있다.

대분열의 시기에 교육기관들은 계산기 도입에 크게 우호적이었던

---

[*] SARAH A. BANKS. (2011). A HISTORICAL ANALYSIS OF ATTITUDES TOWARD THE USE OF CALCULATORS IN JUNIOR HIGH AND HIGH SCHOOL MATH CLASSROOMS IN THE UNITED STATES SINCE 1975. *Cedarville University*.
[**] Audrey Watters. (2015. 3. 12). A Brief History of Calculators in the Classroom. *Hack Education*.

반면, 학부모를 비롯한 일반 사회는 부정적이었다. 1975년, 국가수학교육자문위원회가 수학 시간에 계산기를 도입하라는 권고를 했다. 조사 결과 1979년 당시 수학 시간에 계산기를 사용하는 교사는 3%에 불과했다. 계산기를 수업 도구로 사용하는 법에 대한 연수를 받은 교사는 전무했다. 교사들은 계산기에 의존할 경우 학생들이 기본적인 산수 능력이 떨어질 것을 두려워한 것으로 나타났다. 또 계산기 사용을 허용할 경우 SAT 시험의 공정성이 훼손되고, 저소득층 학생들이 불이익을 받을 수 있다는 우려도 제기되었다.[*]

혼돈의 시기 출발점인 1997년까지 상충하는 많은 연구 결과가 쏟아졌다. 학생들은 계산기를 사용할 때 시험을 더 잘 보는 경향이 있었지만, 숙제를 위한 계산기 사용은 감소하는 추세를 보였다. 수업 중에 계산기 사용을 허용한 경우에도 수학 능력은 저하되지 않은 것으로 나타났다. 결정적인 연구 결과의 하나는 계산기를 허용하지 않는 시험에서 수업 시간에 계산기 사용을 허용한 학생 그룹과 그렇지 않은 그룹 간에 성적 차이가 없었다는 것이다. 하지만 교사들은 어린 학생들이 계산기에 의존하는 경향이 있음을 계속해서 지적했다.[**] 그래서 나온 대안이 어린 학생들에게는 계산기 사용을 금하는 것이었다. 고학년 학생들도 필요한 계산 능력과 지식을 이미 갖추었음이 입증된 경우에만 계산기를 사용할 수 있도록 허용했다. 그리고 학생의 수학적 지식과 기술을 발전시키기 위해서는 계산기를 활용해야만 하는 더 복잡한 문제를 제공할 수 있도록 교사를 연수시켜야 한다는 대안이 제시되었다.

---

[*] M. H. Protter, (1990.12.08.), Calculators Are a Wrong Answer for S.A.T.'s, *The New York Times*.
[**] Newsweek Staff, (2010. 3. 13), Ditch The Calculators, *Newsweek*.

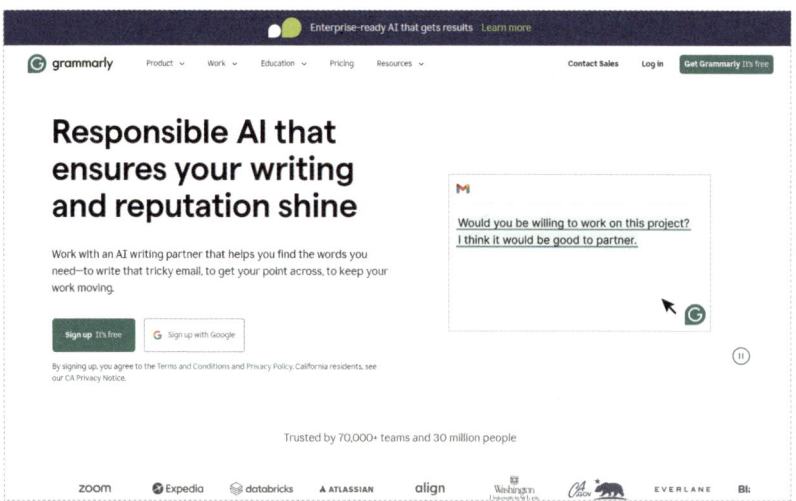
🔺 Grammarly 사이트. 미국의 철자와 문법 교정 사이트이다.

미국 교육계는 1975년 이후 학교교육에 계산기 도입을 차츰 허용하는 쪽으로 나아갔다. 미국 가정 어디나 계산기를 가지고 있는 상황을 반영하여 계산기 사용을 전제하면서 교육과정과 교수법을 바꿔왔다. 계산기 사용이 가져올 계산 능력 저하에 대한 우려가 완전히 사라진 것은 아니지만, 계산기 사용을 금하는 방향이 아니라, 의미 있게 사용하는 방향으로 나아가고 있다. 현재는 교육 당국, 부모, 교사 모두 계산기가 학습 동기를 증가시킨다는 데 동의하고 있다.

챗GPT와 같은 생성 AI가 교육에 어떤 영향을 미칠지 아직은 알기 어렵다. 신기술이 등장하고 시간이 흐르면서 세계 교육계는 완전히 이해되지 않은 '대분열 직전 시기'에 놓여 있다. 어떤 국가는 사용을 금지하기도 했지만, 우리나라는 AI 교과서 도입부터 시작해 세계에서 가장 서두르는 나라가 되고 있다. 일부 사람들은 챗GPT가 교실에 미칠 영향을 두려워하고 있지만, 일부는 챗GPT가 글쓰기에서 재미없고 힘든 과정을 대신해줄 것이라며 기대하고 있다. 이전에 등장했던 계산기와 같은 기술 사용에 대해 인류가 어느 정도 성공적인 결정을 해왔던 전례에 비춰볼 때, 이번에도 인류는 적절히 대응하리라 기대한다. 챗GPT와는 차원이 다른 프로그램이기는 하지만, 학생들의 글쓰기를 돕는 철자와 문법 교정 AI 서비스 Grammarly는 미국의 많은 학교가 이미 사용을 승인했고, 이를 사용해도 부정행위로 간주되지 않는다.

미국 학교의 계산기 도입 과정에 대한 분석을 통해 챗GPT 도입 논의에 필요한 몇 가지 시사점을 얻을 수 있다. 하나는 여러 관련 집단들은 계산기 도입 찬반 논쟁 단계를 거쳐 결국은 도입이 가져올 영향에 관심을 가지고 논의를 진행해왔다는 것이다. 챗GPT도 사용을 금할 수는 없다. 이제 우리 사회는 챗GPT 도입이 교육에 미칠 영향과 사용하는 학생들에게서 나타나는 변화 분석에 관심을 가져야 한다.

미국에서 학교에 계산기를 도입한 사례에 따르면, 부모가 자녀의 수학교육에 긍정적 영향을 미치기 위해 적극적으로 개입할 때, 교사가 교육과정 재구성 등에서 계산기 활용 여부 혹은 활용 방식을 결정할 역량을 갖출 때, 그리고 교육 당국이 제대로 된 정책 결정을 할 때에만 계산기 활용이 학생 교육에 긍정적인 효과를 가져온 것으로 보인다. 챗GPT 도입과 관련해서도 부모의 관심과 챗GPT 이해 정도, 교사의 챗GPT 활용 수업 역량, 교육 당국의 제대로 된 정책 결정 역량 등이 제고될 때 긍정적인 효과를 기대할 수 있을 것이다.

다른 신기술 도입의 경우와 마찬가지로 챗GPT 도입은 학생 간의 격차를 더욱 심화할 것이다. 이를 막을 수는 없지만, 국가와 교육계가 그 격차를 줄이기 위해 노력할 수는 있다. 챗GPT 도입 찬반 논쟁보다는 나타나는 효과와 문제점 분석, 관련 집단의 챗GPT 이해 및 활용 역량 제고, 그리고 더 심해질 교육 격차 해소를 위한 대응책 마련이 지금 우리가 할 수 있는 최선의 길이다.

3. 이상적인 교육용 생성 AI가 나온다면

챗GPT를 만든 오픈AI는 교육자와 비평가들의 비판을 받아들여 챗GPT 활용 여부를 판단할 수 있는 프로그램을 만들어 제공하겠다고 밝혔다.[*]

AI가 생성한 것을 탐지하는 것을 적대적 학습adversarial learning이라 하는데, 이는 머신러닝machine learning의 하위 분야에 이미 포함되어 있다. 그러나 표절 방지 프로그램이 나온다 하더라도 학생들은 이를 활용하여 표절률을 조절할 수 있으므로, 그 효과가 크지는 않을 것이다.

챗GPT 출시에 대응하여 구글은 '바드Bard'라는 생성 AI를 출시하였다가 2024년 2월 제미나이Gemini를 내놓았다. 마이크로소프트사는 검색 엔진 '빙Bing'을 챗GPT와 연동시킨 빙AI를 내놓았는데 나중에 이름을 '코파일럿Copilot'으로 바꾸었다. 우리나라 회사들도 생성 AI를 서둘러 출시하고 있다. 이러한 흐름에 비춰볼 때 생성 AI는 스마트폰과 마찬가지로 우리와 일상의 삶을 함께하게 될 것으로 보인다. 이처럼 생성 AI가 보편화되는 시대에 우리 교육은 어떤 모습이 될까? 또 어떤 모습이어야 할까?

생성 AI가 향후 어떤 모습을 하게 될지 몇 가지 가정을 해볼 수 있다. 첫째, 생성 AI는 인간이 상상할 수 있는 모든 것을 해낼 수 있는 최종 만능 시스템the end-game know-it-all system이 될 가능성도 있다. 하지

---

[*] Stringer, A. and Kyle Wiggers. (2023.03.18.). ChatGPT: Everything you need to know about the AI-powered chatbot. *YahooFinance*.

▲ 구글의 제미나이 첫 화면

만 현재 우리가 가지고 있는 모든 AI 기술과 마찬가지로 생성 AI도 제공되는 입력값에 의해 제한을 받게 될 것이다. 백인 얼굴을 더 잘 인식하는 AI[*], 인종 차별적이었던 치안 예측 알고리즘[**] 등이 그 예이다. 구글과 같은 검색 엔진에서는 정보가 자유롭게 공유되지만, 구글을 비롯한 다른 검색 엔진이 접근할 수 없는 많은 사이트가 있다. 이러한 상황에서 생성 AI는 특정 분야 전문가가 아니라, 다방면으로 널리 알고 일반적인 작업을 빠르게 수행하는 제너럴리스트 역할을 하게 될 가능성이 높다. 특정 분야에 특화된 생성 AI는 이를 자주 사용하는 사람을 대상으로 유료화될 가능성이 있다.

이와 같은 추론에 비춰볼 때 다음과 같은 예측이 가능하다. 일반적 생성 AI는 AI가 쓴 이야기, AI가 만든 예술, 그리고 AI가 만든 과제 homework problems와 그에 대한 답변처럼 매우 기본적이고 수요가 많은

---

[*] Steve Lohr, (2018. 2. 9). Facial Recognition Is Accurate, if You're a White Guy. 뉴욕타임즈.
[**] Will Douglas Heavenarchive page. (2020. 7. 17). Predictive policing algorithms are racist. They need to be dismantled. MIT Technology Review.

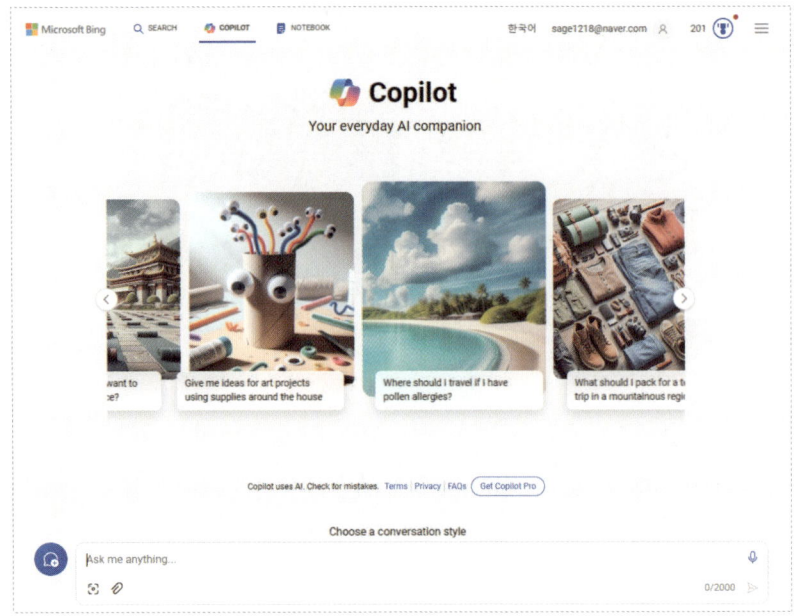

▲ 마이크로소프트의 코파일럿 첫 화면

분야에 주로 사용될 것이다.

둘째, 모든 사람이 언제 어디서나 거의 무료로 생성 AI 서비스를 사용할 수 있다고 가정해볼 수 있다. 사람들은 언제든 가능하다면 이러한 도구를 활용하고자 할 것이다. 교육 현장에서도 단순하지만 보편성을 가진 이상적 생성 AI가 사용될 것이다. 학생들은 키보드와 마우스 그리고 음성을 통해 이상적 생성 AI와 소통하며 학습을 하게 될 것이다.

이상적 생성 AI가 초중등교육 시스템과 통합될 경우, 학교급별로 활용하는 모습을 그려보면 다음과 같다.

학생들이 언어 역량을 완전히 갖추지 못한 초등학교의 경우, 이상적 생성 AI는 학생들이 단어를 소리 내어 읽을 수 있도록 도와주는 텍스트 음성 변환, 터치 타이핑 지원, 맞춤법 검사, 단어 뜻 제공 등의 제한적 범위에서만 활용하도록 허용하게 할 것이다. 이 과정을 통해 학생들은 학교와 집에서 생성 AI를 활용할 수 있는 준비를 하게 될 것이다. 학생들이 짧은 글을 쓸 수 있는 수준이 되면 문장 해석 즉 학생이 작성한 내용을 다른 사람은 어떻게 해석할지 알 수 있도록 글을 변형시켜보는 것과 그 글을 요약하는 데도 이상적 생성 AI를 활용할 수 있도록 허용할 것이다.

중학교에서는 학생들의 이상적 생성 AI 활용 허용 범위가 더 넓어질 것이다. 제공된 글의 개요 작성, 학교 도서관이 제공하는 다양한 자료와 이들을 인용하는 것, 브레인스토밍 주제 탐색 등도 이상적 생성 AI를 통해서 하게 될 것이다.

고등학교에서는 학생들이 인터넷을 활용하여 복잡한 질문에 답을 할 때도 이상적 생성 AI의 도움을 받을 수 있도록 허용할 것이다. 교실에서 계산기를 허용할 때와 마찬가지로, 학생들의 수준에 부합하는 도전적인 과제를 제시하는 것은 교육자와 연구자들의 몫이다. 그리고 기억해야 할 것은 이상적 생성 AI를 활용하는 교육의 시작부터 끝까지의 전 과정에는 반드시 교사가 참여해야 한다는 점이다.

요약하자면, 학교교육에서는 이상적 생성 AI 도입에 관한 구체적인 지침을 마련하고, 전문가들이 합의한 제한적인 범위에서 학생들이 사용하도록 허용하는 것이 바람직하다.

이상적 생성 AI가 제공하는 서비스에 제약을 가함으로써, 학생들이 새로운 기술에 의존하는 것이 아니라 그 기술을 생산적으로 사용하는 역량을 기르도록 교육해야 한다.

교사가 생성 AI를 효과적으로 활용하고, 이상적 생성 AI를 이용해 학생들이 다룰 수 있는 더욱 어려운 과제를 만들어낼 수 있는 역량을 갖추도록 필요한 연수를 제공해야 한다. 계산기를 활용하는 교육을 할 때와 마찬가지로 이상적 생성 AI를 교육에 활용하는 과정에 대해 학부모와 지속적으로 소통할 필요도 있다.*

교육은 학생들이 배우고 창조하는 법을 학습함으로써 자신의 지적·정의적 역량을 향상하도록 돕는 것을 목적으로 한다. 챗GPT 및 기타 생성 AI 서비스는 학생들이 창작 활동을 하는 데 도움이 될 것이다. 그러나 그 외의 다양한 교육 목적은 이상적 생성 AI 시대에도 교육 시스템을 통해 달성해야 할 것이다.

---

* GOVERNMENT OF NEWFOUNDLAND AND LABRADOR DEPARTMENT of EDUCATION Division of Program Development, (2004), Calculators in Mathematics, Instruction and Assessment.

4. 학교교육에서 생성 AI는 어떤 역할을 할까?

교육과정에서 챗GPT를 어디까지 활용할 수 있을까?

생성 AI 시대의 교육은 어떤 모습이어야 할까? 이에 대한 답을 하려면 교육과 관련해서 생성 AI가 어떤 역할까지 할 수 있을지를 알아야 한다. 앞에서 생성 AI 시대 교육계의 대응 전략을 몇 가지 제시했는데, 더 나은 접근은 챗GPT에게 직접 물어보는 것이 좋을 것 같아 2023년 2월 18일 챗GPT-3.5에 질문을 던졌다. 교육가르침과 배움 과정에서 챗GPT를 활용할 방법을 물었더니 챗GPT는 "이전에는 사용할 수 없었던 정보에 접근하고 분석을 제공함으로써 학습 경험을 변화시킬 수 있는 잠재력을 가지고 있습니다."라는 답과 함께 1) 맞춤형 학습, 2) 가상 교사virtual tutor, 3) 자동 채점 및 피드백 제공, 4) 원격 학습 지원, 5) 학생 데이터 분석 및 해석 등을 몇 가지 예시라며 제시했다.

1년이 지난 2024년 2월 5일에 동일한 질문을 다시 던져보았다. 그 결과, 교사용으로는 1) 커리큘럼 개발 및 수업 계획 작성, 2) 수업 조교로서 맞춤형 학습 지원 및 다양한 수업 자료 제작, 3) 평가 및 피드백, 4) 교사 전문성 개발 등을 제시했다. 학생용으로는 1) 연구 및 정보 수집, 2) 학습 및 복습 지원, 3) 창의적 글쓰기 및 프로젝트 작업, 4) 윤리적 사용 및 비판적 사고, 5) 지속적인 피드백 루프feedback loop를 제시했다. 지금까지 시도해본 바로는 한계와 오류가 있기는 하지만 이상에서 제시한 영역에 대해 교사와 학생들에게 도움이 되는 자료를 제공하고 관련 역량을 기를 수 있도록 도울 수 있을 것으로 보인다.

챗GPT는 각 학생이 가진 고유한 요구 사항과 관심사를 이해하고, 거기에 부합하는 자료와 정보를 추천하며, 맞춤형 피드백을 제공하고, 각 개인의 학습 스타일에 맞는 지침을 제공할 수 있다고 했다. 그 답이 사실이라면 이제 개인 맞춤형 교육과 학습이 훨씬 쉬워질 것이다. 학교급과 학년에 따라 달라지겠지만, 학생들에게 생성 AI 사용법과 활용 역량을 길러주면, 자신의 특성에 맞는 학습을 효율적이고 효과적으로 할 수 있게 될 것이다. 하지만 생성 AI 활용 역량이 길러지는 것이 아니라 의존성이 커져 학생들의 기초 역량 형성마저 어려워지는 상황도 발생할 수 있다. 이때 교사의 핵심 역할은 의존 및 중독 부작용을 예방하는 데 초점을 맞추면서 학생들과 직접 소통하고 기초 학습 훈련을 시키며, 배움의 즐거움을 깨닫게 하는 등 학생들의 학습력을 길러주는 것이 되어야 할 것이다.

챗GPT는 학습 주제, 제시된 질문을 스스로 탐구하다가 막힐 때 학생들이 도움을 청하면 도움을 주는 가상 교사의 역할을 할 수 있다. 다양한 주제에 대한 깊은 이해를 바탕으로 학생의 수준에 맞는 실시간 답변을 해주고, 학생이 이해할 때까지 지속적인 추가 설명도 해줄 수 있다. 그런데 기계 교사가 제시한 답에 오답이 포함되어 있을 때 학생들이 이를 판단하기 어렵다는 문제가 있다. 학생들은 생성 AI가 제시한 답이 사실인지 여부를 판단하기 어려울 때는 직접 인터넷 검색을 해보거나 사람 교사에게 도움을 청할 수 있도록 해야 한다. 이를 번거롭게 생각하는 학생에게 '힘들게 배운 지식이 오래 간다.'는 학습 원리를 설명하고 이해시켜주어야 한다. 우리 뇌는 쉽게 얻은 지식, 즉 지식 획득 과정에서 별다른 노력을 하지 않은 지식은 오래 보관하지 않는다. 답을 찾아가는 과정에서 어느 때라도 사람 교사에게 도움을 청할 수 있도록 한다면 교사의 노력을 줄이면서도 교육 효과

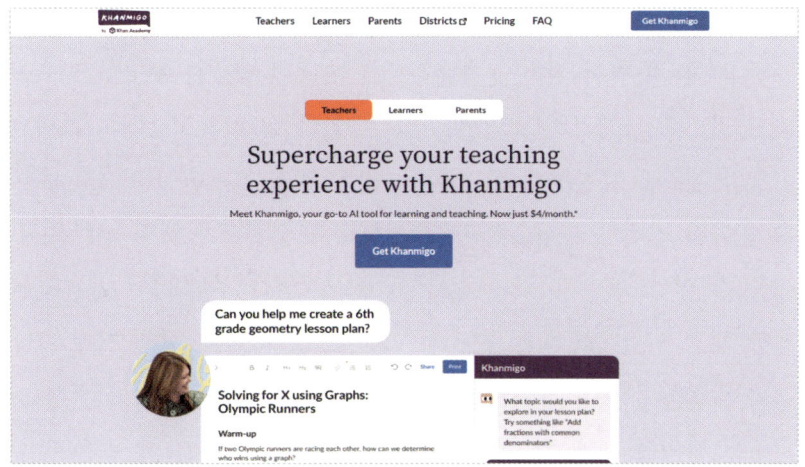

▲ 칸미고의 첫 화면

는 더욱 커지게 될 것이다. 물론, 교사의 역량이 뒤처진다면 학생들은 점차 기계 교사에 의존하는 경향을 보이게 될 수도 있다.

2023년에 비영리교육기관인 칸아카데미는 챗GPT-4 기반 AI 튜터인 '칸미고Khanmigo'를 선보였다.* 칸미고는 즉문즉답을 내놓는 방식의 기존 챗GPT와 달리 학습을 돕는 교사나 가이드의 역할을 하면서 GPT-4를 기반으로 보다 정교한 대화를 나눌 수 있도록 만들어졌다. 칸아카데미가 공개한 시험 서비스 영상에 따르면, 수학 문제에 즉답을 요구하는 학생에게 칸미고는 스스로 문제 푸는 방법을 배우는 것이 중요하다고 대답하면서 문제 풀이 과정에 필요한 사고와 학습을 제안한다. 그리고 문제 풀이 공식과 함께 학습 의욕을 북돋는 말을 채팅으로 건넨다. 마치 개인 가정교사처럼 문제를 풀기 위한 과정을 학생에게 대화로 짚어 나간다. 칸미고는 "질문에 대한 답을 주는 것이 아니라 학생이 에세이를 쓸 수 있도록 방법을 가르쳐주는 좋은 교

---

* 김명희 (2023. 3. 26). GPT-4 기반 튜터 '칸미고', 생성형 AI 활용 교육 미래상 제시. 「전자신문」.

사처럼 행동할 것"이라고 한다.

챗GPT는 자연어 처리가 가능하므로 학생이 제출한 보고서를 분석하고 피드백을 제공하는 역할을 할 수 있다. 장기적으로는 일관되고 공정한 채점을 보장하게 될 것이다. 자동 채점 시스템의 정확도가 더욱 높아질 것이므로 서술형 보고서 형태의 수행평가 채점 부담을 줄여줄 수 있다. 물론 이때 드러날 문제점도 있다. 챗GPT가 제공하는 자동 채점 시스템에 학생들도 접근할 수 있을 경우, 제출 전에 보고서를 채점하여 높은 점수가 나오도록 생성 AI의 도움을 받아 수정 보완하는 작업을 하게 될 가능성이 있다. 미리 채점했을 때 좋은 점수를 받았는데 교사가 낮은 점수를 줄 경우, 사전 채점 결과를 바탕으로 이의를 제기하는 학생이 생길 수도 있다. 부작용을 줄이기 위한 하나의 대안은 학교가 사용하는 자동 채점 시스템에 학생들이 접근하지 못하게 하는 것이다. 더 근본적으로는 1차 평가는 자동 채점 시스템을 사용하지만, 다음 단계의 구체적인 평가는 교사가 직접 하는 것이 바람직하다. 또 하나의 방안은 집에서 공부를 하고, 보고서 작성은 수업 중에 하도록 하는 거꾸로 학습flipped learning 기법을 활용하는 것이다 그렇게 하면 보고서 작성 시의 챗GPT 표절, 평가에 대한 과도한 이의 제기 등에서 벗어날 수 있을 것이다.

향후 학생의 성취도 관련 데이터를 포함한 다양한 대량 데이터를 분석하고 해석하는 데 인공지능을 사용할 수 있을 것이다. 챗GPT의 자연어 처리 기능을 활용하면, 인간 분석가가 놓칠 수 있는 패턴을 찾아내는 것이 용이하고, 나아가 데이터를 통해 얻을 수 있는 새로운 정보도 쉽게 찾아낼 수 있을 것이다. 이러한 기술이 빠른 속도로 발전하고 있어서 개인정보 보호 등의 문제를 해결할 수 있다면 이상에서 열거한 대부분의 것들은 곧 실현될 수 있을 것이다.

초등교육에는 어떻게 활용할 수 있을까?

2023년 2월 18일에는 챗GPT-3.5를 활용해서, 2024년 2월 6일과 7일에는 챗GPT-4를 활용해서 '초등교육에서 챗GPT를 활용할 방법'을 질문하였다. 자신이 담당하는 과목이나 차시 수업에 대해 챗GPT를 어떻게 사용할 수 있을지 궁금할 경우 같은 방식으로 물어보면서 아이디어를 얻을 수 있을 것이다. 2023년 질문에 대한 답변의 일부는 다음과 같다.

- 학생의 질문에 대해 자동 응답을 할 수 있고, 대화형 읽기 및 쓰기 자료를 제공할 수 있으며, 교실 수업 중에 사용할 이야기만이 아니라 요약도 해줄 수 있습니다. 또 학생들이 어휘와 문법 연습을 할 때도 유용한 도구가 될 수 있습니다.

좀 더 자세한 답을 얻고 싶어서 2024년에는 "초등교육에서 챗GPT를 활용할 수 있는 아이디어를 최대한 자세히 제시해줘."라고 요청했다. 그랬더니 과목별 읽기와 쓰기 지도, 언어 학습, 수학, 과학 탐구, 창작예술, 보건 및 체육 교육, 개인 맞춤형 학습, 감성지능과 윤리, 학급경영, 학부모 참여, 교사 지원 등 총 12개 영역으로 나누어 각각 몇 가지의 아이디어를 제시해주었다.

챗GPT는 제시한 답 중에서 특정 내용에 대해 더 구체적인 답을 달라고 하면 더욱 상세한 답을 준다. 12개 영역 중에서 구체적인 답에 대한 호기심이 생긴 '창작예술' 분야에 대해 구체적인 추가 아이디어를 달라는 질문을 해보았다.

나 위에 제시한 내용 중에서 다음 영역에 대해 챗GPT를 활용할 수 있는 더 구체적인 추가 아이디어를 제시해줘.
- **영역**: 창작예술
- 창의적 글쓰기 프롬프트: 챗GPT를 사용하여 창의적인 글쓰기 연습을 위한 글쓰기 프롬프트를 생성할 수 있습니다.
- 미술 프로젝트 아이디어: 챗GPT는 다양한 주제와 기술 수준에 맞게 필요한 재료와 완성 단계를 포함한 미술 프로젝트를 제안할 수 있습니다.

 – **창의적 글쓰기 프롬프트**

1. 캐릭터 기반 프롬프트: 챗GPT에게 이야기의 배경, 동기, 독특한 특징이 있는 상세한 캐릭터를 생성하도록 요청합니다. 학생들은 이 캐릭터를 중심으로 이야기를 작성할 수 있습니다.
2. 장소 기반 프롬프트: 학생들이 이야기의 배경으로 사용할 생생하고 상상력이 풍부한 장소의 설명을 생성하도록 합니다. 이러한 프롬프트는 미래 도시부터 고대 숲까지 다양한 장르를 탐색하게 합니다.
3. 첫 문장 프롬프트: 이야기 시작을 위한 흥미로운 첫 문장이나 단락을 생성합니다. 이 프롬프트는 학생들이 작가의 막힘을 극복하고 이야기를 시작하는 데 도움이 될 수 있습니다.
4. 장르별 프롬프트: 미스터리, 판타지, 과학소설 또는 역사소설과 같은 특정 장르에 맞는 프롬프트를 요청하여 학생들이 다양한 작문 스타일을 탐색하게 합니다.

(…이하 내용 생략, 제목만 소개…)

5. 대화 프롬프트
6. 사진 기반 프롬프트

- 미술 프로젝트 아이디어
1. 테마 기반 콜라주 만들기: 계절, 감정 또는 커뮤니티와 같은 테마에 기반한 콜라주를 만들도록 제안합니다. 챗GPT는 재료(잡지 컷아웃, 천 조각 등)를 나열하고 개념화 과정을 안내할 수 있습니다.
2. 재활용 재료로 조각품 프로젝트: 골판지, 플라스틱병, 계란판과 같은 재료를 사용한 조각 프로젝트를 제안합니다. 챗GPT는 동물, 로봇 또는 추상 예술과 같은 무엇을 만들지에 대한 아이디어를 제공할 수 있습니다.

(…이하 내용 생략, 제목만 소개…)

3. 자연에서 영감을 받은 작품
4. 문화 예술 프로젝트
5. 자화상 프로젝트
6. 이야기 일러스트레이션
7. 환경 예술

챗GPT의 답변에서 보는 것처럼 제시한 아이디어의 상당수는 실제 활용 가능하다. 제시한 아이디어를 구현하기 위한 더 구체적인 예시나 자료가 필요하면 해당 부분을 복사, 붙여넣기하여 다시 요청하면 된다. 학년, 학생 구성의 특성, 지역적 특성, 교사의 선호 등을 상세히 제시하면 더 부합하는 아이디어를 얻을 수 있을 것이다.

이처럼 챗GPT를 비롯한 생성 AI의 도움을 받아 교사 자신이 담당한 학생에게 적합한 수준의 질문 및 자료를 확보할 수 있다. 교과서를 가르치는 과정에 추가 정보나 자료가 필요할 경우 이를 얻는 데도 사용할 수 있다. 학생들의 의사소통 기술을 연마하는 도구로 사용할 수도 있다. 학생들이 어떤 주제를 중심으로 토론을 마친 후, 해당 주제에 대한 생성 AI의 답을 받아 학생들이 내린 결론과 비교 검토하고, 그에 대한 생각을 나눠보는 것도 도움이 될 것이다. 또 언어 학습 및 문해력을 향상하는 데도 사용할 수 있다.

초등학생들이 하는 질문이라면 생성 AI가 거의 답을 할 수 있을 것이다. 생성 AI가 제공한 답이 잘 이해되지 않을 때만 교사에게 질문하도록 한다면, 적은 시간에 많은 학생을 더 깊이 있게 지도할 수 있을 것이다. 이러한 활용을 위해서는 교사가 생성 AI를 교육에 활용하는 법을 연수하도록 기회를 제공해야 할 것이다. 실제 활용을 위해서는 교사의 전문성을 바탕으로 아이디어를 취사선택하고, 상황에 맞게 수정 보완하는 절차를 거쳐야 한다. 그리고 지속적인 모니터링을 통해 생성 AI가 제공한 정보가 정확하고 적절한지, 학교 교육과정에 부합하는지 확인해야 한다.

대화형 생성 AI의 주요 단점의 하나는 거짓말을 사실처럼 얘기하는 '환각' 현상이다. 교과 내용과 관련된 지식은 교사가 판단할 능력을 갖추고 있을 것이다. 정확하지 않을 경우에는 인터넷 검색을 통해 사실 여부를 판단해볼 필요가 있다. 학생들에게도 제시된 답변 중에 오류가 있을 수 있음을 알려주고 답변 중에 들어 있을 수 있는 오류를 찾아보도록 격려한다면 분석력, 비판력 등의 고급 역량 계발이 가능할 것이다.

교사가 그러한 역할을 하느니 차라리 사용하지 못하게 하는 것이 더 편하겠다고 생각할 수도 있을 것이다. 그러나 어느 정도 활용하다 보면 발생할 수 있는 문제 예측 및 예방책 마련이 가능할 것이다. 그러한 보완 조치를 어느 정도 할 수 있다면 초등교육 수준에서도 수업 준비에 생성 AI를 활용하는 것이 그러지 않은 경우보다 더 효과적이고 효율적이 될 것이다. 또 학생들의 학습 동기 유발에도 도움이 될 것이다. 하지만 초등학생들이 직접 챗GPT를 사용하게 하는 것은 최소화하는 것이 바람직하다.

 아직은 교사가 생각하기에 학생들에게 사용 기회를 제공하는 것이 교육적으로 더 바람직하다고 여겨질 때 사용하는 것이 좋다. 교사가 생성 AI 사용에 익숙하지 않은 상황에서 수업에 접목하려 할 경우에는 부작용이 더 클 수 있다. 그리고 생성 AI를 사용하고자 한다면 스마트폰을 사용할 때와 마찬가지로 수업 중 사용 수칙*을 구체적으로 만들고, 학생들이 수칙에 맞게 사용할 수 있도록 필요한 훈련을 먼저 시켜야 한다.

---

* 수업 중 생성 AI 사용 수칙은 272쪽을 참고하면 도움이 된다.

제4장 생성 AI 시대 글쓰기 방식의 변화

 챗GPT의 등장으로 글쓰기가 완전히 새로운 차원으로 접어들게 되었다. 컴퓨터와 인터넷이 등장했을 때에도 글은 사람이 직접 써야 했다. 그러나 이제는 요청만 하면 생성 AI가 직접 글을 써준다. 생성 AI 시대, 학생들이 글을 쓰면서 기를 수 있기를 기대했던 사고력, 분석력, 비판력, 창의력 등의 고급 역량을 기를 수 있도록 이끌려면 과연 어떻게 해야 할까? 이 질문에 대한 답은 교육의 미래에 커다란 영향을 미칠 것이다.

I. 글쓰기의 패러다임을 바꾼 챗GPT

챗GPT의 등장이 인간의 글쓰기, 특히 글쓰기 할 때 생각의 전개를 완전히 새로운 차원으로 바꿔놓고 있다.

글쓰기의 시대 구분은 크게 아날로그 시대와 디지털 시대로 할 수 있다. 아날로그 시대는 붓, 펜과 연필, 그리고 타자기 시대로 나뉜다. 붓으로 글을 쓰던 시기에는 먹을 갈면서 생각을 가다듬었다. 연필로 글을 쓰던 시절에는 원고지에 글을 적을 때 나는 사각사각 소리를 들으면서 생각을 펼쳐갔다. 타자기가 나오자 서구의 작가들은 주로 타자기를 사용했지만, 우리나라 작가들은 상당수가 펜과 연필을 고집했다.

디지털 시대는 다시 컴퓨터 등장기와 인터넷과 검색 엔진 등장기로 나눌 수 있다. 컴퓨터의 등장은 글쓰기에 엄청난 변화를 가져왔다. 일부 연필이나 펜을 고집하던 작가들도 점차 컴퓨터를 활용하여 글을 쓰기 시작했다. 편집이 쉽다 보니 사람들의 글을 쓰는 자세나 습관, 그리고 산출된 글의 모습도 바뀌기 시작했다. 이는 필름카메라가 디지털카메라로 바뀌면서 사진 찍는 습관이 크게 바뀐 것과 비슷하다.

글쓰기에 더 큰 변화를 가져온 것은 인터넷과 검색 엔진의 발달이다. 과거에는 관련된 자료를 도서관에 가서 하나하나 찾는 과정을 거쳤다. 그러나 이제는 글을 쓰면서 필요한 자료는 즉석에서 검색하여 활용할 수 있게 되었다. 이는 모든 글쓰기에 커다란 영향을 미쳤다. 필자가 이 글을 쓰는 것이 가능한 것은 인터넷 검색 엔진을 활용해 제반 데이터를 쉽게 얻을 수 있기 때문이다.

챗GPT의 등장으로 글쓰기는 완전히 새로운 차원의 대전환기에 접어들었다. 2022년 12월에 공개한 챗GPT는 약 1750억 개의 파라미터_{매개변수}를 활용한 GPT-3.5를 사용한 것이다. 챗GPT 이전에 가장 많은 파라미터를 활용한 것으로는 마이크로소프트의 튜링 자연어 생성_{Turing NLG} 모델을 들 수 있는데, 사용한 파라미터가 100억 개였다. 챗GPT-3.5는 그보다 18배 많은 파라미터를 활용하고 있지만 조금 이상한 답을 내놓기도 한다. 이에 비해 GPT-4는 100조 개 이상의 파라미터를 사용한다.

우리 인간의 뇌는 약 860억~1000억 개의 뉴런을 가지고 있고, 뉴런을 연결하는 시냅스는 약 100조 개에 달한다[*]. GPT-4가 사용하는 파라미터 수와 인간 뇌의 시냅스 수가 유사해짐에 따라 챗GPT-4는 인간과 유사한 창의적인 답을 내놓고 있다는 평을 받고 있다.

이제 글 쓰는 방법은 생성 AI를 사용하는 시점에 따라 둘로 나뉠 것이다. 하나는 먼저 어떤 주제에 대한 글을 쓴 후에 생성 AI에게 물어 부족한 부분을 보완하는 방식이고, 다른 하나는 먼저 생성 AI에게 물어 답을 구한 후에 이를 토대로 생각을 발전시키는 방식이다. 전자는 시간과 노력을 상당히 많이 필요로 하는 방식이고, 후자는 전자에 비해 훨씬 더 적은 시간과 노력을 필요로 하는 방식이다. 전자의 방식을 사용할 경우 우리 뇌의 뉴런을 연결하는 새로운 시냅스가 많이 형성될 것이다. 그러나 후자의 방식을 사용하면 시냅스 형성이 크게 줄어들 가능성이 있다. 즉, 생성 AI에게 의존하는 형식의 글쓰기를 주로 하게 되면, 인간 뇌의 이해력, 분석력, 판단력, 비판력, 그리고 창의력이 차츰 감퇴하게 될지도 모른다. 이는 입는 로봇에 의존하여 걷

---

[*] 오철우, (2019.10.19.), 1000억 개 뉴런, 100조 개 시냅스…이들은 기억에서 무슨 일 할까, 『미래&과학』.

생성 AI를 활용하는 방식에 따른 글쓰기 방식 비교

	글쓰기에 드는 시간과 노력	시냅스 발달 가능성
먼저 글을 쓰고 생성 AI에게 물어 부족한 부분을 보완하는 방식	많이 필요함	유지
먼저 생성 AI에게 물어 답을 구한 후, 이를 토대로 생각을 발전시키는 방식	매우 절약됨	줄어듦

거나 무거운 짐 옮기기를 할 경우, 인간의 근육이 점차 퇴화하는 것과 유사하다.

필자가 생각하기에 조금 힘들더라도 전자의 방법을 사용하는 것, 즉 기존 검색 엔진을 활용하여 자료를 검색하고, 이를 바탕으로 글의 목차와 내용 틀을 구성한 후에, 생성 AI를 활용하여 이를 보완하는 것이 인간의 지적 역량 계발에는 더 도움이 될 것으로 보인다.

쉬운 길이 있음에도 굳이 어려운 길을 택하는 사람은 많지 않을 것이다. 우리 인류가 해야 할 고민은 생성 AI에 의존하여 글을 쓰고 과제를 해결하는 방식을 선택하더라도, 우리 인간의 지적 역량이 감퇴하지 않게 하는 보완책을 찾는 것이다. 그 길은 역동적인 글쓰기 방법이다. 즉, 생성 AI가 제공한 글 자체를 그대로 활용하기보다는 그 글에서 아이디어를 얻어 자신의 생각을 확장한 글을 쓰고, 그 글에 대한 생성 AI의 조언을 바탕으로 다시 글을 발전시켜가는 역동적인 활용법이 우리가 나아가야 할 방향이다.

아이언맨 수트를 입고 하늘을 날더라도 그 안에서 수트를 조정하는 인간의 신체와 정신은 충분히 강인해야 하는 것처럼 생성 AI를 활용하더라도 개인의 지적 근육을 연마하는 훈련은 지속해야 한다. 그리하면 우리 인간은 생성 AI를 아이언맨 수트처럼 활용하여 초능력자가 될 수 있지만, 그러지 못하면 나약해진 인간이 오히려 수트의 지배를 받게 될 수도 있다. 누군가가 숨겨놓은 알고리즘에 의해 인간의 사고가 지배를 받게 되고, 심지어 조종당하게 될 수도 있는 것이다.

  과학의 발달로 인간은 걷지 않고 자동차나 비행기를 활용해 먼 거리를 이동하고 있지만, 그로 인해 인간의 걷기 역량이 크게 퇴화하지는 않았다. 이는 인간 스스로 근육 강화 훈련을 하고, 자동차를 놓아두고 걷기와 달리기를 지속하기 때문이다. 기초 체력을 강화하듯이 뇌의 사고력 증진 훈련도 지속한다면 인류는 뇌의 한계를 벗어난 창의적 사고를 전개하게 될 것이다. 이것이 기계와의 협업이고 공존이다. 그리하면 인류는 지금까지 생각하지 못했던 차원에서 우리가 직면하고 있는 많은 문제의 해결책을 찾아낼 수 있을 것이다. 하지만 생성 AI의 유혹을 떨치지 못하고 기계에 의존하는 사람들도 많을 것이다. 생성 AI 시대에는 필연적으로 개인 간, 계층 간 지적 역량 격차도 지금보다 더 벌어질 수밖에 없을 것이다.

2. 챗GPT의 거짓말과 창의적 협업 가능성

거짓말과 창의성은 밀접하게 관련되어 있다. 상상력을 발휘하며 어떤 사실을 과장되게 묘사하거나 미래를 그려나갈 때 흔히 비아냥거리는 투로 "소설을 써라 소설을."이라고 말한다. 이때 소설이라는 말에는 거짓말이지만 창의적이라는 의미가 함께 들어 있다.

창의성의 바탕에는 존재하지 않는 것에 대한 상상력, 사실이나 사물을 과장하거나 축소하는 등 변형시킬 수 있는 능력, 무관해 보이는 것을 서로 연결할 수 있는 능력 등이 깔려 있는데, 이 모든 것은 넓은 의미의 거짓말 범주에 들어간다.

챗GPT의 너무나 그럴싸한 거짓말이 문제가 되고 있다. 더구나 거짓말이 사실과 섞여 있어서 잘 알지 못하는 사람은 거짓을 구별해내기가 어렵다. 우리가 요구하는 것이 사실일 때는 그 거짓말이 커다란 문제가 된다. 이 문제를 완화하기 위한 시도가 이뤄지고 있다.

마이크로소프트의 코파일럿*은 응답을 '창의적인creative', '균형 있는balanced', '정확한precise' 세 가지 유형으로 구분하여 제공하는데, 동일한 질문이라도 이 세 가지 대화 유형을 활용할 경우 거짓 문제를 완화할 가능성을 보여주었다. 코파일럿으로부터 정확한 사실을 얻고자 하면 '대화 유형conversation style'에서 '정확한'을 선택한 후, 명령 창에 질문을 입력하면 된다. 그렇게 한다고 코파일럿이 생성해주는 답이 모두 정확한 사실만 포함하고 있다고 믿을 수는 없다. 만일 보다 창의

---

* 2023년 11월 16일에 브랜드명을 코파일럿으로 변경하기 전까지는 이름이 빙AI였다.

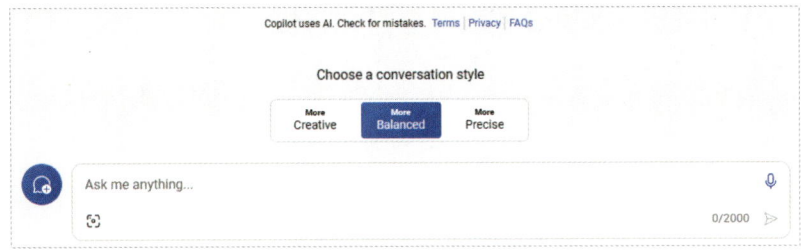

▲ 코파일럿의 대화 유형 선택 화면

적인 답을 원하면 '창의적인'을 클릭한 후 질문을 입력하면 된다. 코파일럿의 경우에는 인용임을 표시하게 되어 있어서 '창의적인'을 선택하더라도 그렇게 창의적인 답이 나오지는 않는다. 반면에 챗GPT는 상상력을 자극하는 독창적인 답을 주기도 한다.

이하에서는 챗GPT가 제공하는 답변의 사실 여부, 답변의 창의적인 수준, 챗GPT와 창의적 협업의 가능성 등을 살펴보고자 한다. 이를 위해 다음 두 가지 질문에 대해 1년 사이에 챗GPT가 어떤 답변을 생성해주는지 비교하는 실험을 해보았다.

[실험 1] 한국의 낮은 출산율 원인과 대책
[실험 2] 한국 광주교대 박남기 교수

첫 번째 실험은 2023년 2월 27일에 챗GPT-3.5 무료 버전을 사용해서 실시했고, 거의 1년 뒤인 2024년 1월 23일에는 챗GPT-4 유료 버전을 사용했다. 실험은 광주광역시에 위치한 연구실에서 이루어졌다. '창의적인creative'이라는 조건을 주었을 때 챗GPT가 해준 답을 살펴보면 "AI가 인간의 창의성을 빼앗는다는 주장도 있지만, 반대로 인간의 상상력에 날개를 달아줄 잠재력도 충분히 크므로 인간이 AI와 협업하면 기존보다 나은 결과물을 도출할 수 있을 것"이라는 테크업계 관계자의 말*이 일부 수긍되기도 한다.

[실험 1] 한국의 낮은 출산율 원인과 대책

'한국의 낮은 출산율 원인과 대책'을 질문했을 때 어떤 조건을 주느냐에 따라 응답이 크게 달라졌다. 또 동일한 질문을 하더라도 질문할 때마다 답이 조금씩 바뀌었다. 이러한 점을 감안하여 여기서는 한국의 낮은 출산율 원인과 대책이라는 질문에 대해 '정확한precise'과 '창의적인creative'이라는 조건을 각각 주었을 때 챗GPT의 답이 어떻게 달라졌는지, 첫 번째 실험의 챗GPT-3.5와 두 번째 실험의 챗GPT-4의 응답을 비교하여 살펴보자.

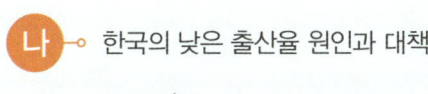

한국의 낮은 출산율 원인과 대책
– precise

'정확한precise'이라는 조건을 주면 2023년 2월 실험에서 챗GPT-3.5는 원인으로 결혼에 대한 태도 변화, 높은 생활비, 성 불평등, 문화적 가치를 제시했고, 해결책으로는 일과 삶의 균형 개선, 가정에 대한 재정 지원 확대, 성 불평등 해결, 문화적 가치 변화 등을 제시하였다.

반면에 2024년 1월 실험에서 챗GPT-4는 원인으로 경제적 부담, 일과 삶의 불균형, 주거비, 여성의 경력 발전, 사회적 압박감과 기대 자녀 양육에 대한 높은 기준과 성공에 대한 압박감, 태도의 변화가족 역할보다 개인적 성취와 경력 우선시 등을 제시했고, 해결책으로는 가정에 대한 재정적 지원,

---

* 김성민, (2023.12.14.) "악용 말고 제대로 쓰자" 대학들 챗GPT 속속 도입, 『조선일보』.

직장 개혁, 저렴한 주택, 여성의 경력 지원, 교육 개혁, 문화 변화성 역할, 결혼, 가정생활에 대한 태도의 사회적 변화 장려를 통해 전통적인 기대 부응에 대한 압박감 완화, 보육 인프라 등을 제시했다.

응답 결과를 비교해보면 1년 사이에 챗GPT의 답이 좀 더 상세하게 제시되었으나 내용상 큰 차이는 없어 보인다.

 한국의 낮은 출산율 원인과 대책
　　　　- creative

'creative'라는 조건을 붙이면 'precise'라는 조건을 붙였을 때보다 답을 하는 데 시간이 상대적으로 더 많이 소요되었다. 2023년 2월 챗GPT-3.5의 응답은 다음과 같다.

 언어 모델로서 인간처럼 창의적일 수는 없지만 이 문제에 대해 다른 관점을 제시할 수는 있습니다.
　　한국의 저출산 문제는 다각적인 접근이 필요한 복잡한 문제입니다. 한국에서 저출산의 원인은 잘 알려져 있지만, 이 문제에 대한 해결책은 종종 간과됩니다. 다음은 한국의 낮은 출산율에 대한 몇 가지 창의적인 솔루션입니다.
1) 육아의 게임화, 2) 사회적 지원 네트워크, 3) 지역사회 기반 보육, 4) 부모 역할 장려, 5) 재택근무 옵션[*]
　　전반적으로 이러한 창의적인 솔루션은 한국에 상당한 변화를 요구할 것입니다. 부모에 대한 사회의 사고방식과 가족의 중요성. 그러나 정부, 기업, 개인이 힘을 합친다면 한국은 저출산을 극복하고 활기찬 사회를 만들어갈 수 있습니다.

---

[*] 구체적인 내용은 필자의 블로그(https://bit.ly/3YqdKFs) '[박남기의 AI 시대 교육법 ⑱] 챗GPT의 거짓말과 창의적 협업'의 첨부 자료 〈실험 1〉에서 확인할 수 있다.

2024년 1월 챗GPT-4의 응답은 다음과 같다.

 한국의 저출산 문제를 창의적으로 해결하려면 혁신적인 정책, 문화적 변화, 기존 방식을 뛰어넘는 새로운 접근 방식이 필요합니다. 저출산의 원인과 대책에 대한 창의적인 시각을 소개합니다.

- **창의적인 시각으로 바라본 원인**: 육아 역할극보스로 키우기 위한 고비용, 직장 마라톤끝나지 않는 레이스, 부동산 헝거게임공간 차지 위한 서바이벌, 경력 대 가족여성의 딜레마, 사회적 청사진경직된 인생 경로 각본, 개인적 성취 추구새로운 세대의 목표
- **창의적인 대응책**: 가족 재정 강화 – 인센티브 및 보조금, 유연 근무제일과 삶의 균형, 저렴한 주택 제공공정한 주택 기회, 커리어 중단 재개 시스템여성을 위한 지원, 교육 개혁, 문화 리믹스사고방식 변화, 육아 협동조합 퀘스트커뮤니티 기반 솔루션*

이러한 창의적인 접근 방식은 한국의 저출산 문제를 해결하기 위해 문제와 해결책을 재구성하여 대중, 특히 젊은 세대가 더 공감하고 참여할 수 있도록 하는 것을 목표로 합니다.

이 실험에서 보듯이, 어느 주제에 대한 아이디어가 필요할 경우 명령을 입력한 후 마침표 뒤에 혹은 줄을 바꿔 'creative'라고 입력하면 상당히 창의적인 아이디어를 얻을 수 있다.

---

* 구체적인 내용은 필자의 블로그(https://bit.ly/3YqdKFs) '[박남기의 AI 시대 교육법 ⑱] 챗GPT의 거짓말과 창의적 협업'의 첨부 자료 〈실험 1-1〉에서 확인할 수 있다.

[실험 2] 한국 광주교대 박남기 교수

챗GPT가 처음 출시되었을 때 사람들은 역사 속의 위인이나 자기 이름을 입력한 후 생성되어 나온 이상한 답을 인터넷에 공유하며 놀이처럼 즐기기도 했다.

챗GPT는 검색 엔진이 아니므로 사실에 대한 검색을 하려면 구글이나 네이버 등의 검색 엔진을 사용하는 것이 좋다. 하지만 그 실체를 확인해보기 위해 '한국 광주교대 박남기 교수'를 입력해보았다.

2023년 2월 무료 버전은 'precise'라는 조건을 주니 답을 할 수 없다며 대학 사이트나 학술 데이터를 검색하라고 했다. 그 시점은 검색을 통해 답을 주는 때가 아니었다. 반면에 'creative'라는 조건을 입력했더니 그럴듯한 답을 주었다. 그러나 사실과 다르게 연구 관심 분야에 교육과정 개발이 포함되어 있고, 사실 위주의 답보다는 필자에 대한 평가나 판단 내용이 많이 포함되어 있었다.

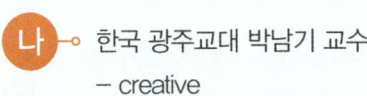
한국 광주교대 박남기 교수
- creative

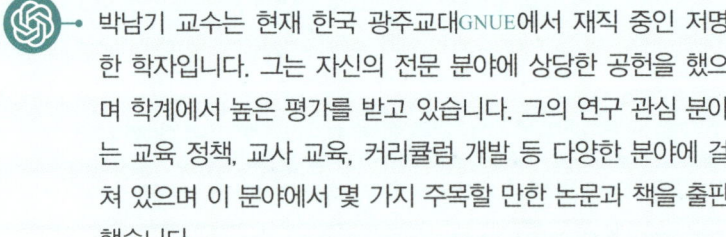
박남기 교수는 현재 한국 광주교대GNUE에서 재직 중인 저명한 학자입니다. 그는 자신의 전문 분야에 상당한 공헌을 했으며 학계에서 높은 평가를 받고 있습니다. 그의 연구 관심 분야는 교육 정책, 교사 교육, 커리큘럼 개발 등 다양한 분야에 걸쳐 있으며 이 분야에서 몇 가지 주목할 만한 논문과 책을 출판했습니다.

박남기 교수는 교육과 연구에 대한 혁신적인 접근 방식으로 유명하며, 그의 업적으로 수많은 상과 찬사를 받았습니다. 그는 또한 여러 전문 조직의 정회원이며 다양한 리더십 역할을 수행했습니다.

전반적으로 박남기 교수는 자신의 분야에 상당한 공헌을 했으며 교육과 연구에 대한 열정으로 학생과 학자 모두에게 지속적으로 영감을 주는 저명한 학자입니다.*

2024년 1월에 챗GPT-4 유료 버전을 활용해 답변을 받아보았다. 'precise'를 조건으로 포함했을 때 빠른 검색을 통해 발견한 것이라며 답을 내놓았다. 핵심적인 내용을 정리하여 제시했고, 사실과 다른 내용은 없었다. 그동안 상당한 발전을 했음을 확인할 수 있었다.

 박남기 교수는 한국 광주교육대학교 교육학과의 교수입니다. 그는 광주교대의 전 총장을 역임했으며, 한국교육행정학회장, 대한교육법학회 회장 등 다양한 학술 및 행정적 역할을 수행한 것으로 알려져 있습니다. 박남기 교수는 교육 분야에서 특히 디지털 교육 혁신, 교육 방법론, 교사 교육 등에 관한 연구와 활동을 진행하고 있습니다. 또 그는 교육 관련 여러 책과 논문을 출판한 바 있으며, 현대 교육의 도전과 변화에 대해 지속적으로 의견을 제시하고 있습니다.

참고로 2024년 1월 23일에 구글 바드bard에 박남기에 대해 알려달라며 'precise'라는 조건을 붙인 동일한 명령을 내렸더니 세 가지 답을 제시했다. 첫 번째 답은 광주교대 교수 재직 기간을 비롯해 사실이 아닌 직함과 경력이 포함되어 있었다. 두 번째 답은 출생 연도, 학

---

* 구체적인 내용은 필자의 블로그 '[박남기의 AI시대 교육법 ⑱] 챗GPT의 거짓말과 창의적 협업'의 첨부 자료 〈실험 2〉에서 확인할 수 있다.

력, 경력에서 두루 오류가 많았고, 세 번째 답은 오류가 더 많았다. 흔히 생성형 검색 엔진은 인터넷 사이트를 검색하여 답을 생성하므로 그 답을 믿을 수 있다고 생각하지만 실은 그렇지 않음을 간단한 실험을 통해서도 확인할 수 있었다.

챗GPT에 박남기에 대해 물으면서 'creative'라는 조건을 달았더니 1년 전에 비해 아주 독창적인 답을 내놓았다. 아예 경력을 토대로 한 편의 에세이를 써주었다. 과장된 측면이 많지만 필자 스스로를 돌아볼 때 그동안 살아온 방향인 것 같고, 앞으로 나아가고 싶은 방향이기도 해서 놀랐다.

박남기 교수를 한국 광주교육대학교의 '지식의 등대'로 상상해 보겠습니다. 그는 지식의 정원사, 학문의 선장, 교육의 철학자, 지식의 전령사, 교육의 미래 설계사입니다. 박남기 교수의 역할과 기여는 광주교대의 학문적 풍경을 다채롭게 만들며, 교육의 미래에 대한 밝은 빛을 제공합니다.

약 1년의 시차를 두고 실험한 결과 챗GPT가 상당한 발전을 이루고 있음을 알 수 있었다. 'precise'라는 조건을 주었을 때 생성된 응답을 보면 오류가 줄기는 했지만 여전히 포함되어 있었다. 대신 'creative'라는 조건을 줄 경우에는 상당히 창의적인 답변을 제시해주어서 새로운 아이디어가 필요할 때는 많은 도움이 될 것 같다.

---

* 구체적인 내용은 필자의 블로그 '[박남기의 AI시대 교육법 ⑱] 챗GPT의 거짓말과 창의적 협업'의 첨부자료 〈실험 2-2〉에서 확인할 수 있다.

3. 바드와 빙AI의 검색·요약 기능 활용하기

구글의 '바드Bard'는 2024년 2월 '제미나이'로, 마이크로소프트사의 '빙AI'는 2023년 11월 '코파일럿'으로 이름을 바꾸고 기능도 확장했지만, 필자의 실험은 그 이전에 이루어진 것이다. 새로운 기능이 계속 추가되고 있지만, 그 작동 원리는 유사하므로 실험 결과를 공유한다.

새로운 검색 엔진 '바드'와 '빙AI'의 가능성과 한계

구글의 바드 공개 이후 챗GPT와 바드를 비교하는 기사와 동영상이 급증했다. 바드와 챗GPT는 둘 다 생성 AI 모델이지만 챗GPT가 일반적인 대화 언어 모델로서의 역할에 중점을 둔 반면, 바드는 기존의 검색 기능을 보완하는 데 중점을 두었다. 따라서 여기서는 챗GPT와 바드의 비교보다는, 검색 기능 강화에 초점을 맞춘 구글의 바드와 마이크로소프트의 빙AI를 비교하고자 한다.

기존의 검색 엔진들은 검색 결과로 웹사이트를 보여준다. 반면, 바드와 빙AI는 한 발 더 나아가 검색 결과를 기반으로 우리가 찾고 있는 콘텐츠를 생성하여 보여준다. 과거에는 원하는 정보를 찾기 위해 검색 사이트를 샅샅이 뒤져야 했지만, 지금은 바드와 빙AI 같은 생성 AI가 그 역할을 대신해주고 있다. 이들이 잘 작동하면 작업량이 크게 줄어들겠지만 아직은 문제가 많다. 생성 AI의 특성상 불안정하고 질문을 할 때마다 답변이 달라지기도 하며, 결과에 허위 정보가 포함되는 경우가 많다. 따라서 내용을 잘 알지 못하는 경우 제시된 정보를 공신력 있는 전문 사이트나 관련 연구 자료를 통해 검증한 후 사용하는 것이 필수적이다.

바드의 경우 출처를 인용하지 않고 답변을 제공하지만, 답변의 출처를 요청하면 사용된 출처를 제공해준다. 반면 빙AI는 제시된 각 답변의 출처를 반드시 밝힌다. 하지만 잘 아는 내용이 아니어서 사실 여부, 타당성 여부를 확신하기 어려울 때는 빙AI가 제시한 사이트를 통해 사이트의 신뢰성, 인용된 내용이 해당 사이트에 포함되어 있는지 여부 등을 확인한 후에 사용해야 한다. 이 과정을 건너뛰고 검색만 하는 것이 더 효율적으로 보일 수도 있지만 짧은 시간에 정보와 아이디어를 얻는 데는 큰 도움이 될 수 있다.

바드와 빙AI 같은 검색 엔진의 문제는 기술의 한계뿐만 아니라 AI가 활용할 수 있는 데이터의 한계 때문에 발생하기도 한다.

현재 AI가 자신들의 허락 없이 사이트의 내용을 활용하는 것을 금하는 회사[*], 사용료 지급을 요청하는 회사[**], 무단 사용했다며 소송을 제기하는 회사[***]들이 늘고 있다. 그리고 가입자만이 사이트에 접속하여 자료를 활용할 수 있도록 제한하는 경우에는 AI가 해당 자료를 활용할 수 없다.

빙AI는 이와 같은 상황을 인식한 듯 답을 제시할 때 사이트 내용을 간단히 제시한 후 더 구체적인 내용은 해당 사이트를 방문하여 확인하라는 답을 주기도 한다.

---

[*] 피터 카프카, (2023.2.2.), AI 붐이 일고 있으며 소송도 마찬가지입니다, *VOX*.
[**] 크리스티 하인즈, (2023.4.11.), ChatGPT 및 생성형 AI 도구는 전 세계적으로 법적 문제에 직면해 있습니다. *Search Engine Journal*.
[***] 아바모, (2023.4.8.), Rage Against the Machine: 소송 쓰나미와 ChatGPT가 공정 사용 및 저작권법에 미치는 영향, *Medium*.

활용 자료의 한계 등 여러 이유로 생성 AI형 검색 엔진이 제시한 답은 아직 깊이와 전문성에서는 크게 부족한 경우가 많다. 아직 해결해야 할 한계가 있음을 유념해야만 '달리는 말'에서 낙마하여 크게 다치는 것을 예방할 수 있을 것이다.

이상의 한계를 염두에 두며 생성 AI형 검색 엔진을 활용하여 글을 쓰는 사례를 공유하고자 한다.

검색 기능 활용 글쓰기

2023년 스승의 날을 맞이하여 필자가 접한 주요 기사는 교사들의 사기 저하, 교단을 떠나고 싶어하는 교사 증가, 우울증 증가 등 교사 대상 설문 조사 결과와 이에 대한 언론사의 해석들이었다. 그래서 교사들에게 조금이라도 위로가 되고, 교직 여건 개선에 보탬이 되기를 기대하면서 몇 개의 언론에 관련 칼럼을 썼다.[*]

2023년 5월 15일 스승의 날 밤 9시, 구글 바드에 "이번 스승의 날 가장 이슈가 되었던 문제에 대해서 말해줘."라고 음성으로 입력했다. 음성으로 입력하다 보니 어법이 맞지 않아 답을 못할 줄 알았더니 바로 답을 내놓았다. 핵심 이슈로 꼽은 것은 '스승의 날 폐지'였다.

나 ― 이번 스승의 날 가장 이슈가 되었던 문제에 대해서 말해줘.

---

[*] 박남기, (2023.05.16.). 우울증에 시달리는 초·중·고 교사들. 중앙일보., 박남기(2023.05.15.). 모든 선생님께 감사드립니다. 『한국교육신문』, 7면.

바드의 답변

 이번 스승의 날은 '스승의 날 폐지'에 대한 논란이 가장 이슈가 되었습니다. 스승의 날은 1958년 충남 강경여고^{현 강경고}의 청소년적십자에서 시작된 행사로, 1965년 세종대왕 탄신일인 5월 15일을 스승의 날로 제정했습니다. 스승의 날은 교원의 사기 진작과 사회적 지위 향상을 위해 지정된 날이지만, 최근에는 스승의 날이 본래의 의미를 잃고 형식적인 행사로 변질되었다는 지적이 많았습니다. 특히, 청탁금지법 시행 이후에는 선물이나 과외 등 스승의 날을 빌미로 한 부적절한 행위가 발생하면서 스승의 날 폐지 여론이 더욱 높아졌습니다.

교육부와 대한민국교총 등 교육계에서는 스승의 날을 폐지하는 대신, 교원의 사기 진작을 위한 다른 방안을 마련해야 한다고 주장하고 있습니다. 교육부는 스승의 날을 '교육의 날'로 바꾸거나, 교사들을 위한 연수나 교육 프로그램을 지원하는 방안을 검토하고 있습니다. 대한민국 교총도 스승의 날에 대한 부정적인 인식을 개선하기 위해 교사들이 존중받는 사회 분위기를 조성해야 한다고 주장했습니다.

그러나 스승의 날을 폐지하면 안 된다는 주장도 만만치 않습니다. 스승의 날은 단순한 기념일 이상의 의미가 있으며, 폐지하면 교원의 사기 진작에 도움이 되지 않을 것이라는 의견입니다. 또한, 스승의 날을 폐지한다고 해서 부적절한 행위가 사라지지는 않을 것이라는 우려도 있습니다.

스승의 날 폐지 여부는 앞으로도 계속 논의될 것으로 보입니다. 스승의 날이 본래의 의미를 되찾고, 교원이 존중받는 사회 분위기가 조성되기를 기대합니다.

┗ 빙AI의 답변

 안녕하세요. 빙입니다. 이번 스승의 날에 가장 이슈가 되었던 문제는 학부모들의 고민이었습니다. 스승의 날 선물은 청탁금지법으로 인해 사라졌지만, 대신 학생들이 선생님께 카네이션이나 롤링페이퍼, 손편지 등을 전달하는 이벤트가 많아졌습니다. 학부모들은 이런 이벤트를 어떻게 준비해야 할지 고민하고, 아이디어를 공유하기도 했습니다. 또 윤석열 대통령도 스승의 날을 맞아 선생님들의 사랑과 헌신에 감사하는 메시지를 페이스북에 올렸습니다. 그는 "사람을 길러내는 것은 사랑 없이 불가능한 일"이라고 말했습니다.

바드가 내놓은 답을 사실로 보기는 어려울 것 같다. 실제로 동일한 질문을 몇 번 던져보니 그때마다 다른 답을 내놓았다. 두 번째 내놓은 답은 '김영란법'과 관련된 것이어서 올해의 이슈가 아니라 그동안 크게 이슈가 되었던 것들을 무작위로 제시하는 것으로 보인다. 빙AI는 세 개의 언론을 인용하여 스승의 날 이벤트와 윤 대통령의 감사 메시지를 제시했다. 빙AI의 답변에 따르면, 학부모들에게는 이벤트 준비 아이디어가 고민이란다. 스승의 날 이벤트가 학생들의 머리에서 나온 것도 있지만 상당 부분 학부모들이 기획한 것임을 짐작해볼 수 있다.

빙AI에게 다시 한번 동일한 질문을 했더니 이번에는 늦깎이 학생의 스승의 날 감사와 윤 대통령의 감사 기사를 제시했다. 바드와 마찬가지로 '가장 이슈가 된 것'이 아니라 그냥 질문할 때마다 무작위로 검색 결과를 제시하는 것 같았다. 그래도 교직에 종사하는 필자로서는 기계가 스승의 날과 관련하여 부정적인 내용을 제시하는 것이 조금은 슬프게 다가왔다.

글 요약 기능 활용 글쓰기

다음은 2023년 5월 19일자 미국 NBC 뉴스에 실린 기사이다.*

> 2023년 1월 뉴욕시 교육청은 공립학교 내의 컴퓨터를 비롯한 제반 인터넷 기기에서 챗GPT 접속을 금지시켰다. 챗GPT가 학생에게 미칠 폐해가 가져올 이익보다 더 크다는 판단에서였다. 그러나 4개월 뒤인 2023년 5월 11일에 해당 정책을 철회한다고 발표했다.
>
> 데이비드 뱅크스David Banks 뉴욕시 교육감은 교육자들이 제기한 잠재적인 오용과 우려 때문에 챗GPT 사용 금지령을 내렸다. 그 후 금지령을 철회하면서 "두려움과 위험에 대한 우려로 생성 AI의 교육 매체로서의 잠재력, 생성 AI와의 협업이 중요한 세상에서 일해야 할 현실을 간과했다."고 말했다. 뱅크스는 "앞으로 교육자들에게 행정 작업, 커뮤니케이션 및 교육을 개선하기 위해 학교에서 성공적인 AI 구현의 리소스**와 실제 사례를 제공할 것"이라고 말했다. 또 "교육자들이 교실에서 AI에 대한 토론과 수업 시 사용할 수 있는 리소스 툴킷***을 제공할 것"이라고도 밝혔다.
>
> 챗GPT의 폐해를 우려하여 선도적으로 사용을 금했던 미국 뉴욕시 교육청의 금지령 해제는 교육계에 상당한 영향력을 미칠 것으로 예상된다.

이러한 외국 기사를 바탕으로 생각을 펼치고자 할 때 먼저 하는 일은 관련 기사 사이트로 이동해서 내용을 원문으로 읽거나 아니면 자

---

* 칼한 로젠플라트, (2023.5.19.), 뉴욕시 공립학교, ChatGPT 금지 해제, *NBC NEWS*.
** 컴퓨터 시스템에 관한 여러 가지의 자원을 총칭하는 말.
*** 파일 백업, 보안 관리 등을 위해 편리하게 사용할 수 있는 도구.

동 번역을 시켜 읽으면서 핵심 내용을 요약하는 것이다. 이 과정에서 최소 30분 이상의 시간을 투자하게 된다.

이번에는 기사를 간단히 소개하기만 할 생각으로 위 기사를 읽고 몇 가지만 인용해서 필자의 블로그에 탑재했다. 그러다가 생성 AI를 활용해 기사 소개 글을 완성해보기로 했다.

챗GPT는 뛰어난 요약 기능을 가지고 있다. 챗GPT와 연동된 빙AI와 구글 바드도 그러한 기능을 가지고 있다. 이들은 해당 사이트만 제공해주어도 곧바로 요약을 해주기에 그 기능을 사용해보았다. 이들에게 "다음 사이트혹은 글를 요약해줘. [사이트 url]."라고 입력하기만 하면 된다. 만일 해당 사이트를 찾을 수 없다는 답변이 나오면, 해당 사이트의 내용을 직접 복사하여 입력창에 제시하면 된다.

다음 실험은 2023년 5월 12일에 한 것이다. 먼저 빙AI에게 기사 요약을 요청했더니 다음과 같이 답을 했다.

요약하겠습니다. 이 글은 뉴욕시 교육청이 챗GPT 금지 조치를 철회했다는 내용입니다. 챗GPT는 인공지능 챗봇으로, 학생들의 부정행위를 유발할 수 있다는 우려가 있었습니다. 그러나 교육청은 산업 리더들과 교사들과의 논의를 통해 챗GPT와 같은 기술의 잠재력과 위험성을 신중하게 검토하기로 했습니다. 교육청은 앞으로 교사들에게 인공지능에 관한 자료와 예시를 제공하고, 학생들에게 인공지능에 대한 토론과 수업을 시작할 수 있도록 도구를 제공할 예정입니다.

빙AI는 이 요약문과 함께 관련 내용이 실린 다른 최신 사이트도 제공해주었다. 아울러 챗GPT가 부정행위를 유발할 수 있는 이유가 무엇인지, 챗GPT가 학생들에게 어떤 도움이 될 수 있는지에 대해서도 물어보면 답을 하겠다며 추가 질문거리까지 제시했다. 그래서 그 중 부정행위를 유발할 수 있는 이유를 물었더니 "MBA 시험도 합격할 수 있는 수준의 능력이 있는 기계인데, 웹사이트나 앱에서 무료로 쉽게 접근할 수 있다 보니 그렇습니다." 또 "챗GPT는 자신이 생성한 내용에 대해 오류나 오해가 있을 수 있다고 경고하지만, 이를 무시하고 그대로 제출하는 학생들이 있을 수 있습니다."라며 사례를 제시했다. 그러면서 "챗GPT는 학생들이 자신의 생각과 노력 없이 인공지능에 의존하여 과제나 시험을 완성하는 부정행위를 유발할 수 있습니다." 라고 결론지었다.

추가로 챗GPT를 사용하는 것이 부정행위라고 생각하는지, 챗GPT를 사용하면서도 정직하게 공부할 수 있는 방법은 없는지 물어보라고 제안했다. 빙AI가 제안한 질문은 그동안 논쟁이 되었던 내용들이다. 이러한 추가 질문 제안을 보니, 빙AI가 인터넷 사이트 검색을 통해 제시된 질문과 관련하여 논의되고 있는 이슈가 무엇인지, 그 이슈 중에서 질문자가 관심 있어 할 추가 이슈가 무엇일지를 추출할 능력을 가지고 있다는 생각이 들었다.

다음은 소개할 신문 기사를 구글 바드에게 요약해달라고 요청하여 받은 내용이다.

 2023년 5월 11일, 뉴욕시 교육청은 챗GPT 사용을 금지한 정책을 철회했습니다. 챗GPT는 구글에서 개발한 대규모 언어 모델로, 텍스트를 생성하고, 언어를 번역하고, 다양한 종류의 창의적인 콘텐츠를 작성하고, 질문에 답변할 수 있습니다. 교육청은 챗GPT가 학생들에게 위험할 수 있다고 우려하여 금지했지만, 이후 챗GPT의 잠재적 이점을 고려하고, 학생들을 보호하기 위한 안전장치를 마련하기로 결정했습니다. 교육청은 챗GPT를 사용할 때 학생들이 안전하고 책임감 있게 사용하도록 교육하고, 챗GPT에서 생성된 콘텐츠가 사실인지 확인하기 위해 면밀히 모니터링할 예정입니다.

구글 바드는 세 가지 요약본을 동시에 제공하므로 세 가지를 참고하여 내용을 재조합하여 활용할 수도 있다. 빙AI나 바드가 제시한 요약본이 너무 짧으면 입력값에 분량을 제시하면 된다. 예를 들면 다음과 같다.

> 나 ○ 다음 사이트를 1000단어 이상으로 요약해줘. [사이트 url]."

빙AI와 바드는 인터넷 사이트의 글만이 아니라 인터넷 사이트에 있는 PDF 파일도 요약해준다. 사이트를 방문하여 PDF 파일을 올리면 바로 요약해준다.

생성 AI의 요약 기능 활용은 글을 이해하는 데 걸리는 시간만 절약하게 해주는 것이 아니라 글 쓰는 시간도 크게 절약시켜줄 것으로 기대된다.

요약 기능의 수업 활용 가능성과 예상되는 문제

앞에서 시도해본 것처럼 생성 AI가 가지고 있는 요약 기능은 참고해야 할 많은 사이트나 글들을 일일이 살피면서 활용할 내용을 추출하는 수고를 덜어준다. 요약을 먼저 읽고 해당 글을 읽기 시작하면 논문 요약본을 읽고 나서 논문을 읽는 것처럼 해당 글에 대한 이해 속도도 빨라진다. 난해한 영화라도 줄거리를 알고 나서 보면 이해가 훨씬 잘 되는 것과 같은 이치이다.

읽을 글의 분량이 3쪽 이상만 되어도 글의 요지 파악을 어려워하는 학생들이 있다면, 생성 AI가 가지고 있는 글 요약 기능을 활용해서 글의 요지를 파악하는 역량 강화 훈련을 시킬 수 있을 것이다.

먼저 제시한 글을 읽고 요지를 파악하도록 시켜본다. 요지 파악이 잘 되지 않으면 생성 AI를 통해 얻은 글의 요지를 읽은 후에 글을 읽고 글의 이해 수준이 어찌 바뀌었는지 이야기하게 한다. 그리고 생성 AI가 제시한 글의 요지가 어떻게 작성되었는지를 분석하며 학생도 그러한 방식으로 글의 요지를 파악해보도록 훈련한다. 물론 교사는 수업 시간 전에 생성 AI를 활용해 자신이 수업 중에 제시할 글의 요약본 상태를 확인해볼 필요가 있다. 개인이 아니라 조별로 글 요약본을 작성해보게 하고, 자신들의 요약본과 생성 AI가 제시한 요약본을 비교·평가해보게 하는 것도 도움이 될 것이다.

이러한 작업은 긴 글 이해를 막연히 두려워하거나, 교과서 내용 이해를 힘들어하는 학생들이 두려움을 떨치고 흥미를 가지고 글에 대한 이해를 시도하도록 도울 것이다. 이는 소화력이 부족한 새끼 새에게 어미 새가 약간 소화를 시킨 먹이를 주거나, 잡은 먹이를 잘게 잘라 먹이는 것과 같다. 잡은 먹이를 바로 주어도 잘 소화할 수 있는 단계가 되면 그때는 곧바로 제공하면 될 것이다.

대화형 생성 AI가 가지고 있는 다른 기능과 마찬가지로 이 기능을 활용할 때 유의할 점이 있다. 학생들이 AI에 의존하여 주어진 글의 요지를 편하게 파악하거나 글을 이해하려고 하면 글 요지 파악 능력과 이해력이 길러지기 어렵다. 우리의 목적은 학생들이 글 요지 파악 및 이해력을 기르게 하는 것이다. 학생들이 그것을 명심하도록 하면서 생성 AI의 '요약 기능'을 활용하도록 해야 한다. 그리고 학생들이 일정 단계에 이르면, 생성 AI에 의존하지 않고 주어진 글을 파악하는 습관을 갖도록 지도해야 한다.

생성 AI 사용을 금지할 수 있는 수업 시간을 활용하여 학생들의 글 요지 파악 및 이해 능력 향상 정도를 주기적으로 평가할 필요가 있다. 기대한 수준에 미치지 못하는 학생들의 경우에는 생성 AI 의존 성향 때문인지 아니면 다른 이유 때문인지를 밝혀서 적합한 처방을 해주어야 할 것이다.

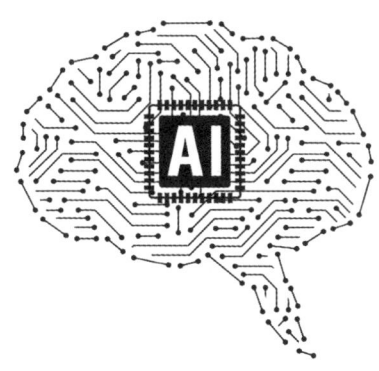

제3부

생성 AI를 활용한 수업 혁신

챗GPT는 거의 모르는 분야가 없는 아주 유능하고, 창의적이며, 지치지 않고, 아주 상냥한 조교에 비유할 수 있다. 다만 우리가 요청한 것이 무엇인지 되묻지 않고 나름대로 해석해서 답을 제시하므로 명확하게 질문하지 않으면 이상한 답을 내놓기도 한다. 그리고 종종 거짓말을 한다. 더구나 너무나 그럴싸하게 거짓과 사실을 섞어서 제공하기 때문에 교수자가 잘 모르는 분야에 대한 자료나 아이디어를 요청할 때는 사실 여부 확인에 각별히 신경 써야 한다.

수업경영 관점에서 보면 챗GPT를 비롯한 생성AI를 활용할 수 있는 방법은 수업 준비, 수업 진행, 평가, 과제경영, 수업 관련 행동경영 등으로 나눠볼 수 있다. 이외에 교사 수업 전문성 개발 등에서도 도움을 받을 수 있다.

제5장 수업 준비에 생성 AI 활용하기

교수자들이 새 학기 수업 준비를 위해서 하는 활동에는 다음과 같은 것들이 있다.

> 1. 강의계획서(수업계획안) 만들기
> 2. 차시별 강의록(수업지도안) 만들기
> 3. 수업용 PPT 슬라이드 개요 만들기
> 4. 수업 주제별 동기유발(재미있는 수업 진행 방법) 아이디어 내기
> 5. 수업 주제별(차시별) 활동 계획 작성하기
> 6 수업 자료 제작하기
> 7. 그 밖의 수업 준비

이 순서에 맞춰 챗GPT의 도움을 받을 수 있는 방법을 소개하고자 한다. 이 장에서는 주로 대학에서 필자가 담당한 강의를 예로 들었지만, 초중등교원들은 자신이 가르치는 과목으로 대체하여 따라 해보면 도움이 될 것이다. 뒷부분에는 수업 준비에 활용할 수 있는 챗GPT 이외의 생성 AI도 몇 가지 소개한다.

I. 강의계획서(수업계획안) 만들기

기존 과목을 다시 강의하게 되어 자신의 강의계획서(수업계획안)가 있는 경우든 새로운 과목을 맡게 되는 경우든 모두 챗GPT의 도움을 받을 수 있다. 생성 AI가 제시해주는 강의계획서(수업계획안)를 통해 각 주제에 대한 수업 내용, 교수법, 수업 중 활동 등에 대해 다양한 아이디어를 얻을 수 있다.

가장 간단한 명령

초보자가 해볼 수 있는 가장 간단한 방법은 가르칠 과목(강좌)명, 대상 학생, 총 수업 시수(주당 [   ]시간) 등을 입력하고 제시된 답을 검토해보는 것이다. 아래의 예시를 바탕으로 다양하게 실험해보길 바란다. 필자는 15주 전체 강의(수업)계획서를 제시해달라고 했더니 다음처럼 간략하게 제시해주었다.

 교육행정학 강의계획서 만들어줘.

– 총 15주 30시간
– 대상: 한국 광주교육대학교 2학년
– 주별로 상세하게 제시할 것.

 1주차: 교육행정 소개

교육행정의 범위와 의의에 대해 강의합니다.
학교에서 교육행정가의 역할에 대해 논의합니다.

2주차: 교육행정의 역사적 관점
주요 역사적 발전을 탐구합니다.
교육 이론과 실천의 진화를 이해합니다.
(…이하 생략…)

제시된 내용을 바탕으로 1주차부터 시작해서 강의계획서 부분을 입력창에 복사하여 붙인 후 이를 상세하게 작성해달라고 요청할 수 있다. 챗GPT는 앞에서 내린 명령을 기억하며 후속 작업을 하므로 구체적인 설명을 덧붙일 필요는 없다. 하지만 어떤 결과 하나만 따로 제작하도록 요청할 때에는 과목명, 수업 시간, 대상 등 필요한 조건을 구체적으로 제시하여야 기대한 결과를 얻을 수 있음을 기억하기 바란다.

이해를 돕고, 후속 질문하는 법을 설명하기 위해 질문과 제시된 답변을 구체적으로 소개하면 다음과 같다.

 1주차 강의계획서를 상세히 만들어줘.

- 1주차: 교육행정 소개
  - 교육행정의 범위와 의의에 대해 강의
  - 학교에서 교육행정가의 역할에 대한 논의
- 주별로 상세하게 제시할 것.

1주차 세부 강의계획서: 교육행정 소개

1차시(1.5시간)
주제: 교육행정개론
- 과정, 목표 및 기대 사항을 소개합니다.
- 교육행정 분야의 개요
- 학교 시스템에서 교육행정의 중요성과 영향

2차시(1.5시간)

주제: 교육 관리자의 역할
- 교육 관리자의 역할과 책임에 대한 자세한 탐색
- 관리자 역할의 다양한 측면을 보여주는 연구 사례입니다.
- 교육행정 경력의 도전과 보상에 대한 대화형 토론

과제:
- 웨인 호이Wayne Hoy와 세실 미스켈Cecil Miskel이 쓴 『교육행정: 이론, 연구 및 실제Educational Administration: Theory, Research, and Practice』에서 할당된 장을 읽어보세요.
- 현대 학교교육에서 교육행정의 중요성에 대한 짧은 에세이를 준비하세요.

활동:
- 교육행정에 대한 기대와 인식에 대한 그룹 토의
- 행정적 의사결정과 관련된 사례 연구 분석

평가:
- 수업 토론 참여
- 소개 에세이 제출

이번 주의 목표는 학생들에게 교육행정, 그 범위, 교육기관에서 관리자가 수행하는 중요한 역할에 대한 기본적인 이해를 제공하는 것입니다. 차시별 수업에서는 강의, 토론, 실제 사례 연구를 결합하여 학생들의 참여를 유도하고 해당 분야에 대한 비판적 사고를 자극합니다.

앞의 예시처럼 간단하게 요청하는 경우에는 널리 사용되는 강의계획서 형식을 참고하여 챗GPT가 알아서 주별로 포함될 항목을 결정한 후 답을 제시해준다. 챗GPT의 답변을 보면 3시간을 2개의 차시로 나누고 차시별 주제, 과제, 활동, 평가, 그리고 강의 목표 순으로 제시해주고 있다. 때로는 강의 목표를 제일 먼저 제시하기도 한다.

원하는 항목을 추가한 명령

주별 강의 계획에 포함하고 싶은 항목을 열거하면 그 항목이 포함된 답을 얻을 수 있다. 다음과 같이 더 구체적으로 명령을 내리면 거기에 맞는 답이 주어진다.

 '교육행정학' 강의계획서 만들어줘.
- 총 15주 30시간
- 대상: 한국 광주교육대학교 2학년
- 주별로 수업 목표, 수업 내용, 수업 자료, 수업 방법 포함
- 기말 과제, 교재, 참고 문헌도 제시해줘.

 1주차: 교육행정 소개
목표: 해당 분야와 그 의미를 이해합니다.
내용: 정의, 역사, 범위
자료: 호이와 미스켈의 『교육행정: 이론, 연구 및 실제』
방법: 강의 및 토론 수업

2주차: 교육 관리자의 역할
목표: 책임과 과제를 탐색합니다.
내용: 리더십 스타일, 의사결정
자료: 학교 행정에 관한 사례 연구
방법 : 그룹 토론 및 사례 분석

2. 차시별 강의록(수업지도안) 만들기

교수자는 필요시 1주차 1차시와 2차시의 강의록을 상세하게 만들어 달라고 요청할 수 있다. 다음은 1차시의 수업지도안 작성을 요청하여 얻은 결과물이다.

제시된 답변에서 해당 부분을 복사하여 입력창에 붙인 후 더 구체적으로 작성해달라고 하면 원하는 수준의 구체적인 답을 얻을 수 있다.

다음 수업지도안을 상세하게 만들어줘.
1주차 교육행정 소개
- 1차시(1.5시간)
- 주제: 교육행정개론
- 과정, 목표 및 기대 사항
- 교육행정 분야의 개요
- 학교 시스템에서 교육행정의 중요성과 영향

1주차: 교육행정 소개
소요시간: 1.5시간

1. 소개(15분)
   - 환영 및 코스 오리엔테이션
   - 과목 목표, 구조 및 학생 기대에 대해 토론
   - 평가 방법 및 채점 기준 개요

2. 교육행정 개요(30분)
- 교육행정과 학교 시스템의 관련성을 정의
- 학문 분야로서 교육행정의 진화에 대해 논의

3. 의의 및 영향(30분)
- 교육 정책 및 관행을 형성하는 데 교육행정의 중요성 살피기
- 효과적인 행정이 학교 시스템에 미치는 영향을 보여주는 사례 연구 분석

4. 대화형 토론(15분)
- 학생들이 교육행정에 대한 인식과 기대에 대해 토론하도록 함.
- 교육행정과 관련된 이전 경험이나 통찰력을 공유하도록 권장함.

- 수업 자료:
  - 프레젠테이션 슬라이드
  - 호이와 미스켈의 『교육행정: 이론, 연구 및 실제』 참고
  - 토론을 위한 사례 연구 예

- 교육 방법:
  - 기초 개념에 대한 강의임.
  - 학생들의 참여를 유도하고 참여를 장려하는 대화형 토론임.
  - 본 차시는 교육행정에 대한 기초적인 이해를 제공하고, 학생들이 교육행정의 중요성과 교육 시스템에 미치는 영향을 탐구하는 것을 목표로 함. 대화형 요소는 협업 학습 환경을 조성하도록 설계됨.

3. 수업용 PPT 슬라이드 개요 만들기

챗GPT가 직접 PPT를 만들어주지는 못한다. 그러나 주별 혹은 차시별 수업용 PPT에 들어갈 내용 제작을 요청할 수 있다. 이 내용을 복사해서 PPT 제작 특화 인공지능_{예를 들어 감마 Gamma}*에 입력하면 원하는 PPT를 쉽게 만들 수 있다.

> **나** 다음 수업을 위한 PPT 10매에 들어갈 내용을 슬라이드별로 상세히 제시해줘.
> – 수업 내용: 1주, 1차시 교육행정 소개
> – 각 슬라이드에 포함될 내용
>   • 슬라이드 제목
>   • 슬라이드 제목에 부합하는 구체적인 설명 내용
>   • 사용할 수 있는 그림이나 표 소개
>
> 1. 제목 슬라이드:
>   • 제목 : 교육행정개론
>   • 부제: 1주차, 1차시
>   • 발표자 이름 및 날짜
>   • 이미지 제안: 교육 상징의 콜라주. 예를 들어 모자, 졸업장, 학교 건물 포함

---

* PPT 제작 특화 인공지능에는 감마가 있다. 감마 사용법에 대해서는 194쪽의 'PPT 제작 특화 인공지능, 감마'를 참고하기 바란다.

2. 과정 개요:
- 강좌에 대한 간략한 설명
- 목표 및 예상 결과
- 이미지 제안: 강좌 개요의 흐름도

3. 교육행정의 정의:
- 교육행정의 정의
- 교육 환경의 범위와 중요성
- 표 제안: 교육 수준에 따른 관리 역할 비교

4. 역사적 진화
- 교육행정의 주요 역사적 발전
- 주요 영향 요인 및 이론
- 타임라인 그래픽: 교육행정 역사의 주요 이정표

5. 교육 관리자의 역할:
- 책임과 기능의 개요
- 학교 및 교육 시스템에 미치는 영향
- 이미지 제안: 학교 환경에서 관리자의 역할을 보여주는 다이어그램

(…이하 생략…)

특정 주제에 대한 슬라이드 개요를 작성해달라고 할 때, 주제만 제시할 수도 있고, 해당 내용이 들어 있는 PDF 파일을 첨부하면서 요청할 수도 있다. 일반적으로 사용할 수 있는 명령어는 다음과 같다.

> **나** 다음 주제에 대한 슬라이드쇼의 개요를 작성해줘.
> - **주제**:
> - **슬라이드 매수**: [   ]장
> - **포함될 항목**: 각 슬라이드 제목, 이미지, 다이어그램, 글머리 기호

영어로 명령을 내리면 더 정확한 답을 얻을 수 있다.

> **나** Create an outline for a [20]-slide slideshow on [특정 주제].
> - Indicate the title, images, diagrams, and bullet points for each slide.

요청해서 받은 각 슬라이드의 내용이 너무 부실할 경우 해당 슬라이드 부분을 복사하여 입력창에 붙인 후 그 내용을 더 구체적으로 작성해달라고 요청하면 해준다. 또 유료이기는 하지만 챗GPT-4는 챗GPT 자신이 제안한 제반 활동 자료나 그림을 제작해달라고 요청하면 능력 범위의 작업일 경우 모두 만들어준다. 가령 위에서 챗GPT가 제시한 답변 중 제목 슬라이드의 이미지로 제안한 콜라주를 그려달라고 요청하여 다음과 같은 결과물을 얻을 수 있었다.

> **나** 다음의 교육 상징 콜라주를 그려줘.
> 제목 슬라이드:
> - 제목 : 교육행정개론

- 부제: 1주차, 1차시
- 발표자 이름 및 날짜
- 이미지 제안: 교육 상징의 콜라주. 예를 들어 모자, 졸업장, 학교 건물 포함

실험을 통해 확인한 것처럼, 간단하게 제시된 내용을 구체적으로 작성해달라고 지속적으로 명령하면 우리가 원하는 수준의 아주 구체적인 내용까지도 얻을 수 있다.

4. 수업 주제별 동기유발(재미있는 수업 진행) 아이디어 만들기

교수자들이 가장 어려워하는 것 중의 하나가 가르치는 주제에 대한 학생들의 지적 호기심을 유발하여 학습 동기를 갖게 하는 것, 그리고 학생들이 지루해하지 않고 지속적으로 흥미를 가지며 재미있게 수업에 임할 수 있도록 수업을 진행하는 것이다. 교수자마다 나름의 기법을 가지고 있기는 하지만 한계를 느낄 때가 많다.

동기유발 아이디어

특정 주제에 대한 학습 동기유발이란 배워야 할 주제에 관심을 갖도록 지적 호기심을 불러일으키는 것, 배우고자 하는 강한 욕구를 갖게 하는 것이다. 이를 위해 특정 주제에 대한 수업을 시작할 때 활용할 수 있는 아이디어를 다음과 같이 챗GPT에게 요청할 수 있다.

> **나** 다음 주제에 대한 학생들의 학습 동기를 유발할 수 있는 아이디어를 5개 제시해줘.
> – 수업 내용: 1주차, 1차시 교육행정 소개

> 1. 실제 사례 연구:
> 성공적인 교육행정가의 실제 사례 연구와 그것이 학교에 미치는 영향을 소개합니다. 학생들에게 이러한 사례를 분석하여 교

육행정 원리의 실제 적용을 이해하게 하십시오. 이 접근 방식은 학생들이 효과적인 행정의 가시적인 결과를 볼 수 있도록 도와줍니다.

2. 시뮬레이션 게임:
학생들이 다양한 과제에 직면한 교육 관리자의 역할을 맡는 시뮬레이션 게임을 만듭니다. 이 대화형 경험을 통해 학생들은 의사 결정, 문제 해결 및 교육행정의 복잡성에 대해 배울 수 있습니다. 이 방법은 적극적인 학습과 참여를 촉진합니다.

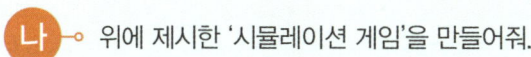
(⋯이하 내용 생략, 제목만 소개⋯)

3. 초청 연사 세션, 4. 트위스트가 포함된 그룹 프로젝트, 5. 토론 및 토론 포럼 구성

제시된 아이디어 중에서 만약 '시뮬레이션 게임'에 관심이 있다면 다음처럼 그 게임을 만들어달라고 요청할 수도 있다.

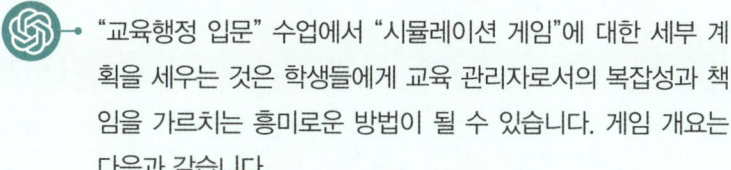

위에 제시한 '시뮬레이션 게임'을 만들어줘.

"교육행정 입문" 수업에서 "시뮬레이션 게임"에 대한 세부 계획을 세우는 것은 학생에게 교육 관리자로서의 복잡성과 책임을 가르치는 흥미로운 방법이 될 수 있습니다. 게임 개요는 다음과 같습니다.

– 제목: 교육행정 시뮬레이션 게임 "학교 행정 챌린지"
(⋯이하 내용 생략, 제목만 소개⋯)

1. 목표, 2. 설정, 3. 게임 단계, 4. 게임 메커니즘, 5. 도전 과제, 6. 보고, 7. 필요한 재료

재미있는 수업 진행 아이디어

수업 동기유발과 재미있는 수업 진행은 유사하면서도 약간의 차이가 있다. 전자는 주로 수업 시작점에 하게 되고, 후자는 수업 내내 이어져야 하는 활동이다.

대학 시절 문법 강의를 담당하시던 교수님께서 문학 강의와 달리 문법 강의는 재미있게 진행하기가 참으로 힘들다며 하소연했던 기억이 있다. 교수자들 중에도 그런 고민을 가진 사람이 많이 있을 것이다.

챗GPT는 재미있게 진행하기 힘든 주제의 수업도 재미있게 진행할 수 있는 여러 아이디어를 제공하여 고민을 해결해준다. 그중에서 마음에 드는 것을 골라 다시 실행에 필요한 상세한 프로그램을 만들어 달라고 요청하면 만들어준다. 필자는 첫 주 첫 차시로 제시한 수업 내용을 재미있게 진행할 아이디어를 요청해보았다.

다음 수업을 재미있고 참신하게 진행하기 위한 아이디어를 5개 제시해줘.

– 수업 내용: 1주차, 1차시 교육행정 소개

"교육행정 입문" 수업을 흥미롭고 재미있게 만들면 학습 능력이 크게 향상될 수 있습니다. 다음은 다섯 가지 아이디어입니다.

1. **대화형 퀴즈 또는 설문조사**: 교육행정과 관련된 퀴즈 또는 설문조사로 수업을 시작합니다. 카훗Kahoot![*]과 같은 도구를 사용하세요. 또는 멘티미터Mentimeter^{**}를 사용하여 대화형으로 만들 수 있습니다. 이는 기존 지식을 테스트하고 어색함을 깨는 재미있는 방법이 될 수 있습니다.
2. **역할극 시나리오**: 학생들이 교육 시스템에서 다양한 이해관

> **계자**예를 들어 교장, 교사, 부모, 학생의 역할을 맡는 역할극 시나리오를 만듭니다. 이러한 시나리오는 교육행정 및 의사결정의 다양한 측면을 강조할 수 있습니다.
> (…이하 내용 생략, 제목만 소개…)
> **3. 교육행정 게임, 4. 초청 연사 세션, 5. 그룹 프로젝트 시작**

제시되는 아이디어는 주제별로 약간씩 차이는 있으나 대체로 유사함을 알 수 있다. 그러나 제시한 아이디어별로 해당 주제에 적합한 구체적인 자료 제작을 요청할 수 있으므로 도움이 된다.

필자는 첫 번째 아이디어로 제시한 '설문조사'를 위한 설문지를 만들어달라는 요청을 해보았다. 필요하다면 설문조사에 소요될 시간을 정해줄 수 있지만 필자는 아무런 조건 없이 요청했다. 조건을 주면 원하는 답을 얻을 확률이 커지지만, 때로는 조건이 제약이 되어 좋은 아이디어를 얻는 데 장애가 되기 때문이다. 조건을 최소화한 질문을 해서 답을 구한 후, 필요시에 조건을 추가해가며 답을 얻는 방식을 권한다.

> **나** 다음을 실행하기 위한 자세한 계획을 만들어줘.
>
> – **대화형 퀴즈 또는 설문조사**: 교육행정과 관련된 퀴즈 또는 설문조사로 수업을 시작합니다. 카훗Kahoot!과 같은 도구를 사용하세요. 또는 멘티미터Mentimeter를 사용하여 대화형으로 만들 수 있습니다. 이는 기존 지식을 테스트하고 어색함을 깨는 재미있는 방법이 될 수 있습니다.

---
* 게임 기반 학습 사용 플랫폼.
** 실시간 피드백이 포함된 프레젠테이션을 만드는 데 사용되는 어플.

1. 준비:
   - 교육행정과 관련된 일련의 질문을 만듭니다. 여기에는 객관식, 참/거짓, 의견 기반 질문이 포함될 수 있습니다.
2. 실행:
   - 수업 시작 시 재미있는 아이스 브레이킹 활동으로 퀴즈나 설문조사를 소개하세요.
   - 학생들에게 스마트폰이나 컴퓨터를 사용하여 수업에 참여하는 방법에 대한 지침을 제공합니다.
   - 활동을 더욱 매력적으로 만들기 위해 가벼운 경쟁 분위기를 장려하십시오.

(…이하 내용 생략, 제목만 소개…)

3. 퀴즈 또는 설문조사 질문, 4. 퀴즈 후 토론, 5. 피드백

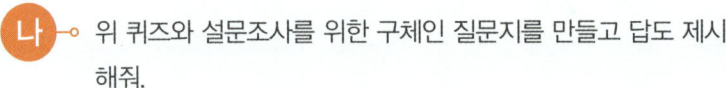
위 퀴즈와 설문조사를 위한 구체인 질문지를 만들고 답도 제시해줘.

위와 같은 추가 요청에 챗GPT는 4지선다형 3개, OX형 2개, 의견 묻는 질문 2개, 그리고 토론 주제 1개를 제시해주었다. 의견을 묻는 질문에서는 그 질문을 묻는 목적도 함께 제시하고, 토론 주제에서는 토론을 통해 얻고자 하는 기대효과도 제시해주었다.

수업을 시작할 때 사용할 동기유발 방법을 제시해달라는 명령어를 몇 개 더 제시하면 다음과 같다.

🟠 **나** ─○ 수업을 재미있고 참신하게 시작할 수 있는 방법 알려줘.

- 수업 주제:
- 대상:

🟠 **나** ─○ 수업 주제를 재미있게 소개할 수 있는 방법을 알려줘.

- 주제: 교사와 학부모 사이의 갈등 관리
- 대상: 대학교 2학년
- 수강생 수: 25명

🟠 **나** ─○ 수업 중에 질문을 열심히 하도록 동기부여를 할 수 있는 방법 [10]가지 알려줘.

- 대상:
- 과목명:
- 수업 주제:

5. 수업 주제별·차시별 활동 계획 작성하기

챗GPT가 제시한 강의계획서에 차시별·주제별 활동 계획을 포함시키도록 요청할 수도 있다. 수업 주제와 내용을 제시하고 수업 중에 할 수 있는 활동, 사용할 수 있는 질문 등을 만들어달라고 요청하면 된다. 아래는 그중 한 예이다.

> **나** ─ 학생들이 갈등 관리에 대해 잘 이해하게 도울 수 있는 수업 중 활동을 제시해줘.

> **나** ─ 학생들에게 갈등 관리와 관련하여 수업 중에 사용할 수 있는 질문 5개 만들어줘.

활동 계획과 앞에서 시도한 수업 동기유발과 재미있는 수업 진행을 위한 아이디어 등은 일부 중복될 가능성이 있다. 그러나 주별·차시별 강의계획서에 활동 계획을 포함하면 수업 진행에 도움이 되므로 별도로 질문해보았다.

앞서 이야기한 것처럼 다른 명령 강좌명, 수업 내용이나 주제, 수업 시간, 대상 등의 조건이 같은에 이어서 명령하는 경우라면 구체적인 조건을 생략해도 되지만, 수업 중에 할 활동만 별도로 요청하는 경우라면 해당 조건을 함께 입력해야 한다.

> **나** 다음 수업을 재미있고 참신하게 진행하기 위한 아이디어를 5개 제시해줘.
>
> – 수업 내용: 1주차 1차시 교육행정 소개

> **⬢** "1주차 1차시: 교육행정 소개"에서는 대화형 활동과 성찰 활동을 혼합하여 학생의 참여와 이해를 높일 수 있습니다. 다음은 몇 가지 활동 제안 사항입니다.
>
> 1. 아이스 브레이커icebraker: 두 가지 진실과 거짓말 – 교육용
>   - 학생들은 교육과 관련하여 자신에 대한 세 가지 진술, 즉 두 가지 진실과 한 가지 거짓말을 공유합니다.
>   - 반 친구들은 어떤 말이 거짓말인지 맞춰봅니다.
>   - 이 활동은 학생들이 서로를 알아가고 편안한 학습 환경을 조성하는 데 도움이 됩니다.
>
>   (…이하 내용 생략, 제목만 소개…)
>
> 2. 그룹 토론: 교육 관리자의 역할,
> 3. 사례 분석 연구, 4. 대화형 퀴즈, 5. 비전 보드 생성

그리고 위처럼 특정 주제를 가르치기 위해 해야 할 활동이 제시되면, 그중 마음에 드는 것을 골라 다시 상세하게 만들어달라고 요청하면 된다.

> **나** 위의 '아이스 브레이커' 활동을 위한 구체적인 프로그램과 진술 예시를 제시해줘.

다음은 "아이스 브레이커: 두 가지 진실과 하나의 거짓말 - 교육용 에디션" 활동에 대한 세부 계획과 예제 설명입니다.

활동: 두 가지 진실과 한 가지 거짓말 - 교육용 에디션

목적: 학생들이 서로 편안하게 지낼 수 있도록 하는 재미있고 매력적인 방식으로 수업을 시작

프로그램:

1. 소개(5분):
   - 게임의 규칙을 설명하십시오. 각 사람은 교육과 관련하여 자신에 대해 세 가지를 말하게 됩니다. 이 진술 중 두 개는 사실이어야 하고, 하나는 거짓말이어야 합니다.
2. 참여(20분):
   - 각 학생이 교실의 다른 학생들에게 세 가지 진술을 발표합니다.
   - 각 학생이 발언한 후 다른 학생들은 어떤 진술이 거짓말이라고 생각하는지 투표합니다.
3. 공개 및 토론(10분):
   - 학생은 어떤 말이 거짓말이었는가를 밝힙니다.
   - 다른 학생들은 왜 그러한 선택을 했는지 간략하게 토론하십시오.
4. 성찰(5분):
   - 이 활동이 다양한 교육 경험과 기대를 이해하는 데 어떻게 도움이 되는지 성찰하며 마무리합니다.

예시문 :

"저는 재생에너지 프로젝트로 전국 과학 박람회에서 우승한 적이 있습니다."

"고등학교 때 저는 소규모 교육용 모바일 게임을 개발하는 팀의 일원이었습니다."

(…이하 예시문 생략…)

앞의 예에서 보듯이, 제시된 여러 가지 활동 중에서 1주차 1차시 수업에 활용 가능한 '아이스 브레이커^{마음 열기}' 활동의 구체적인 운영 프로그램과 진술 예시를 요청하는 후속 질문을 했을 때 챗GPT는 그에 맞는 답을 제시해주었다. 제시된 답을 바탕으로 첫날 마음 열기 활동을 계획하면 상당한 효과가 있을 것으로 기대된다. 일반 마음 열기 프로그램보다는 수업과 관련된 주제를 가지고 마음 열기 활동을 할 때 학생들의 호응도가 높을 것이다.

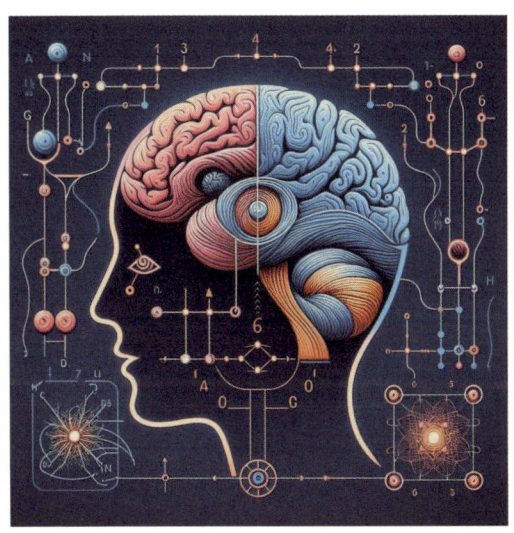

6. 수업 자료 제작하기

챗GPT가 제시한 예에 수업 자료 목록이 포함돼 있으면 그 수업 자료, 또는 자신이 수업 진행을 위해 필요하다고 생각하는 자료 등을 제작하도록 요청할 수도 있다. 자료에는 텍스트 자료, 지침 개발, 가상 또는 실제 사례, 온라인 자료 추천 및 시각 자료, 토론 주제, 요약 자료, 역할극 시나리오와 대본 등이 있을 수 있다.

텍스트 자료

수업을 위해 텍스트 자료가 필요할 때 다음과 같이 제작을 요청해 볼 수 있다.

> **나** 다음 사건과 인물의 전기를 만들어줘.
> - 내용: 유관순 열사
> - 길이: 100단어 이내
> - 대상: 한국 초등학교 3학년

> **나** 다음을 설명하기 위한 자료를 만들어줘.
> - 내용: 월식
> - 길이: 100단어 이내
> - 대상: 한국 초등학교 3학년

> **나** — 다음에 관해 '직접 선택하는 모험' 스토리를 디자인해줘.
> – 내용: 일제 강점기 독립운동
> – 대상: 한국 초등학교 3학년

이 요청에 대해 챗GPT는 "자유를 위한 탐구: 시간 여행"이라는 제목의 구체적인 모험 스토리를 제작해주었다. 독립운동과 주요인물, 한국 역사에 미친 영향에 대한 이해에서 한 발 더 나아가 사고력, 판단력, 실행력을 기를 수 있도록 장면별로 조건을 제시했다. 아울러 이를 적용할 때 고려할 사항까지 꼼꼼하게 제시해주었다. 독자가 직접 명령해서 내용을 확인해보면 도움이 될 것이다.

지침 개발

> **나** — 다음을 설명하기 위한 단계별 지침을 만들어줘.
> – 내용: 데스크톱에서 챗GPT와 음성 대화를 위한 세팅
> – 대상: 컴퓨터를 잘 활용할 줄 모르는 한국인 60대 남성

위와 같은 지침 개발을 요청하는 명령에 대해 챗GPT는 아주 상세한 답을 내놓았다. 학생들에게 설명하기 어려운 주제, 혹은 활동에 대한 단계별 지침을 요청하면 원하는 답을 얻을 수 있을 것이다.

가상 또는 실제 사례

가르칠 주제에 관련된 가상 사례 제작도 요청이 가능하다. 다음은 명령어 예시이다.

> **나** 한국 초등학교 교사와 학부모 사이의 갈등에 관한 가상 사례를 만들어줘.

수업 중에 가상 사례를 바탕으로 갈등 관리법을 탐색하는 활동을 할 때 초등학교와 중학교 단계에서는 챗GPT의 도움을 받지 않고 탐색하도록 하는 것이 좋다. 고등학교 이후 단계에서는 갈등 관리법을 개인적 혹은 모둠별로 탐색하도록 한 후에, 인공지능을 활용하여 보완하도록 할 수 있다. 다음은 챗GPT를 활용해 갈등 해결책을 탐색하는 방법의 예시이다.

갈등 해결책 탐색을 위한 챗GPT 활용 방법
- 1단계: 갈등 사례를 제시하고 개별 혹은 소집단 활동을 통해서 해결책을 탐색하게 한다.
- 2단계: 자신들이 만든 해결책과 챗GPT가 제시한 해결책을 비교하여 자신들이 생각하지 못한 해결책이 무엇인지 알아보고, 생성된 해결책의 문제점을 찾은 후, 생성된 해결책을 반영한 수정·보완 해결책을 작성한다.
- 3단계: 학생들이 제시한 해결책을 입력한 후 챗GPT가 보완하도록 한다.

실제 사례가 필요하면 아래와 같이 실제 사례를 찾아달라고 요청하면 된다.

> **나** 한국 초등학교 교사와 학부모 사이의 갈등에 관한 실제 사례를 찾아줘.

실제 사례를 찾아달라고 하면 챗GPT-4의 경우 주로 영어로 된 사이트를 검색하여 사례를 제시해준다는 한계가 있다. 한국의 사례를 찾고자 하면 구글이 개발한 생성 AI 제미나이Gemini, 혹은 마이크로소프트가 개발한 코파일럿Copilot을 이용하는 것이 좋다.

찾은 갈등 사례를 입력창에 붙여넣고, 해결책을 제시해달라고 요청할 수도 있다. 수업 시간에 학생들은 인공지능에 접근하지 못하게 한 경우, 교사가 학생들의 갈등 해결책 탐색을 도울 때 자료로 제공할 수 있다.

> **나** 다음에 제시한 교사와 학부모 사이의 갈등 사례를 바탕으로 갈등 해결책을 제시해줘.
> - [인공지능이 검색해준 실제 갈등 사례 혹은 직접 인터넷에서 검색하여 찾은 사례 제시]

온라인 자료 및 시각 자료

'중학교 3학년 과학 3단원 운동과 에너지'를 예로 들어 온라인 자료 추천 및 자료 제작을 요청하는 명령어는 다음과 같이 만들어볼 수 있다.

온라인 자료 혹은 동영상이나 멀티미디어 자료 추천

> **나** 학생들에게 다음 내용을 가르치기 위한 한국어로 된 온라인 리소스online resources를 제공해줘.
>
> • 주제: 한국 중학교 3학년 과학 교과 3단원 운동과 에너지
> 1. **등속 운동과 자유낙하 운동**
>   01. 운동을 기록하는 방법
>   02. 속력이 일정한 운동
>   03. 자유낙하하는 물체의 운동
> 2. **일과 에너지**
>   01. 과학에서의 일
>   02. 일을 하여 생긴 에너지
>   03. 일상생활에서의 위치 에너지와 운동 에너지

시각 자료 만들기 혹은 자료 추천

시각 자료를 요청해본 결과 그림에 한글이 들어가는 경우에는 알아볼 수 없는 이상한 글자가 나타나기도 한다.

> **나** 학생들이 학습 보조 자료로 사용할 수 있도록 다음 주제의 핵심 개념을 요약한 시각적 이미지를 만들어줘.
>
> • 주제: 한국 중학교 3학년 과학 교과 3단원 운동과 에너지
> 1. **등속 운동과 자유낙하 운동**
>   01. 운동을 기록하는 방법
>   02. 속력이 일정한 운동
>   03. 자유낙하하는 물체의 운동

2. 일과 에너지
    01. 과학에서의 일
    02. 일을 하여 생긴 에너지
    03. 일상생활에서의 위치 에너지와 운동 에너지

나 다음 수업을 위한 온라인 시뮬레이션이나 가상 실습을 추천해줘.

• 주제: 한국 중학교 3학년 과학 교과 3단원 운동과 에너지

1. **등속 운동과 자유낙하 운동**
    01. 운동을 기록하는 방법
    02. 속력이 일정한 운동
    03. 자유낙하하는 물체의 운동
2. **일과 에너지**
    01. 과학에서의 일
    02. 일을 하여 생긴 에너지
    03. 일상생활에서의 위치 에너지와 운동 에너지

이 요청에 대해서는 'PhET 대화형 시뮬레이션스* – 동작 시각화PhET Interactive Simulations-Graphing Motion', '콩코드 컨소시움–에너지 형태 및 변화 시뮬레이션Concord Consortium-Energy Forms and Changes Simulation' 등 몇 가지 정보를 제공해주었다. 한국어로 된 온라인 시뮬레이션을 요청하였더니 제공하지 않았다.

자료 검색은 구글의 제미나이나 마이크로소프트의 코파일럿이 더 잘한다. 동일한 명령어를 제미나이에 입력한 결과 등속 운동 시뮬레이션, 자유낙하 운동 시뮬레이션 등의 새로운 사이트를 제시해주었다.

그림 인식 기능 활용한 수업 자료 제작

생성 AI는 그림을 그려줄 뿐만 아니라 첨부한 그림을 인식하는 기능도 가지고 있다. 챗GPT에 글을 입력하거나 글이 담긴 PDF 파일을 첨부한 후 해당 글에 적합한 그림을 그려달라고 하거나, 그림을 탑재한 후 해당 그림과 비슷한 그림을 그려달라고 하면 그럴듯한 그림을 그려준다. 제시된 그림을 사용할 수도 있는데, 그럴 경우에는 반드시 챗GPT가 그려준 혹은 협업한 그림임을 밝혀야 한다.

다음은 챗GPT에 명령하여 그림을 받아본 사례로, 생성 AI의 그 수준을 짐작할 수 있다.** 주제에 부합하면서도 상당히 독창적이다.

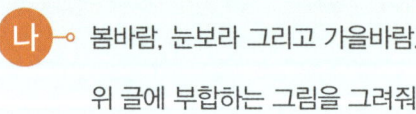
나 봄바람, 눈보라 그리고 가을바람.
위 글에 부합하는 그림을 그려줘.

---

* PhET 인터랙티브 시뮬레이션스는 콜라로도대학교의 개방형 교육 자원 프로젝트의 하나이다. 노벨상 수상자 칼 와이먼(Carl Wieman)이 2002년 개설하였다.
** 박남기, (2024. 1. 18). [여명(餘命) 16세] 봄바람, 눈보라 그리고 가을바람. 『교육플러스』.

그림 파일을 탑재한 후, 그 그림에 적합한 글을 써달라고 요청할 수도 있다. 필자의 경우, 어머니가 떠난 후 폐허가 되어가는 고향집 헛간 사진을 올리고, 고향에 대한 그리움이 담긴 시를 써달라고 했더니 정말 그럴싸한 시를 써주었다. 180쪽의 시가 그 시이다.

▲ 챗GPT에 올린 필자의 고향집 헛간 사진

홀로 남은 고향집

녹음이 우거진 땅
내 어린 시절이 숨어 있는 곳
내 마음은 쉴 곳 찾아
고향의 포근한 품에 안긴다.

바스락거리는 나뭇잎의 속삭임은
옛 축제 이야기
가지런히 놓인 장독대에서는
지난날의 추억이 홀로 익어간다.

스러져가는 오두막에는
토닥거리던 시절의 이야기가 한가득
멀리에서 지켜보는 산들은
시대의 조용한 증인.

비 온 뒤 대지의 향기
아련한 향수로 피어나고
아무도 기억하지 않는 마당가의 돌멩이
지난 시간을 품고 있다.

멀리 떠나 있어도
또렷한 고향의 손짓
석양의 슬픈 빛 속에서
오늘도 고향의 품을 그린다.[*]

---

[*] 이 시는 챗GPT가 제공한 영어 원문을 딥엘(Deep-L)로 번역한 후 약간 손본 것이다.

그림 그려주는 기능과 그림 인식 기능은 수업 자료 제작에 크게 보탬이 될 것이다. 다만, 챗GPT의 경우 유료 버전인 챗GPT-4에서만 제공되는 기능이다. 무료 버전을 사용하려면 마이크로소프트의 코파일럿을 사용하면 된다. 둘 다 달리DALL.E라는 프로그램을 사용하고 있어서 결과물은 유사하다.

토론 주제

수업 주제에 적합한 토론 주제를 만드는 것도 챗GPT를 이용하면 쉽게 할 수 있다. 다음은 명령어 예시이다.

> **나** 갈등 관리 역량이 학교폭력students' violence에 미치는 영향에 대한 토론 주제 5개를 만들어줘.
> - 대상: 교육대학교 학부 2학년생

요약 자료

학생들에게 짧은 읽을거리를 제공하고, 그것을 이해하는 데 도움이 되도록 요약문을 제공하기 위해 그 읽을거리의 요약문을 만들어달라고 요청할 수 있다. 제시 글은 PDF 파일 혹은 텍스트로 제공하면 된다.

> **나** 다음 글을 요약해줘. [제시 글 입력 또는 파일 탑재]

짧은 글뿐 아니라 책을 소개하고자 할 때도 요약문 작성을 요청할 수 있다. 챗GPT가 접근할 수 있는 책이라면 PDF 파일이 없더라도 요약문을 작성해준다. 국내 서적보다는 영어 서적을 소개할 때 유용하다.

국내 서적의 경우에는 제목을 영어로 번역한 후, 해당 책을 찾으려 하기 때문에 잘 찾지 못하고, 때로는 전혀 무관한 내용을 요약처럼 제시하기도 한다. 따라서 아직은 다른 경우와 마찬가지로 자신이 알고 있는 책을 소개하기 위한 요약문 작성을 요청하는 데 사용하는 것이 좋다. 그렇지 않으면 챗GPT가 거짓 정보를 포함해도 확인할 수가 없어서 자칫 잘못된 정보를 학생들에게 제시하게 될 것이다.

> **나** 학생들에게 다음 책을 소개하려고 해. 200단어로 책을 요약해줘.
> - 책 제목: The Structure of Scientific Revolution
> - 요약본을 소개할 수업시간: 통합과학
> - 대상: 고등학교 2학년 학생

위에 제시한 것처럼 소개할 대상을 명시하면 그 수준에 맞게 작성해준다. 챗GPT가 작성해준 다음의 요약본은 고등학교 2학년 학생들에게 제공하는 데 손색이 없었다.

토마스 S. 쿤Thomas S. Kuhn의 『과학 혁명의 구조』는 과학과 그 진보에 대한 우리의 이해에 도전하는 획기적인 책입니다. 쿤은 과학자들에게 모델 문제와 해결책을 제공하는 보편적으로 인정되는 과학적 성과인 '패러다임'의 개념을 소개합니다. 쿤에 따르면, 과학은 새로운 지식의 선형적 축적을 통해 발전하는 것이 아니라, 지배적인 패러다임이 해결할 수 없는 이상 현상에 직면할 때 발생하는 '패러다임 전환'을 통해 발전합니다. 이러한 변화는 혁명적인 과학 시대로 이어지며, 그 결과 과학 게임의 규칙을 바꾸는 새로운 패러다임이 탄생합니다.

이 책은 과학적 혁신이 어떻게 일어나는지, 과학이 때때로 새로운 아이디어를 받아들이기 전에 저항하는 이유를 이해하는 데 필수적입니다. 쿤의 사상은 과학철학뿐 아니라 과학, 사회학, 역사의 실천에도 영향을 미쳤습니다.

국내 서적의 경우에는 PDF 파일이 있을 경우, 이를 올린 후 그 책의 요약본을 만들어달라고 하면 만들어준다. 필자가 쓴 책인 『실력의 배신』 파일을 가지고 실험한 결과, 짧은 시간에 상당한 수준의 요약본을 만들어주었다.

나 제시한 책을 수업 중에 소개하려고 해. 300단어로 요약본을 만들어줘.

- 대상: 교육대학교 2학년 학생
- 요약본을 소개할 수업시간: 교육행정학

여담이지만, 필자는 학생들에게 읽어야 할 책을 몇 권 제시하고, 독후감을 블로그에 탑재하는 과제를 부과해왔다. 그런데 학생들이 책을 읽지 않았으면서 인공지능의 이 요약 기능을 활용하여 과제를 제출한다면 더 이상 평가는 불가능할 것으로 보인다. 이제는 독후감을 제출받는 것에서 그치지 않고, 수업 중에 독후감을 발표시키면서 교수자와 동료 학생들이 해당 책의 내용과 느낌에 대해 다양한 질문을 하는 시간을 가져야 할 것이다.

역할극 시나리오와 대본

생성 AI인 챗GPT가 잘하는 것 중 하나가 말 그대로 생성하는 것, 즉 뭔가를 만들어내는 것이다. 대표적인 것이 소설, 시, 에세이, 시나리오 및 대본 등이다. 시나리오를 만들어달라고 하면 주로 상황, 고려해야 할 요소 등을 제시해준다. 그 이상의 결과를 원한다면 원하는 조건을 상세히 제시하면 기대하는 결과물을 받아볼 수 있다. 조건을 상세히 제시하지 않으면 챗GPT 스스로 상황을 가정하여 시나리오를 만든다. 다음은 시나리오만 요청했을 때 생성해준 결과물이다.

> **나**: 챗GPT를 사용할 때 유의할 점을 설명할 시나리오를 만들어줘.
> • 대상: 대학교 2학년 학생

> 환경 과학을 전공하는 대학생인 알렉스Alex는 챗GPT를 사용하여 학업 및 개인 작업을 하려고 합니다. 알렉스는 챗GPT가 유용하지만 효과적이고 윤리적으로 사용하려면 명심해야 할

몇 가지 사항이 있음을 알고 있습니다.
(…이하 내용 생략, 항목만 소개…)
1) 한계 및 정확성 이해, 2) 표절 방지, 3) 윤리적 고려 사항,
4) 응답을 주의 깊게 해석, 5) 개인정보 보호 인식,
6) 보고서 작성용이 아닌 보고서 보완 도구,
7) 창의적인 용도 탐색, 8) 필요시 후속 질문

알렉스는 이러한 점을 염두에 두고 챗GPT를 학문적 여정에서 유익한 도구로 성공적으로 활용하여 책임감 있고 윤리적이며 효과적으로 사용할 수 있도록 했습니다.

제시된 답변에서 보듯이 시나리오를 요청하면 대사가 포함된 내용 대신, 구체적인 상황과 고려할 요소 등을 제시해준다. 때로는 대사가 포함된 답을 제공하기도 한다.

대본이 필요할 경우에는 시나리오와 대본을 만들어달라고 하면 된다. 그러면 간단한 상황을 제시한 후 대사가 포함된 대본을 만들어준다. 다음은 그 예시이다.

> **나** 챗GPT를 사용할 때 유의할 점을 설명할 시나리오와 대본을 만들어줘.
> • 대상: 대학교 2학년 학생

 캐릭터:
조던: 컴퓨터 공학을 전공하는 대학교 2학년 학생
샘: 조던의 친구이자 같은 반 친구로, 역시 2학년이지만 문학을 전공하고 있습니다.

챗GPT: 조던과 샘이 사용하는 인공지능 챗봇입니다.

- 설정: 대학 도서관에서 조던이 샘에게 학업 및 개인 작업에 챗GPT를 사용하는 방법을 보여주고 있습니다.

(…이하 대사 생략…)

챗GPT와 협업하여 수업 계획을 만드는 과정에 챗GPT의 답변에 역할극이 있는 경우에는 여러 가지 조건을 입력할 필요 없이 "위에서 제시한 역할극을 위한 시나리오와 대본을 만들어줘."라는 간단한 명령어만 입력하면 된다. 물론 그렇지 않을 경우에는 원하는 여러 조건을 명시한 명령어가 필요하다.

챗GPT를 활용하면 대부분의 주제에 대한 시나리오 작성이 가능하다. 간단한 상황만 제시해도 알아서 잘 만들어준다. 자신이 원하는 조건, 즉 등장인물, 목적, 핵심 내용 등등을 명시하면 거기에 맞게 만들어준다. 또 교실에서 역할극을 하기 위한 대본과 비디오의 대본 또는 아이디어도 작성해 준다.

위의 내용을 바탕으로 명령어를 몇 가지 소개하면 다음과 같다.

[예시 1]

나 → 역할극role-playing 시나리오를 써줘.

- 등장인물: 한국 서울 지역 초등학교 5학년 여학생임. 학교폭력 가해 학생 2인, 피해 학생 1인, 방관자 2인, 적극 개입자 1인

- 교실 내에서 발생한 언어폭력임.
- 5분 길이
- 목적: 학교폭력 가해자가 피해자의 고통을 이해하는 기회 제공, 방관자도 간접적인 가해자임을 깨닫게 함.

[예시 2]

 연극 대본play script을 써줘.

- 초등학교 3학년 아이가 특수교육 대상으로 보여 학부모에게 관련 검사를 권했으나 학부모가 거부하여 설득하기 위해 고군분투하는 한국 서울의 남교사. 5년 경력을 가지고 있음.
- 방과 후 교실에서 아이의 어머니와 면담 중임.

[예시 3]

 한국 대학교수들에게 챗GPT 사용법을 소개하는 비디오 구성 아이디어를 제시해줘.

- 한국 대학교수들에게 챗GPT 사용법을 소개하는 비디오 대본script을 제작해줘.
- 챗GPT를 사용할 때 유의할 점을 설명할 시나리오를 만들어 줘.
- 대상: 대학교 2학년 학생
- 뇌 발달을 목적으로 하는 일반 학습의 관점에서 볼 때 나타날 수 있는 부작용 포함.

7. 그 밖의 수업 준비

 그 밖에 학기 첫 수업 시의 마음 열기나 학습공동체 형성 및 강화, 블로그 운영 등 다양한 수업 준비에 챗GPT를 활용할 수 있다. 이 책에서 소개하는 사례를 보며 수업 준비를 위해 어디까지 챗GPT 활용이 가능한지, 목적 달성을 위해 어떤 명령어를 입력해야 할지 아이디어를 얻기 바란다.

첫 시간 마음 열기(아이스 브레이킹)

 첫 수업에서는 교수자와 학생들, 그리고 학생들 사이의 어색함을 깨기 위해 교수자 나름의 다양한 활동을 준비하게 된다. 그것 또한 챗GPT를 통해 아이디어를 얻을 수 있다.

> **나** 수업 첫날에 적합한 아이스 브레이킹 질문icebreaker questions을 제시해줘.
> - 대상: [학교 급 및 학년, 또는 나이를 입력한다.]
> - 과목명: [과목명 입력]
> - 그 외 원하는 조건: 대학 수준의 수업에 사용할 수 있는 아이스 브레이킹 활동에는 어떤 것이 있나?

학습공동체 형성 및 강화 활동

학급담임만이 아니라 수업을 진행하는 교수자가 신경 써야 할 것 중의 하나는 학생 집단을 하나의 학습공동체가 되도록 이끄는 것이다. 초등학교에서는 한 반 학생들이 학년초에 하나의 학습공동체가 되도록 이끌어야 하고, 중고등학교에서는 해당 수업시간에 한 반 혹은 여러 반에서 모인 학생들이 학습공동체가 되도록 프로그램을 운영해야 한다. 대학의 경우, 다양한 전공 학생들이 함께 수업을 들을 때도 많아 이들을 하나의 학습공동체로 이끌어가는 것은 교수가 갖춰야 할 중요한 역량의 하나이다.

학습공동체가 잘 형성되면 학습에서 시너지 효과가 생기고, 학생들이 졸업 후 사회와 직장 생활을 할 때 협력적 활동에 잘 적응하며 리더가 될 역량을 기를 수 있다. 학습공동체가 형성되지 않은 상황에서 학습을 하게 되면, 조별 과제를 할 때 학생들 간에 자꾸 충돌이 일어나고, 그 결과 교수자가 의도한 협력 역량을 기르지 못하게 된다.

학창시절의 학습공동체 형성 및 강화 경험은 교과 내용 학습 못지않게 중요하다. 이런 이유로 교수자들은 학생들이 학습공동체가 되도록 이끌고 싶지만, 아이디어가 부족한 경우가 많다. 이럴 때도 챗GPT는 필요한 아이디어를 쉽게 얻을 수 있도록 도와준다.

먼저 다음과 같이 단순한 명령을 내려본다.

 학습공동체 형성을 위한 활동team-building exercises의 예를 들어 줘.

> **나** 대학 수준에서 학습공동체 구축을 위해 할 수 있는 활동을 5가지 제시해줘.

생성 AI가 답해준 결과가 마음에 들지 않을 경우, 혹은 더 적절한 활동 예시 아이디어를 얻고자 할 때는 더 구체적인 조건을 제시하면 된다.

> **나** 학습공동체 구축을 위해 할 수 있는 활동을 5가지 제시해줘.
> - 학교 단계: 중학교 1학년
> - 학생 특성: 반항기 많은 남학생들
> - 수업 과목명: 국어

생성 AI가 제시한 예 중에서 마음에 드는 것이 있으면 그것을 운영할 구체적인 프로그램, 혹은 자료를 제작해달라고 요청하면 된다.

> **나** 사회적 활동 및 네트워킹을 위한 구체적인 방법과 주의할 점을 알려줘.
> - 학교 단계: 고등학교 1학년
> - 학생 특성:
> - 수업 과목명: 환경

블로그 게시물 생성

네이버 블로그, 다음 카페 등 개인 사이트는 수업 활동, 학문 분야, 연구 프로젝트 또는 프로그램에 관한 콘텐츠를 커뮤니티와 공유하는 데 도움이 된다. 챗GPT는 이런 블로그에 올리기 위한 글을 쓰는 속도를 높이고 아이디어를 얻는 데도 도움을 준다.

[예시 1] 블로그 내용

나: '그들이 말하지 않은 우리 교육 이야기' 블로그 https://blog.naver.com/ngpark60에 올릴 수 있는 아이디어를 10개 제공해줘.

- 수업 자료 탑재
- 교육행정가, 교사, 학부모, 학생, 언론인 대상
- 교육정책, 교육 관련 현안 이슈, 교육행정, 교수법, 한국 교육의 특성 등을 다룸

[예시 2] 블로그 운영 방법

나: 다음 블로그 운영과 관련된 아이디어를 10가지 제공해줘.

- 교실 수업에서 활용할 것임.
- 초등학교 5학년 학부모와 학생 대상임.
- 다른 초등교사들도 참고할 수 있음.

포괄적 아이디어 구하기

그 외에 수업과 관련하여 직면하는 제반 문제에 대해 아이디어를 구하고, 그 아이디어를 구현할 구체적인 프로그램, 그리고 자료 제작을 요청할 수도 있다. 가령 자신이 담당한 과목의 수업 준비나 혹은 수업 운영에 챗GPT를 어떻게 활용할 수 있을지 아이디어를 구할 수도 있다.

자신이 담당한 수업에서 챗GPT를 어떻게 활용할 수 있을지 아이디어를 구하기 위해서는 다음과 같이 명령할 수 있다.

> **나** ─ 다음 강의에 챗GPT를 활용할 수 있는 방법 5가지만 제시해줘.
> – 과목명: 수학 미적분
> – 대상: 공과대학 2학년생

> **나** ─ 다음 수업에 챗GPT를 활용할 방법을 제시해줘.
> – 과목: 과학 '생명과학과 우리 생활'
> – 대상: 중학교 2학년 학생

> **나** ─ 다음 수업에서 할 수 있는 탐구 활동의 예를 3가지 제시해줘.
> – 과목: 사회 '자원의 희소성'
> – 대상: 초등학교 4학년 학생

8. 수업 준비에 활용할 수 있는 다양한 인공지능

챗GPT, 바드, 빙AI 이외에도 수업을 준비할 때 사용할 수 있는 다양한 인공지능 프로그램이 있다. 그중 널리 사용되는 몇 가지만 골라서 소개한다. 대학 도서관에서 외국의 전자 논문을 구입하여 대학 구성원들이 사용할 수 있도록 하고 있듯이, 학교 차원에서 이러한 프로그램을 구입하여 교수자들이 함께 사용하면 좋을 것이다. 프로그램들을 구입하여 학교 컴퓨터실이나 대학의 교수학습지원센터에 설치해 놓으면 방문하는 교수자들이 크게 늘 것이다.

여기서는 수업을 준비할 때 널리 사용할 만한 프로그램으로 PPT를 제작해주는 감마Gamma, PDF 파일 요약기 등 PDF 파일 종합 해결사, 유튜브 텍스트 다운로더, 새로운 차원의 번역 및 요약 인공지능 등을 소개한다. 이 외에도 수업 진행에 사용할 수 있는 에니셋 가상 스튜디오 프로그램, 즉석 온오프라인 퀴즈를 위한 퀴즈앤, 널리 알려져 있는 멘티미터 등등 활용할 수 있는 인공지능이 아주 많다.

처음부터 많은 프로그램을 사용하려고 할 필요는 없다. 자신에게 친숙한 몇 가지를 골라 수업에 활용하면 될 것이다. 너무 많은 프로그램을 활용하는 것은 수업을 오히려 산만하게 할 수 있다. 꼭 필요한 것을 골라 익혀서 사용하다 보면 이런 유형의 프로그램에 익숙해져, 점차 다른 프로그램 사용법도 쉽게 익힐 수 있을 것이다.

PPT 제작 특화 인공지능, 감마

▲ 감마 사이트 첫 화면

감마는 주제, 텍스트 등을 제공하면 바로 PPT로 제작해주는 특화된 인공지능이다.

특징

- 주제만 주면 알아서 PPT를 제작해준다.
- 주제를 입력하면 AI가 내용과 목차를 제시한 후 PPT를 제작해준다. 제시한 내용은 수정, 삭제, 추가 가능하다.
- PPT 제작에 사용된 사진 등 제반 자료는 무료 자료이므로 저작권 문제에서 자유롭다.
- 웹 브라우저에서 작업할 수 있어 별도의 소프트웨어를 설치할 필요가 없다.

사용법

사용법은 아주 간단하다. 용도를 정하고 주제만 제시하든, 내용을 제시하든 다양한 상황에 맞춰 PPT를 제작해준다. 챗GPT와 함께 이용하는 것도 가능한데, 챗GPT에 주제나 텍스트를 입력하고 PPT 매수를 지정한 후 내용을 작성해달라고 한다. 그렇게 해서 나온 결과를 감마에 입력하면 원하는 PPT를 쉽게 만들 수 있다.

PDF 파일 요약, 분석해주는 챗GPT-4와 ChatPDF

지금까지는 수업 자료를 준비하거나 연구할 때 PDF 파일 자료를 활용하려면 목차를 보면서 필요한 부분을 찾거나 모두 읽어야 했다. 그러나 인공지능이 발달하면서 PDF 파일 활용이 용이해졌다. 챗GPT-4 혹은 ChatPDF를 활용하면 PDF 파일의 내용을 요약하거나 분석해준다.

챗GPT에서는 PDF 파일을 탑재하거나 혹은 파일이 탑재된 사이트를 입력한 후, 그 파일을 요약해달라고 하면 된다. 참고로 챗GPT-4가 한글 파일은 읽지 못하는데, 한글 파일을 PDF 파일로 변환하여 첨부하면 요약뿐만 아니라 분석도 해준다. 수백 페이지에 달하는 파일도 요약 및 분석이 가능하다.

명령어는 다음처럼 할 수 있다.

> **나** 첨부한 파일을 100 단어로 요약해줘. 한글로 제시.

ChatPDF를 통해서도 PDF 파일을 요약할 수 있다. PDF 파일이 탑재된 사이트를 제공해도 된다. 다만, 무료 버전을 사용하면 파일 사이즈가 클 경우 처리하지 못한다.

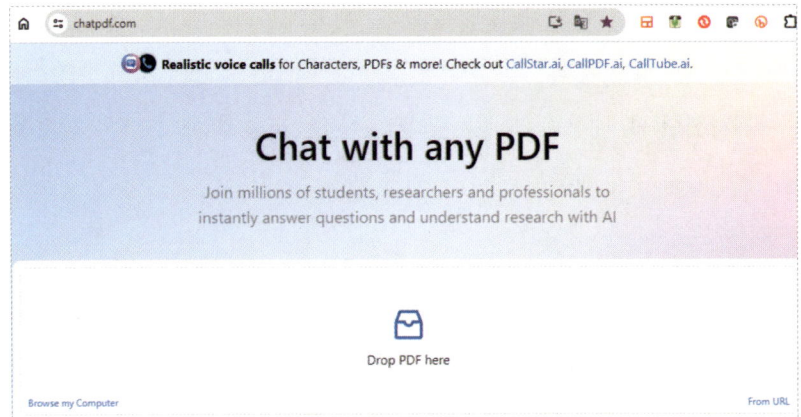

▲ PDF 파일 요약, 분석이 가능한 ChatPDF 사이트의 첫 화면

PDF 종합 해결사 I Love PDF

'I love PDF' 사이트는 PDF 합치기, 분할, 압축, PDF를 PPT 및 다양한 파일로 변환하기 등 다양한 기능을 제공한다. 구성, 최적화, 다른 형식의 파일에서 PDF로 변환, PDF에서 다른 형식의 파일로 변화, 편집, 보안 등 PDF 관련 도구들을 모두 모아놓아 PDF 파일에 대한 '종합 해결사'라는 이름에 걸맞은 사이트이다. 파일 잠금 해제를 비롯한 일부 기능은 유료이다. 이러한 기능을 사용하여 타인의 파일을 활용할 때에는 연구 윤리와 저작권에 위배되지 않도록 유의해야 한다.

▲ PDF 파일 관련 다양한 기능을 제공하는 I love PDF 사이트 첫 화면

유튜브 텍스트 자동 다운로더

유튜브 텍스트 자동 다운로더YouTube Summary with ChatGPT는 구글의 웹 브라우저 '크롬'의 무료 확장 프로그램으로, 미리 설치해놓으면 유튜브를 직접 시청하지 않아도 전체 내용과 요약본을 바로 만들어준다.

사용법

크롬 웹스토어에서 '유튜브 텍스트 자동 다운로더YouTube Summary with ChatGPT'를 검색하여 설치할 수 있다[*]. 설치한 다음 유튜브를 실행하면 자동으로 관련 아이콘이 생성된다. 동영상 재생 화면의 우측 상단에 보이는 [Transcript & Summary] 가 그것이다.198쪽 참조 동영상이 실행될 때 해당 줄 맨 우측의 ∨를 클릭하면 ∧로 바뀌면서 동영상을 다 시청하기 전이라도 텍스트가 자동 생성된다. 텍스트가 생성되면 ∧ 왼쪽에 📋가 나타나는데, 이 아이콘을 클릭하면 텍스트가 복사되고, 한글 파일에 붙여넣으면 전체 텍스트를 얻을 수 있다. 챗GPT에 로그인한 상태일 때는 챗GPT 기호 ⚫를 클릭하면 바로 요약본도 만들어진다. 요약본을 만드는 또다른 방법은 복사된 내용을 챗GPT에 붙여넣고 요약해달라고 하는 것이다. 이 방법을 사용하면 실행 중 오류 발생 가능성이 줄어든다.

아직까지는 '유튜브 텍스트 자동 다운로더'가 추출해주는 텍스트에 오류가 많다. 하지만 이를 요약시키면 요약본은 잘 만들어준다. 원본에 오류가 있으니 요약본이 완벽하기를 기대하기는 어렵겠지만 전체 내용의 큰 흐름을 살피는 데는 도움이 된다.

---

[*] https://glasp.co/youtube-summary를 방문하여 설치할 수도 있다.

△ 유튜브 텍스트 자동 다운로더 설치 후, 필자의 '생성 AI 시대의 대학 교수법'이라는 동영상을 실행하여 텍스트가 생성되게 한 화면

사용 사례로 본 유의할 점

필자는 매주 수업과 관련한 15~20분짜리 동영상 3~5개 정도를 유튜브에 탑재해놓고 수강생들이 시청하게 한다. 시청만 하는 것이 아니라 내용을 요약하고, 이에 더해 궁금한 내용에 대해 질문도 작성한 후 제출하게 한다.

평소에 열심히 하지 않던 학생이 어느 날 너무 충실하게 요약을 해온 일이 있다. 아무래도 믿기지 않아 따로 불러서 스스로 요약했는지를 물었더니 유튜브 텍스트 자동 다운로드 프로그램을 이용했다고 자백했다. 이제는 요약본을 제출받는 대신 질문을 만들고 자신이 만든 질문에 대한 답을 인터넷과 인공지능을 이용해 찾아서 제출하게 하고 있다. 수업 중에는 어떤 질문을 왜 했고, 답은 어떻게 찾았는지, 답이 안 된 질문은 무엇인지를 발표시키는 방식으로 전환했다. 더 나아가 동영상에 들어 있는 내용을 바탕으로 강의 시작 전에 시험을 보기도 한다.

교수자들은 수업 준비에 필요한 동영상이 있을 때 내용을 다운받거나 요약하여 보면 시청 시간을 크게 줄일 수 있다. 텍스트로 다운받기 때문에 수업 자료 제작에도 활용할 수 있다. 어느 나라 언어로 된 동영상이든 관계 없이 번역 프로그램을 이용해 한글로 바꿀 수 있기에 수업 자료 제작 및 연구 자료 분석 시 크게 도움을 받을 수 있다.

새로운 차원의 번역·요약 인공지능 챗GPT와 제미나이, 아숙업, 딥엘

외국의 신문 기사나 웹사이트에 게시된 내용을 국내에 소개하려고 할 때, 필자는 불과 얼마 전까지만 해도 상당한 시간과 에너지를 허비해야 했다.

구글 번역기나 네이버 파파고 번역기가 나오면서 번역은 용이해졌으나 오류가 많아 결국 원문을 보면서 내용을 다시 이해해야 했다. 그러나 이제는 브라우저를 크롬이나 엣지Edge로 사용하면 외국 사이트라 하더라도 마우스 우측을 클릭하기만 하면 '한국어로 번역' 기능이 뜬다. 이 기능을 활용하면 외국어로 된 사이트를 이해하는 데 드는 시간이 크게 줄어든다. 사이트 내용을 요약해주는 인공지능도 있어서 외국 사이트를 활용한 글쓰기가 아주 용이해졌다. 한국어로 된 글을 다른 언어로 번역할 때도 동일하게 활용할 수 있다. 그렇게 활용할 수 있는 인공지능을 몇 가지 소개한다.

챗GPT

챗GPT-4를 번역기로 활용할 수 있다. 챗GPT-4는 이전에 한 명령을 모두 기억하고 있어서, 필요한 부분을 제시하며 지속적으로 번역해달라고 요청하면 앞의 요청에 맞추어 맥락에 맞는 번역을 해준다.

제미나이(Gemini)

제미나이에서는 다음과 같이 사이트 웹주소를 입력하면 곧바로 해당 사이트의 내용을 원하는 언어로 요약해준다.

 다음 글을 100단어로 요약해줘. 한글로.
https://www.koreaherald.com/view.php?ud=20240404050631

해당 사이트가 별도의 로그인이 필요치 않고 공개된 사이트일 경우에는 곧바로 요약본을 만들어준다. 그러나 로그인이 필요하거나 사이트 접속을 위해 절차를 밟아야 하는 경우에는 접속이 불가해 요약본을 만들어주지 않는다.

'AskUp(아숙업)'

국내 프로그램의 하나로 카카오톡의 'AskUp아숙업'이 있다. 이용법은 간단하다. 카카오톡 검색창에 "AskUp"을 입력한 후, 채널 카테고리에 보이는 AskUp 프로필의 "Ch+" 버튼을 클릭하여 카카오톡 플러스 친구로 추가한다. 그러면 AskUP 대화방이 생성된다. 이 대화방에 국내외 사이트 주소를 제공하면서 원하는 길이로 요약해달라고 하면 아주 잘 요약해준다.

딥엘(DeepL) 번역기

딥엘 번역기를 사용하면 번역의 정확성을 높일 수 있다. 이 번역기는 맥락까지 고려하여 번역을 해주기 때문에 번역 수준이 상당하다.

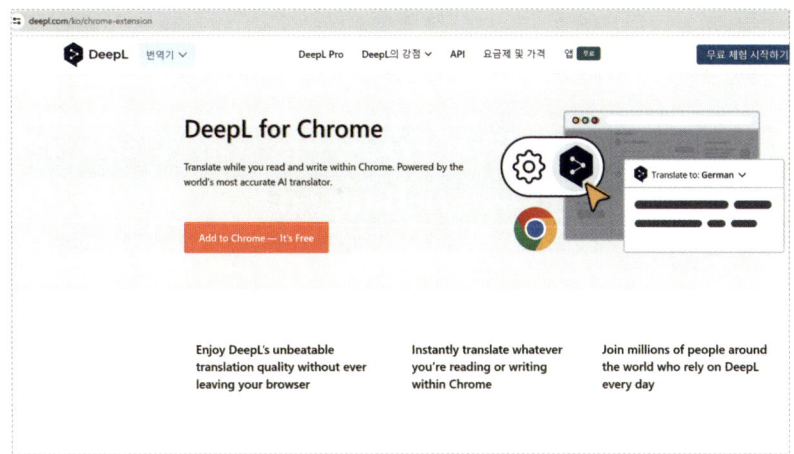
▲ 텍스트 및 문서 파일을 번역해주는 딥엘 사이트 첫 화면

챗GPT가 제시한 한글 번역본이 어색할 경우에는 영어 원본을 복사해서 딥엘이 번역하게 하는 것도 방법이다. 챗GPT와 딥엘 두 가지의 번역을 비교하면 정확한 이해에 도움이 된다. 딥엘 번역기는 크롬 확장 프로그램과 일반 프로그램 두 가지가 있다.

딥엘 크롬 확장 프로그램은 다음과 같이 설치, 사용한다.
1) 인터넷 검색창에 '딥엘 크롬 확장'이라고 입력한 후 제시된 딥엘 사이트를 클릭한다.
2) 딥엘 사이트에서 "Add to Chrome—It's Free"를 클릭하면 크롬 확장 프로그램이 자동 설치된다.
3) 외국어로 된 사이트에서 번역하고자 하는 부분을 드래그하여 선택하면, 마우스 커서 옆에 딥엘 아이콘이 뜬다.
4) 딥엘 아이콘을 클릭하면 번역창이 뜨면서 알아서 번역해준다.

▲ 번역할 문장을 블럭 설정하면 이렇게 딥엘 아이콘이 나타난다.

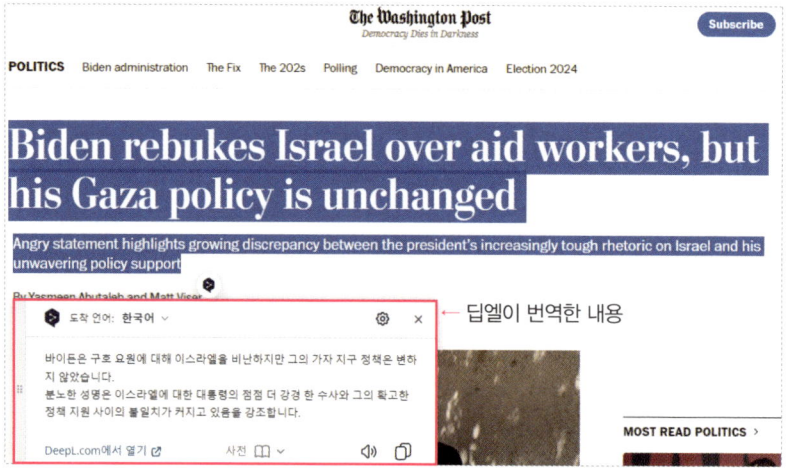

▲ 딥엘 아이콘을 클릭하면 이렇게 한글 번역문이 나타난다.

　확장 프로그램을 이용하지 않고 딥엘 번역기 사이트를 직접 이용할 수도 있다. 사용 방법은 네이버의 파파고 사이트와 같다. 딥엘 사이트를 방문하여 복사한 내용을 붙여넣기하면 어느 언어든 원하는 언어로 번역을 해준다. 일정 분량 이상의 길이일 경우에는 유료 버전을 이용해야 하므로, 분량을 조절하여 번역을 시키면 무료로 사용이 가능하다.

제 6 장 수업 진행에 생성 AI 활용하기

생성 AI가 학생들을 도울 수 있는 분야는 글쓰기, 글쓰기 보조, 외국어 학습, 토론 파트너, 디지털 튜터, 질의응답, 발표 및 프레젠테이션 지원, 디지털 스토리텔링, 기사 요약, 주제 명확화, 개인 맞춤형 학습 및 탐구 지원 등 다양하다. 하지만 아직은 생성 AI의 답변에 오류가 많고, 학생들의 의존과 중독 가능성 또한 높기 때문에 꼭 필요한 경우가 아니라면 중학교 이하 단계에서는 수업 중 사용은 자제하는 것이 좋다. 챗GPT 회사가 13세 이하 아동의 가입을 금하는 이유도 그러한 문제 때문이다. 초등학교에서도 굳이 사용하고 싶다면 5학년 이상에서 '모의실험 기반 학습' 등 극히 제한된 범위에서만 사용하길 권한다. 물론 교사의 지도 및 감독 역량, 과목의 특성에 따라 사용 학년에는 융통성이 있을 수 있다.

중고등학교에서도 수업 중에 사용하고자 할 때는 문제점을 충분히 알리고, 그러한 문제가 발생하지 않도록 계속 훈련을 시키면서 제한적으로 사용하는 것이 바람직하다. 다만, 대학에서는 관련 문제를 적시하고, 학생들이 그러한 문제에 대해 책임져야 함을 알리면서, 적극적으로 사용해도 좋을 것 같다.

이제는 생성 AI와의 협업 역량을 키우는 것이 필요한 시점이 되었다. 다만, 생성 AI 활용 효과와 발생하는 문제점에 대한 관련 연구가 세계적으로 다양하게 이뤄지고는 있지만 아직 확실한 것은 없다는 점을 교수자들이 명심하길 바란다. 그런 점에서 수업 중 생성 AI 사용 옹호론과 신중론을 먼저 소개한다.

I. 수업 중 생성 AI 사용 옹호론과 신중론*

 미국의 절반에 가까운 교육구가 학교 기기 및 네트워크에서 AI 및 챗GPT를 포함한 다중모드 거대언어모델LLM**에 대한 접근을 차단했다. 시애틀 교육구 대변인 팀 로빈슨Tim Robinson은 챗GPT-4를 제한하는 이유로 학생들이 AI에 의존하지 않고 스스로 독창적인 작업과 사고를 하기를 바라기 때문이라고 밝혔다. 호주의 일부 학교에서는 학생들이 에세이 작성에 챗봇을 사용한 것이 적발되자, 펜과 종이로 시험을 치르는 방식으로 전환했다. 물론 뉴욕교육청처럼 사용 금지령을 내렸다가 해제한 경우도 있다.

사용 옹호론

 학교에서 챗GPT 사용을 금지하더라도 학생들이 개인적으로 사용하는 것은 막을 수 없는 상황이다. 더욱 뛰어난 성능의 다양한 생성 AI가 계속 등장하고 있고, 사용자가 점차 늘어나고 있다. 이러한 상황을 감안할 때 학생들이 기술을 창의적으로 사용할 수 있도록 장려하는 교육 전략이 더 효과적일 수 있다는 주장이 꾸준히 제기되고 있다. 이 중 한 사람인 캘리포니아 대학교 어바인 디지털 학습 연구소

---

* 이 글은 전문가 견해(Nature Research Custom Media, (2023). Will ChatGPT give us a lesson in education?, Nature Portfolio.)에 필자의 생각을 더하여 정리한 것임을 밝혀둔다.
** 방대한 양의 언어 데이터를 학습하여 언어의 구조와 의미를 파악하는 딥러닝 모델을 뜻한다. 임의의 문장을 입력하면 이어지는 문장을 예측하여 출력하는 방식으로 작동한다.

의 프로젝트 과학자인 타마라 테이트Tamara Tate는 AI 활용 효과의 하나는 "다양한 주제에 대해 즉각적인 학습 파트너 역할을 할 수 있다."는 것이라고 말했다. 타마라 테이트와 같은 챗GPT 사용 옹호론자들은 생성 AI가 제시한 답을 무비판적으로 받아들이는 대신 그 답을 평가하도록 하는 등의 활동을 시킨다면 학생들의 분석력과 비판력 향상에도 도움이 될 것이라고 주장한다. 또 사용하는 언어에 익숙하지 않은 외국인 학생과 다문화 학생들의 교육에 보탬이 될 것이라고 한다.

사실 챗GPT-4는 실생활에 사용되는 어휘를 적절하게 구사하고, 문장 구성력도 뛰어나 기본 어휘력과 문장 구성력이 뒤떨어지는 외국인 학생들의 학습에 크게 보탬이 된다. 하지만 한국 교실에서 사용하는 데는 아직 한계가 많다. 한국어로 질문하면 챗GPT는 영어로 번역하여 내용을 파악하고, 답을 영어로 한 후 이를 다시 한국어로 번역하여 제시하다 보니, 오역이 자주 보이고, 문맥이나 사용하는 단어가 부적합한 경우도 자주 나타난다. 그렇더라도 다문화 학생들의 입장에서는 크게 보탬이 될 것 같다. 다만 챗GPT가 학생들의 의존성을 높이는 속성이 있으므로 실력이 향상되면 차츰 활용 빈도를 줄이도록 지도해야 한다. 그러지 않으면 한국어 역량 강화에 부정적 결과를 가져올 가능성이 높다.

아테네 소재 조지아대학교에서 과학교육에 머신러닝을 적용하는 방법을 연구하는 샤오밍 자이Xiaoming Zhai 객원교수는 챗GPT와 같은 모델을 학습 교구로 사용할 때 얻을 수 있는 이점으로, 채점 및 기타 일상적인 작업을 지원하면서 개별 학생의 필요에 맞는 맞춤형 수업 계획과 기타 수업 자료를 제작해줄 수 있다는 것을 들고 있다.

자이는 이러한 기능을 통해 교사가 학생들에게 더 많은 일대일 피드백을 제공할 수 있는 시간을 확보할 수 있다고 주장한다. 관련 문헌 및 자료 검색, 콘텐츠 요약과 같은 기본적인 작업을 효율적으로 자동화함으로써 학생과 교사 모두 "창의적인 사고에 더 집중"할 수 있게 해준다는 것이다.

전문가들은 생성 AI를 활용하여 수업 준비 시간과 수업 중 기초 지식 전달에 사용하는 시간을 줄일 수 있다면, 그리고 학생들이 생성 AI를 활용하여 질문을 만들어내고, 비판적으로 사고하는 새로운 기술을 습득하도록 교사가 가르칠 수 있다면, 기대하는 효과가 나타날 것이라고 말한다. 물론 이러한 단서가 충족되지 못하면 오히려 역효과가 날 수 있다.

위의 주장을 뒷받침하기 위해서는 많은 연구가 축적되어야 할 것으로 보인다. AI를 활용하여 수업을 하는 경우와 그렇지 않은 경우의 교육적 성장 결과 비교 분석, 학생 특성별 효과 비교 분석 등 많은 연구가 필요하다. 연구하지 않은 채 단순히 기대하는 효과만 믿고 수업 중에 활용한다면 생성 AI가 가지고 있는 중독성과 의존성으로 인해 부작용이 더 크게 나타날 가능성이 높다.

사용 신중론

오류 식별 능력이 필요하다

생성 AI가 제시한 답에는 오류가 섞여 있을 수 있음은 잘 알려져 있다. 인터넷 검색을 통해 수집한 정보에도 오류가 많다. 해당 분야에 권위 있는 사이트, 전문가의 연구물, 신뢰도 높은 언론사의 보도자료 등의 자료가 아닐 경우에는 생성 AI의 응답을 근거로 타당성 여부를 판단해서는 안 된다. 생성 AI가 제시한 답을 판단하는 데 필요한 기초적인 능력, 즉 디지털 리터러시를 갖추도록 학생들을 훈련하는 것이 필요하다. 아울러 후속 질문을 할 수 있는 역량도 함께 길러줄 필요가 있다.

의존성과 중독성 극복이 가능해야

지금까지 사용해본 필자의 경험에 비춰볼 때 생성 AI가 할 수 있는 것은 생성 AI에게 맡겨 쉽게 처리하고자 하는 유혹을 이겨내기가 상당히 어렵다. 따라서 고급 역량이 제대로 길러지지 못한 어린 학생들이 생성 AI에 노출될 때 발생할 수 있는 중독성과 의존성 문제를 해결 할 수 있는 프로그램이 함께 운영되어야 할 것이다. 그 프로그램이 성공적임이 입증될 때까지는 제한된 범위에서 소극적으로 활용하는 것이 바람직하다.

전문가들에 따르면 특히 학습 동기가 낮은 학생, 그리고 기초 역량이 부족한 학생들의 경우에는 굳이 스스로의 생각을 정리하는 대신 생성 AI가 제시한 답에 의존하고자 하는 경향이 커서 오히려 이 학생들의 비판적 사고력을 약화시킬 수 있다. 이미 상당수 학생들은 프로젝트를 비롯한 글쓰기 과제가 제시되면, 인터넷을 통해 필요한 자료를 검색한 후 이를 복사하여 붙여넣기를 하는 방식으로 처리해왔다.

하지만 생성 AI 시대의 학생들은 검색과 복사하여 붙여넣는 과정마저 필요 없는 상황에 놓여 있다. 뉴욕 컬럼비아대학교의 커뮤니케이션·미디어 및 학습 기술 부교수인 파울로 블릭스타인Paulo Blikstein도 학생들이 손쉬운 길을 택할 위험성이 과거보다 훨씬 커지고 있다고 우려를 표한다.

학생들만이 아니라 교사도 마찬가지이다. 과거 교육부에서 수업 중에 정보통신기술ICT을 몇 퍼센트 이상 활용하라는 지침이 내려온 적이 있었다. 이에 준비가 되지 않은 교사들은 손쉽게 수업에 활용할 수 있는 '교사용 수업 지원' 사이트를 이용하곤 해서 '클릭 교사'로 전락했다는 비판을 받은 적이 있다.

교사가 준비되지 않은 상황에서 교육부나 교육청이 수업 중에 생성 AI를 활용하도록 하거나 디지털 교과서 및 기기를 일정 비율 이상 사용하도록 지침을 내리면 다시 같은 문제가 생길 수 있다. 더 큰 문제는 과거 정보통신기술ICT 교육 때와 달리 교사들에게서도 생성 AI 의존성과 중독성이 나타날 가능성이 높다는 것이다. 이에 대한 대비가 되지 않으면 부작용이 더 커질 가능성이 높다.

생성 AI는 일종의 패스트푸드이다. 일부 AI 전문가들은 이를 마약에 비유하기도 하지만 필자의 생각에는 늘 우리를 유혹하는 값싼 패스트푸드에 비유하는 것이 더 적절한 것 같다. 패스트푸드의 유혹을 떨치지 못하는 아이들은 비만뿐만이 아니라 소아 당뇨와 고혈압 등 다양한 성인병에 걸릴 위험성이 높다. 아이들이 패스트푸드에 접근하지 못하게 하기 어렵다면, 그 위험성을 충분히 알려야 한다. 그리고 야채 등 비가공 식품과 함께 섭취해야 성인병을 예방할 수 있듯이 스스로 생각하고 판단하는 등의 능력을 함께 길러야 함을 지속적으로 교육해야 한다.

가공 음식을 비롯한 식품의 과다 섭취 때문에 비만이 되는 것은 아니다. 충분한 음식이 제공되는 상황을 잘 활용하는 사람들은 과거보다 더욱 건강한 삶을 영위하고 있다. 어린이가 스스로 입맛을 사로잡는 패스트푸드를 멀리하기는 어렵듯이 생성 AI도 멀리하기 어려울 것이다. 따라서 학교에서의 교육과 함께 가정에서 부모의 지속적인 지도가 필요하다. 우리 사회가 학생과 교사만이 아니라 부모를 대상으로 한 디지털 기기 및 생성 AI 활용 교육을 해야 하는 이유이다.

기초 학습 역량이 먼저 갖춰져야

생성 AI가 수준 높은 글을 써주므로 이제 글쓰기 능력 자체가 필요 없게 될 것인가? 이에 대해서는 서로 다른 의견이 나오고 있다. 비숍Bishop*은 철자법, 문법, 표준 에세이를 작성하는 방법 등의 기능적 글쓰기 기술은 "2년 후에는 완전히 쓸모없게 될 것"이라는 낙관적인 입장을 취하고 있다. 반면에 테이트Tate는 "학생들이 직접 콘텐츠를 작성하는 연습을 하지 않으면 어디에서 어떻게 실수가 발생하는지 예측하기 어렵고, AI가 생성한 콘텐츠에서 문제를 발견하기 어려울 것이다."라고 말한다.

블릭스타인Blikstein은 신중론을 제기한다. 숙련된 전문가에게는 AI를 사용하여 글쓰기 기술을 향상시키는 것이 큰 문제가 되지 않을 수 있다. 하지만 글쓰기의 기초를 갖추지 못한 학생들은 AI를 활용한 글쓰기를 가르칠 경우 혼자서 글 쓰는 데 필요한 기초 역량을 갖추지 못할 가능성이 높다는 것이다.

다양한 관점을 고려할 때 글쓰기의 기초를 갖추지 못한 학생들에게는 AI 활용 글쓰기 기법 지도는 자제하는 것이 좋을 듯하다. 학생 스스로 주어진 주제를 가지고 글을 쓸 수 있는 기초 역량을 갖추도록 교육한 후에 AI 활용 글쓰기 훈련을 시킨다면 문제를 줄이면서 협업 능력을 키우는 효과를 기대할 수 있을 것이다. 계산기가 등장했다고 해서 우리가 사칙연산을 비롯한 기본적인 수학 능력을 갖추지 않아도 되는 것은 아니다. 수학과 관련된 기초 개념과 역량을 갖춘 학생을 대상으로 복잡한 계산을 위한 계산기 활용법을 가르치는 것과 유사하다. 수업에 AI를 활용할 수 있게 된다고 하더라도, 학생들이 갖춰야

---

* 미국 인디애나대학교 로버트 H. 맥키니 법학전문대학원의 법학 교수

⬆ 생성 AI에 학생들이 글쓰기에 인공지능을 활용하는 모습을 그려달라고 요청하여 받은 그림

할 기초 기본 역량의 중요성은 더욱 강조되어야 할 것이다.

수업 중 사용은 보수적으로

교육자들은 챗GPT가 가지고 있는 이러한 문제들에 대해 어떻게 대처해야 할까? 아직은 수업 중에 사용하는 것은 보수적으로 접근할 필요가 있어 보인다. 어떤 사람은 생성 AI에게 명령하여 특정 학년 한 교과의 어느 단원 시험문제 출제를 시키기도 한다. 그러면 심지어 한국사에 대해서도 아주 그럴싸하게 선다형, OX, 단답형, 괄호 넣기 등 원하는 유형의 문제를 잘 만들어준다. 하지만 사실이 아닌 내용이 포함되어 있을 수 있어서 교사가 면밀히 검토하지 않고 사용했다가는 큰 문제에 봉착할 수 있다.

학생들이 챗GPT를 비롯한 생성 AI를 활용하여 과제를 수행하는 것을 막을 방법은 없다. 전통적인 수업 방식을 따를 경우, 제출하는 보고서를 보다 철저히 검증하는 것 이외에는 대안이 없다.

최근에 교사들의 업무가 증가하고 삶이 더욱 복잡해지면서 학생들 자신이 제출한 보고서 내용을 제대로 이해하고 있는지 확인할 시간을 제대로 확보하지 못하고 있다. 이제는 학생이 제출한 보고서를 보면서 어떻게 자료를 수집했는지, 특정 문단의 내용을 왜 포함했는지, 전체 주장의 핵심은 무엇인지 등등 다양한 질문을 던지는 구두 평가를 반드시 해야 한다.

주제를 잘 이해하고 있고, 구체적인 내용에 대한 설명도 잘 해낸다면, 챗GPT의 도움을 받으며 보고서를 작성하고 공부한 것을 문제 삼을 필요는 없을 것이다. 물론 챗GPT 사용을 명시적으로 금한 경우라면 이야기가 달라진다. 이제 교사들은 생성 AI에 대해 더 많은 연수를 해야 하고, 기술발전 상황에 부합하는 평가 전략을 지속적으로 개발해야 할 것으로 보인다.

2. 교사가 활용할 수 있는 개인 맞춤형 학습 지원

학습 지원과 관련한 생성 AI의 가장 큰 강점은 학생 개인 맞춤형 학습 지원이 가능하다는 것이다. 아직은 많은 한계가 있지만, 학생의 수준과 특정 요구나 학습 스타일에 맞게 개인화된 맞춤형 학습 자료를 일부 생성할 수 있다. 생성 AI가 제공할 수 있는 개인 맞춤형 학습 콘텐츠는 다음과 같다.

맞춤형 읽기 자료

챗GPT를 비롯한 생성 AI를 사용하여 다양한 수준의 읽기 자료를 생성할 수 있으며, 각 학생의 특정 요구에 맞게 조정할 수 있다.

> **나** 다음 학생들을 위한 읽기 자료를 만들어줘. 한글로 제시.
> – 대상: 어촌 지역 중학교 1학년
> – 주제: 물의 순환

대화형 퀴즈 및 연습 문제

학생의 취약한 영역에 맞춘 대화형 퀴즈와 연습 문제를 생성하여 학생이 자료를 더 잘 이해할 수 있도록 도와줄 수 있다.

> **나**: 다음 학생들을 위한 대화형 퀴즈를 만들어줘. 한글로 제시.
> – 대상: 농촌 지역 중학교 1학년
> – 주제: 물의 순환

개인화된 피드백 및 제안

학생의 수준 및 학습 진도에 따라 학생에게 개인화된 피드백과 제안을 생성할 수 있다.

> **나**: 다음 학생을 위한 개인화된 피드백을 만들어줘. 한글로 제시.
> – 대상: 어촌 지역 중학교 1학년인데 '물의 순환 원리'를 학습한 후에도 물의 순환 원리를 설명하지 못함.

몇 가지 제안 사항을 드리고 싶어요:

1. 시각 자료 활용: 물 순환 과정을 나타내는 다이어그램이나 비디오를 찾아보세요. 시각적 자료는 이해를 돕는 데 큰 도움이 될 수 있어요.
2. 실생활 예시 찾아보기: 집 주변이나 마을에서 물 순환이 어떻게 일어나는지 관찰해보세요. 비가 온 후에 어디로 물이 흘러가는지, 또는 해가 뜨고 난 후 바다에서 어떤 변화가 있는지 살펴보세요.

3. 간단한 실험 해보기: 작은 물 순환 실험을 집에서 해볼 수도 있어요. 예를 들어, 물을 가득 담은 컵을 플라스틱 랩으로 덮고 태양 아래에 두어서 증발과 응축 과정을 직접 관찰해 보세요.
4. 질문하기: 수업 시간에 궁금한 점이나 이해가 안 가는 부분이 있다면, 저나 친구들에게 물어보세요. 질문하는 것은 학습의 중요한 부분이에요.
5. 복습하기: 물 순환에 대한 기본적인 개념을 다시 한 번 복습해보세요. 때로는 여러 번 반복해서 학습하는 것이 이해를 돕습니다.

(…이하 생략…)

대화형 · 참여형 학습 경험

학생이 자료를 더 잘 이해하고 기억하는 데 도움이 되는 사용자 지정 대화, 스토리 및 시나리오를 생성할 수 있다. 다음은 그 예시이다.

> **나** 다음 학생이 자료를 잘 이해하고 기억하는 데 도움이 되도록 시나리오를 만들어줘. 한글로 제시.
>
> – 대상: 어촌 지역 중학교 1학년인데 '물의 순환 원리'를 학습한 후에도 물의 순환 원리를 설명하지 못함.

몇몇 가지 제안을 드리고 싶어요:

물 순환 원리 이해를 위한 시나리오: "바다의 대모험"

배경
어느 평화로운 어촌 마을에서, 첫해를 맞은 중학생 '민준'이 살고 있습니다. 민준은 바다를 사랑하지만, 물 순환의 원리를 이해하는 데 어려움을 겪고 있습니다. 어느 날, 민준은 마법의 모래시계를 발견하고, 그것을 통해 물방울이 되어 물 순환의 여정을 직접 체험하는 모험을 시작합니다.

시나리오
1. 증발: 태양의 초대
   민준은 따뜻한 태양 아래 바다 위로 서서히 떠오르기 시작합니다. "이건 바로 증발이야! 바다의 물이 태양의 열로 인해 기화되어 하늘로 올라가는 거구나." 민준은 자신이 공중으로 올라가는 것을 느끼며, 이 과정을 통해 바다가 하늘로 여행을 시작한다는 것을 깨닫습니다.

2. 응결: 구름 속의 모임
   높은 하늘에서, 민준은 자신이 점점 식어가며 구름이 되는 것을 느낍니다. "아, 이게 바로 응결이구나. 나 같은 수많은 물방울이 모여 구름을 이루는 거야." 구름 속에서 민준은 다른 물방울들과 만나며, 이들이 어떻게 하늘을 여행하는지 배웁니다.

3. 강수: 지구로의 귀환
   구름이 점점 무거워지면서, 민준은 빗방울로 변해 지구로 내려옵니다. "우아, 강수 과정이야! 나는 지금 비가 되어 내려가고 있어." 마을의 강, 나무, 그리고 집들을 지나면서, 민준은 물이 어떻게 지구로 돌아오는지 경험합니다.

(…이하 생략…)

개인화된 요약 및 학습 가이드

학생의 연령 및 수준 맞춤형 요약 및 학습 가이드를 생성하여 학생이 핵심 개념을 빠르게 복습하고 강화하는 데 도움을 줄 수 있다.

> **나** 학생의 수준에 부합하는 맞춤형 요약문 만들어줘.
> – 내용: 일제 강점기의 3·1운동 이해
> – 학생: 초등학교 3학년. 글 이해력이 아주 낮고, 어휘력도 크게 부족함.

> **나** 학생의 수준에 부합하는 학습 가이드 만들어줘.
> – 내용: 일제 강점기의 3·1운동 이해
> – 학생: 초등학교 3학년

개인 맞춤형 튜터링

학생의 질문에 대한 맞춤형 답변을 생성하고 설명과 예제를 제공하여 개인화된 과외 학습을 제공하는 데 사용할 수 있다.

이러한 사용 사례를 구현하기 위해서는 특정 교육 콘텐츠를 챗GPT에게 입력 혹은 파일로 첨부하고, 퀴즈에 대한 답변, 평가, 학습 스타일 및 선호도에 대한 설문 조사 등 학생 데이터를 제공한 후 개인 맞춤형 자료를 요청할 수 있다.

3. 학생이 개인 학습에 생성 AI를 활용하는 방법

생성 AI 활용 글쓰기

자신의 생각을 세상에 펼쳐 보이는 방법 중의 하나가 글쓰기이다. 그런데 학생들의 글쓰기 역량이 갈수록 저하되고 있다는 것이 선생님과 대학교수들의 생각이다. 어떤 주제를 주면 어떻게 글을 쓰기 시작해야 할지 막막해하는 학생들이 많다. 이러한 상황에서 자칫 생성 AI를 시켜 글쓰기 과제를 수행하게 하면 학생들의 글쓰기 능력은 더욱 떨어지게 될 수도 있다. 하지만 이를 잘 활용하면 예상되는 문제를 막고, 오히려 학생들의 글쓰기 역량 제고에 보탬이 되게 할 수도 있다.

글 쓰는 역량을 거의 갖추지 못했고, 글 쓰는 것을 두려워하는 학생이 많은 경우 교사 혼자서 그 많은 학생을 개별 지도하기 어렵다. 이럴 경우 챗GPT와 협력하여 학생들 글쓰기 지도를 하는 것이 하나의 방안이 될 수 있다. 학생들에게 챗GPT와 협력적 글쓰기를 하는 방식을 소개하고 활용하도록 안내하는 것이다. 이러한 과정을 거치면서 개인의 글쓰기 역량과 태도 등이 강화되면 그다음에는 생성 AI의 도움 없이 혼자서 쓰도록 유도해야 한다.

생성 AI의 도움을 받는 것은 메마른 펌프에서 물이 나오도록 돕기 위한 마중물에 해당함을 학생들이 깨닫게 해야 한다. 그리고 수업 중에 생성 AI의 도움 없이 글을 쓰게 하여 학생들이 그러한 역량을 기르고 있는지를 평가할 필요가 있다. 이러한 제반 과정에서 교사가 해야 할 가장 중요한 역할은 학생들이 글을 잘 쓰고 싶다는 강한 동기를 갖도록 유도하는 것이다. 이 방법에 대해서도 궁금하면 교사는 학생의 특징을 제시하며 챗GPT에게 도움을 요청할 수 있다.

학생들이 생성 AI를 글쓰기에 활용할 수 있는 방법은 다양하다. 가장 보편적인 활용법은 교사가 제시한 주제를 생성 AI에게 제시하여 글예를 들어 보고서의 개요를 만들도록 하거나, 원하는 양식에 맞춰 글을 쓰도록 하는 것이다. 참고 문헌을 찾아달라고 요청할 수도 있지만 국내의 참고 문헌은 잘 찾아주지 못하므로 검색 엔진을 활용하는 것이 낫다.

생성 AI에게 창의적인 글쓰기 명령어 생성 자체를 요청할 수도 있다. 다음은 그 예이다.

나 → 다음 작업을 수행하기 위한 창의적인 글쓰기 명령어를 만들어줘.

– 주제: 중학교 1학년 과학 '물의 순환 원리'
– 생성할 글: 중학교 1학년 수준의 시

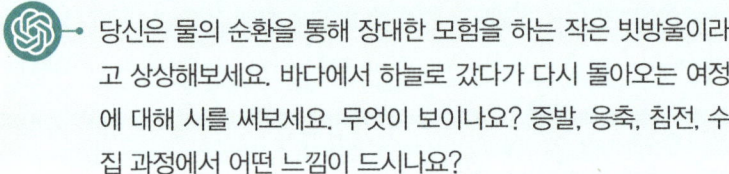 당신은 물의 순환을 통해 장대한 모험을 하는 작은 빗방울이라고 상상해보세요. 바다에서 하늘로 갔다가 다시 돌아오는 여정에 대해 시를 써보세요. 무엇이 보이나요? 증발, 응축, 침전, 수집 과정에서 어떤 느낌이 드시나요?

제시된 명령어를 학생들이 수정, 보완한 후에 이를 생성 AI에게 제시하여 시를 쓰게 하면 된다.

이 외에 사용할 수 있는 방법은 생성 AI가 먼저 이야기를 시작하고,

학생들이 이어서 이야기를 진행하는 '협동 스토리텔링', 복잡한 글의 요약, 외국어 작문 등등 다양하다.

학생이 생성 AI를 활용하여 글쓰기를 하는 경우에는 반드시 다음 사항들을 지키도록 사전에 일러두어야 한다.
- 제시된 내용의 사실 여부를 판단하고 확인한다.
- 생성 AI에게 글쓰기를 요청할 때 사용한 명령어, 생성 AI가 써준 글을 모두 상세히 기록하여 제시한다.
- 생성 AI가 만들어준 텍스트를 수정할 때는 수정 과정이 기록되는 기능을 실행하여 나중에 어떻게 수정했는지 확인할 수 있게 한다.[*] 그러면 나중에 글을 쓸 때 유의할 점을 잘 알게 된다.

생성 AI를 활용한 글쓰기 수업을 하면 다음과 같은 효과를 얻을 수 있다.
- 어떠한 내용이든 요청만 하면 원하는 결과가 나오므로 자신감과 자존감이 낮은 학생들도 두려워하지 않고 주어진 주제의 글쓰기에 도전하게 된다.
- 생성 AI가 학생이 생각지 못했던 차원의 답을 내놓으면 거기서 아이디어를 얻어 브레인스토밍을 할 때처럼 새로운 생각을 할 수 있다.
- 학생이 쓴 글을 보완해달라고 하면 문법상의 오류를 바로잡을 수 있고, 적절한 어휘를 찾을 수 있어서 학생들의 글 쓰는 능력 향상에 도움이 된다.

---

[*] '아래아 한글'의 경우 '검토'→'변경내용 추적'을 활성화하면 된다.

생성 AI 활용 글 보완하기

앞의 방법이 처음부터 생성 AI의 도움을 받는 글쓰기 방법이라면, 먼저 짧게라도 학생들이 글을 써보고 생성 AI의 도움을 받아 그 글을 보완하게 하는 방법도 있다.

이렇게 하면 생성 AI가 학생들이 자신의 생각을 정리하고 글을 구조화하는 데 도움을 줄 수 있다. 이러한 목적 달성을 위해 학생들이 다음과 같은 순서로 해보게 한다.

1) 교사가 주제를 제시하고, 그 주제에 대해 학생이 세 단락 정도로 자신의 생각을 정리한다.
2) 생각을 정리한 글을 생성 AI에 입력하고, 그 글을 개선해달라고 요청한다. 글 보완을 요청할 때 "다음 글의 문법, 스타일, 단어를 개선해줘." 등으로 보완 내용을 구체적으로 명시할 수도 있다.

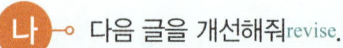
다음 글을 개선해줘revise.
[학생 자신이 생각을 정리한 글을 입력한다.]

3) 학생 자신이 쓴 글과 생성 AI가 보완한 글을 비교한다.
4) 위의 활동을 토대로 자신의 글쓰기 능력을 향상하기 위해 필요한 지식, 역량, 태도 등이 무엇인지 생각해본다.
5) 지식, 역량, 태도 개선을 위한 계획을 수립하고, 추후 이를 실행한 정도를 정리하여 제출하도록 한다.

개념 이해

생성 AI는 학생들이 특정 주제에 대한 정보를 찾고 요약하는 데 도움을 줄 수 있다. 이해하기 어려운 개념 용어도 잘 설명해준다. 해당 용어의 영어 표기를 병행하면 더 정확한 답을 얻을 수 있다.

개념에 대한 정보를 찾았지만 글의 핵심을 이해하기 어려울 때는 요약을 요청하여 읽으면 글의 핵심을 더 잘 이해할 수 있다.

> **나** ─ 다음 글을 요약해줘.
> - [글을 입력하거나, 파일을 첨부한다.]
> - 요약 길이: [　　] 단어
> - 대상 학생: [　　] 학년

단, 이 방법은 내용 요약 역량을 향상시키기 위한 초기 단계에 활용하는 것이 좋다. 학생 스스로 내용을 요약해보고, 자신의 요약과 생성 AI가 제시한 요약을 비교하며 자신의 강점과 약점을 파악한 후 보완하게 하면 요약 역량이 차츰 향상될 것이다.

문제 풀이

생성 AI는 문제 풀이의 단계별 설명과 예시를 제시함으로써 복잡한 문제를 해결하는 데 도움을 줄 수 있다.

> **나** — 다음 문제 해결을 위한 단계별 설명과 예시를 제시해줘.
> - 문제: 마그네슘 6 g과 산소 4 g이 모두 반응하였을 때 생성되는 산화 마그네슘의 질량은 몇 g인가?
> - 한국 중학교 3학년이 이해할 수 있게 쉽게 설명해줘.

외국어 학습

생성 AI를 활용하여 새로운 외국어 어휘와 문법을 배울 수 있다. 가령, 학습 중인 단어가 들어 있는 문장을 만들거나, 동의어, 반의어 등을 물어 어휘력을 확장할 수 있다.

> **나** — happiness가 들어간 영어 문장을 만들어줘.
> - 대상: 중학교 1학년

구분이 잘 되지 않는 단어의 차이를 설명해달라고 요청할 수도 있다. 생성 AI는 유사한 한글 단어 구분은 아직 잘하지 못한다. 그러나 영어 단어 구분은 잘한다. 대상 학년을 바꿔가며 명령을 내려보면 지정한 학년의 학생이 이해할 수 있도록 사용하는 단어와 예시가 바뀜을 알 수 있다.

> 나 ○ affect와 effect의 차이를 설명해줘. 한글로.
>
> • 대상: 중학교 1학년

외국어 문장을 우리말로 번역해달라고 하거나 거꾸로 외국어로 바꿔달라고 요청할 수도 있다.

> 나 ○ 다음 외국어를 번역해줘.
>
> • 대상: 중학교 1학년
> • 내용: What is Amy good at? What is she not good at?

단, 외국어 학습에 생성 AI를 활용하는 경우에는 자신의 외국어 능력을 향상하기 위한 보조 수단임을 반드시 명심하도록 해야 한다.

과목별 용어 학습을 위한 플래시 카드 만들기

외국어뿐 아니라 사회나 과학 등 다른 과목의 용어 학습에도 생성 AI를 활용할 수 있다. 예를 들어 다음과 같이 용어 플래시 카드를 만들어달라고 요청할 수 있다.

> 나 ○ 용어 플래시 카드 세트 만들어줘.
>
> • 대상: 한국 초등학교 4학년 1학기 사회
> • 내용: 사회적인 규칙과 권리

디지털 튜터 역할

학생이 학습 내용과 관련하여 궁금한 점이 있을 때 챗GPT 등 생성 AI에 질문할 수 있다. 검색과 다른 점은 학생 자신의 능력이나 수준에 적합한 답변을 요구할 수 있다는 점이다. 가령 "인공지능이란 무엇인가?"라는 질문을 했는데 이해가 어려우면 다음과 같이 조건을 첨부할 수 있다.

> **나** ─ 인공지능이 무엇인지 설명해줘.
>
> • 대상: 학생 나이 7세

집에서 혼자 숙제를 하다가 모르는 것이 있으면 교재 내용을 생성 AI에 입력한 후 설명을 요청할 수도 있다. 생성 AI는 학생의 요청에 맞추어 자료를 세분화한 후 학생들이 혼란스러워하는 개념을 이해하기 쉽게 도울 수 있다.

공부 노트 만들기

학생들이 수업 내용을 대충 기록하더라도 생성 AI를 활용하여 충실한 노트로 만들 수 있다. 그 노트를 바탕으로 생성 AI를 활용하여 상세한 설명을 곁들이면 자신만의 완벽한 공부 노트를 만들 수 있다.

> **나** ─ 다음 글을 토대로 수업 노트를 만들어줘.
>
> • [글을 입력하거나, 파일을 첨부한다.]

인공지능에 이런 기능이 없던 시절에는 학생들의 노트를 평가의 중요한 요소로 포함시켰다. 그러나 이제는 학생들이 대충 기록한 후 생성 AI를 활용해 충실한 노트를 만들 수 있으므로, 파일로 제출하는 노트로는 학생의 실력이나 노력을 평가하기 어려워졌다. 그래서 필자는 수업을 통해 학생들이 지식의 폭과 깊이를 더하고, 분석, 비판, 창의력 등의 고급 역량을 기를 수 있기를 바라는 마음에서 과제의 형식을 저널 라이팅*으로 바꾸었다.

생성 AI의 답변 예측 및 평가하기

수업 중에 생성 AI를 활용하는 방식에는 학생들이 생성 AI의 응답을 예상해보게 하는 것도 있다. 그 절차는 다음과 같다.
- 생성 AI에게 질문하기 전에 학생들이 그 답을 예상해보게 한다.
- 생성 AI에게 질문하여 받은 답변의 사실 여부를 확인하게 한다.
- 학생들의 예상 답변과 생성 AI가 내놓은 답변을 비교, 검토해보게 한다. 이를 통해 생성 AI는 제시했는데 자신은 제시하지 못한 것, 생성 AI는 제시하지 못했지만 자신은 제시한 것 등을 파악해보게 한다.
- 생성 AI가 제시한 것을 자신이 제시할 수 있기 위해 갖춰야 할 기본 지식과 역량을 파악해보게 한다.

---

* 저널 라이팅에는 수업 준비하면서 만든 예습 파일, 수업 내용과 관련하여 읽은 인터넷 사이트 글과 기타 논문 및 책의 독후감, 수업 중 손으로 쓰거나 타이핑한 노트, 수업 중 떠오른 질문과 그에 대해 검색하여 얻은 답 등이 포함된다. 이러한 제반 활동을 할 때 학생들이 인공지능의 도움을 받을 수는 있다. 그러나 원칙적으로는 자신이 직접 작성하게 하고 있고, 만일 인공지능을 활용한 경우에는 반드시 언제 어디서 어떤 방식으로 활용하여 어떻게 반영했는지에 대해 구체적으로 밝히게 하고 있다. 이를 통해 학생들이 인공지능과의 협업 역량을 기르기를 기대한다.

- 이를 갖추기 위해 해야 할 공부 및 실천 계획, 평가 계획을 수립한다.

또 다른 방법은 생성 AI가 내놓은 응답을 학생들이 채점하게 하는 것이다. 절차는 다음과 같다.

- 학생이 생성 AI에게 과제 – 에세이, 계획 수립, 보고서 등등 – 를 부과하여 답을 얻는다.
- 얻은 답을 채점 기준표rubric, 체크리스트 또는 기타 평가 기준을 활용하여 '채점'하게 한다.
- 이를 통해 생성 AI의 강점과 약점을 이해하게 한다.

생성 AI를 활용해 비판 역량 키우기

분석, 비판, 창의력을 비롯한 제반 고급 역량 발휘와 관련하여 흔히 갖는 가장 큰 오해 중 하나는 기본 지식 습득 및 원리 이해와 숙지의 관계이다. 인터넷에 지식과 원리가 모두 있으니 이것들을 암기시킬 것이 아니라, 질문을 잘하는 능력, 고급 역량을 길러주어야 한다는 주장이 많은데, 이는 뇌의 원리에 비춰보면 맞지 않다.

지식과 원리가 적응 무의식*상태에서 꺼내쓸 수 있게 우리 뇌에 장착되어 있지 않으면 분석·비판·창의력과 같은 고급 역량을 발휘하기가 어렵다. 그렇다고 지식과 원리가 장착되면 고급 역량이 자동으

---

* 적응 무의식(adaptive unconscious)이란 프로이트가 말한 무의식과 달리 오랜 훈련을 통해 의식하지 않고서도 어떤 활동을 수행할 수 있는 상태에 이른 것을 뜻한다. 이 용어는 티모시 윌슨(Wilson, 2004)이 『나는 내가 낯설다』라는 책에서 소개하고 있다.

로 길러진다는 뜻은 아니다. 장착한 기본 지식과 원리를 활용하여 글쓰기 역량을 기르듯이 고급 역량을 길러주는 교육도 해야 한다. 다만 암기와 반복 학습이 무용한 것처럼 착각해서는 안 된다는 의미이다.

챗GPT 등 생성 AI에게는 고급 역량을 따로 길러준 적이 없다. 물론 생성 알고리즘이 그러한 역할을 하겠지만, 그 바탕이 된 것은 거의 무한대의 지식 습득이다.

인간의 뇌는 생성 AI에 비해 훨씬 효율적이고, 아직은 여러 면에서 뛰어나다. 만일 무한대의 지식을 뇌에 장착시킨다면 우리가 필요로 하는 고급 역량이 자연스럽게 발휘될 수 있을지도 모른다. 어떤 고급 역량을 발휘하고자 하는데, 관련된 지식과 원리를 힘들게 떠올려야 한다면 고급 역량 발휘는 어려워진다. 거의 자동적으로 떠오를 수 있을 만큼 완벽하게 습득해야 한다. 이를 적응 무의식 상태에서 활용할 수 있다고 하는 것이다.

우리 뇌와 몸은 의식적으로 움직이기보다는 수많은 반복 학습을 통해 거의 자동적으로 움직인다. 모국어는 특히 적응 무의식 상태에서 하게 된다. 우리말을 할 때 보통사람들은 단어를 하나하나 떠올리며 이야기하는 것이 아니라 그냥 자연스럽게 자신의 생각이 말이 되어 나오게 된다. 반면 외국어를 구사할 때 초보 단계에서는 말하고자 하는 단어를 떠올리며 문장을 구성해 표현해야 해서, 즉 적응 무의식 상태가 아닌 의식 상태에서 말을 해야 하기에 무척 힘이 든다. 물론 모국어의 경우도 어휘력이 부족하면 생각을 표현하기 위해 필요한 단어를 힘들게 떠올리거나, 타인의 도움을 받아야 할 것이다. 이처럼 생성 AI 시대라고 해서 암기나 반복 학습이 불필요한 것이 아니라 적응 무의식 상태에서 활용할 수 있을 정도로 완벽하게 자기 것으로 만들어 놓아야만 고급 역량의 발휘가 가능할 것이다.

그럼 어휘력이 부족하고 기초 지식과 기본 원리를 별로 장착하지 못한 학생들에게는 어떻게 고급 역량을 길러주어야 할까? 생성 AI의 도움을 받아가며 그러한 역량을 조금씩 향상시킬 수도 있을 것이다. 반복해서 강조하지만, 생성 AI에게 먼저 답을 요청하거나 글을 쓰도록 한 후 학생이 다음 활동을 하는 방식을 계속하면, 기대한 효과보다는 학생들의 생성 AI 의존도와 중독 현상만 강화될 수 있다. 따라서 어느 정도 훈련이 되면 학생이 먼저 답이나 문제 풀이, 또는 글을 써보게 한 뒤에 생성 AI를 활용해 보완하거나 비교해보는 방식을 병행할 필요가 있다. 그렇게 할 때 생성 AI를 활용하면서 생성 AI가 제공한 답에 대한 비판 역량, 오류 찾는 역량을 기를 수 있다. 그러한 역량을 기르는 방법을 간단히 제시하면 다음과 같다.

- 챗GPT에게 과제 – 에세이, 계획 수립, 보고서 등등 – 를 부과하여 결과물을 얻는다.
- 챗GPT가 만들어준 결과물에서 사실, 이해 및 논리의 오류를 찾아보도록 한다.
- 챗GPT가 만들어준 결과물에서 언뜻 유용한 자료처럼 보이지만 실제로는 말도 안 되는 거짓 내용을 확인한 경우, 그것이 언어 모델의 '환각' 현상임을 알려준다.
- 평가 기준rubrics, 체크리스트 또는 기타 기준을 사용하여 챗GPT가 만들어준 결과물을 '채점'해보게 할 수도 있다.
- 이와 같은 과정을 통해 인공지능의 강점과 약점을 이해하게 한다.

4. 수업 중 활동에 생성 AI를 활용하는 방법

시뮬레이션 학습(Simulation-Based Learning)

 수업 중에 해볼 수 있는 활동의 하나로 시뮬레이션모의실험 학습을 들 수 있다. 초중학교에서는 진로 탐색 및 진로지도의 일환으로, 고등학교나 대학교에서는 학생들이 준비 중인 직업과 관련해서 생성 AI를 활용할 수 있다. 생성 AI를 활용한 시뮬레이션 학습 아이디어를 제시해달라고 생성 AI에게 다음과 같이 요청할 수도 있다.

> **나** 다음의 진로지도를 위한 시뮬레이션 학습 아이디어를 제안해 줘.
> - 대상: 한국 중학교 1학년 학생들
> - 방향: 학생들이 자신의 관심과 재능을 탐색할 수 있도록 도와주며, 미래의 직업 세계에 대한 이해를 넓힐 수 있는 방식의 학습이어야 함.

 생성 AI가 아이디어를 제시해주면 그중에서 하나를 고른 후, 구체적인 프로그램을 만들어달라고 하면 수업 중에 활용 가능한 프로그램을 얻을 수 있다.

 대학 수업에서도 사용할 수 있는데, 그 예로 교육대학교 '학급경영' 수업 시간에 가상 인터뷰 연습을 요청한 명령어를 소개한다.

> **나** 1) 나는 한국 광주광역시 초등학교 5학년 담임교사입니다. 학급 경영자로서의 역할에 대해 나에게 인터뷰해주세요.
>
>   - 성별: 여성
>   - 나이: 30세
>   - 교직 경력: 5년
>
> 2) 초등교사 임용 시험 면접관이 되어 나에게 질문을 해주세요.
>   - 응시 지역: 전라남도
>   - 면접 시간: 10분
>   - 나의 배경: 교대 졸업 예정자, 23세 여학생, 고향은 경기도
>
> 3) 당신이 면접관이고 내가 중학교 교장 후보자인 것처럼 질문하세요. 한 번에 하나씩 질문하고 내 대답을 기다리세요.

학급 경영자로서의 역할에 대한 면담은 교대생들이 학급 경영자로서 교사가 갖춰야 할 역량과 지식 등이 무엇인지를 알 수 있게 도와준다. 모의 면접 연습은 면접관이 던질 만한 질문을 예측하는 데 보탬이 될 것이다. 지난 몇 년간 진행된 모의 면접 질문을 입력하면 더 그럴싸한 예상 질문을 받아볼 수 있다. 질문에 대한 답을 평가해달라고 요청할 수도 있다.

일대일 토론

음성 지원이 되므로 수업 중에 학생들이 챗GPT를 대화 상대로 삼아 토론을 하도록 유도할 수 있다. 학생들은 먼저 간단한 자기소개로 시작하여 챗GPT가 대화를 어떻게 이어 나가는지 지켜볼 수 있다. 대

화가 끝나면 학생들에게 그 결과를 비평해보게 할 수 있다. 대화에서 발견되는 오류나 이상하다고 생각되는 내용 등도 찾아보게 할 필요가 있다.

학생들이 일대일 토론을 하고자 할 때는 질문을 미리 생각해보도록 유도해야 한다. 토론 단계별 질문을 생각해내기 어려울 때는 챗GPT에게 단계별 질문을 만들어달라는 요청을 할 수도 있다.

> **나** 중학교 1학년 학생이 챗GPT와 다음 주제에 대해 일대일 토론을 하려고 해. 단계별로 짧은 대화를 주고받을 수 있는 질문 프롬프트을 만들어줘.
> - 주제: 등교하면 스마트폰을 일괄 수거했다가 하교할 때 돌려주는 정책의 교육적 효과와 문제점, 그리고 개선 방향
> - 방식: 챗GPT와 하브루타 방식의 일대일 토론

이 요청에 대해 챗GPT가 제시한 단계별 질문에 따라 대화를 이어가면 도움이 된다.

조별 활동에서 사고의 폭 넓히기

수업 중 조별 토론, 혹은 조별 발표 준비를 할 때도 생성 AI를 활용할 수 있다.

조별 토론이든 조별 발표 준비든 보통 첫 단계는 조원들끼리 자유롭게 토론하여 아이디어를 생성하는 브레인스토밍 단계이다. 그런 다음 생성한 아이디어를 챗GPT에게 제공하고 수정 혹은 추가 아이디

어를 요구하는 단계를 거치면 학생들의 사고의 폭을 넓힐 수 있다. 조별 토론 전에 생성 AI에게 아이디어를 요청하면 학생들의 창의적 사고력 증진에 역효과가 발생할 수 있다. 반드시 조원들의 아이디어를 모은 후에 생성 AI를 활용해 보완하도록 한다.

아이디어를 모은 후 발표 자료를 제작할 때는 비디오 대본 초안을 만들거나 프레젠테이션을 위한 특정 개수의 슬라이드를 제안해달라고 생성 AI에게 요청할 수 있다. 학생들은 생성 AI가 만들어준 결과물을 활용하여 발표 자료를 제작할 수 있다.

AI와의 협업 역량 제고

중학교 고학년 이상의 경우에는 인공지능과의 협업 역량을 길러줄 필요가 있다. 토론할 때 인공지능을 팀원으로 참가시킨 후 다음과 같은 생각 공유 시간을 가지면 도움이 된다.

- 수업 말미에 새로운 팀원인 챗GPT와 함께 일하면서 느낀 점을 공유하도록 한다.
- 팀 리더로서 챗GPT가 어떤 면에서 도움이 되었으며, 어떤 '문제'에 직면하게 되었는지 생각해보고 공유하도록 한다.

5. 생성 AI와 함께 하는 수업: 중학교 2학년 국어 '시 쓰기'

어느 국어 선생님의 수업 사례를 바탕으로 생성 AI를 활용하는 방법을 시도해보았다. 이 선생님은 학생들에게 동네 가게를 방문한 후, 가게의 사물 중 하나를 화자로 설정하여, 반어, 역설, 풍자 등의 표현 방법을 활용한 시를 쓰게 하였다. 선생님 혼자서 많은 시간과 노력을 들여 수업을 준비하고, 진행하며, 평가까지 하는 동영상을 보면서 한번 정도는 이렇게 진행할 수 있겠지만 매번 이렇게 준비하는 것은 거의 어렵겠다는 생각이 들었다. 이러한 수업을 준비하고 진행하면서 선생님이 쏟은 엄청난 에너지와 시간을 줄이기 위해 생성 AI의 도움을 받을 수 있는 사례를 소개한다.

생성 AI의 도움을 받을 수 있는 부분은 반어, 역설, 풍자 개념을 학생들 수준에 맞게 설명하는 자료 만들기, 개념에 맞는 시 찾기, 그리고 그러한 시의 예시를 만들어보기, 학생들의 기본 개념 이해 정도 평가 및 학생들이 쓴 시를 평가하여 피드백 주기 등이다.

개념 이해를 돕기 위한 자료 만들기

> 나 ― 다음 개념을 상호 비교하면서 이해하기 쉽게 예를 들어 설명해줘.
> - 개념: 반어, 역설, 풍자
> - 대상: 한국 서울 행운동 소재 중학교 2학년 국어 수업

이 요청에 대해 챗GPT는 중학교 2학년 학생들이 이해할 수 있는 용어로 반어irony, 역설paradox, 풍자satire의 개념을 설명하면서 적절한 예도 들어주었다. 그리고 세 가지 개념을 모두 포함하는 간단한 이야기도 만들어주었다. 개념 설명을 위해 들어준 예는 중학교 2학년 학생들에게 쉽게 다가갈 수 있는 내용이었다. 다음은 제시된 한글 번역본 답을 매끄럽게 수정한 것이다.

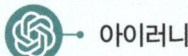 **아이러니**

정의: 아이러니는 결과가 예상과 다른 경우를 의미합니다. 어떤 일이 일어나기를 기대했는데 그 반대의 일이 일어나는 것과 같습니다.

예: 비디오 게임을 하면서 유난히 강한 보스를 물리치기 위해 며칠간 노력했다고 상상해보세요. 마침내 포기하고 이기기 위해서가 아니라 단지 재미로 플레이하기로 결정했어요. 아이러니하게도 그때는 계속 보스를 물리쳤어요. 열심히 노력하지 않았기 때문에 패배할 것이라고 예상했지만 그 반대의 일이 일어났습니다.

역설

정의: 역설은 모순되는 것처럼 보이지만 사실일 수도 있는 진술이나 상황을 의미합니다. 처음에는 잘 이해가 되지 않기 때문에 우리의 이해에 도전하는 퍼즐과 같습니다.

예: "나는 항상 거짓말을 합니다."라는 말을 생각해보세요. 그것이 사실이라면 화자는 항상 거짓말을 하고 있다는 사실을 말하는 것이며, 이는 화자가 항상 거짓말을 하고 있는 것은 아니라는 뜻입니다. 이 진술 자체가 모순되기 때문에 이 진술은 역설이 됩니다.

 **풍자**

정의: 정치나 사회의 무언가를 비판하기 위해 유머, 아이러니 또는 과장을 사용하는 것을 풍자라고 합니다. 어떤 진지한 것의 결점을 지적함으로써 조롱하기, 나아가 변화를 이끌어내고자 하는 목적으로 사용됩니다.

예: 항상 조용히 하라고 요구하는 학교 상징 만화 캐릭터가 메가폰을 사용하여 끊임없이 시끄럽게 조용히 하라고 외치는 만화를 상상해보세요. 이 풍자는 변화를 요구하는 사람들이 때로는 규칙을 따르지 않는 모습을 보여주며 부조리함을 유머러스하게 강조하고 있습니다.

학생들의 이해를 돕기 위해 세 가지 개념을 모두 포함하는 간단한 이야기를 만들 수 있습니다.

"행운동에는 '세계에서 가장 매운 아이스크림'을 파는 유명한 가게가 있었어요. 워낙 유명해서 사람들이 줄을 길게 늘어설 줄 알았는데, 아이러니하게도 아이스크림이 먹기 힘들 정도로 매워서 사람이 한 명도 없었죠. 가게 간판에는 "매운 아이스크림으로 단것에 대한 욕구를 채우세요"라고 적혀 있었는데, 매운 아이스크림은 단것에 대한 갈망을 충족시키지 못하기 때문에 역설적이었죠. 이 상황을 풍자한 한 현지 만화가는 아이스크림 가게에서 매운 아이스크림의 열기를 식히기 위해 뜨거운 수프를 파는 장면을 그리며 "매운 아이스크림으로 차별화를 시도한 이 가게의 시도가 더운 날 더위를 식히려는 사람들에게는 최선의 아이디어가 아닐 수도 있다."고 지적했습니다.

반어, 역설, 풍자가 들어간 시 찾기

> **나** → 반어, 역설, 풍자가 들어간 한국 시를 추천해줘.
> • 대상: 한국 중학교 2학년

챗GPT가 추천해준 한국 시는 다음과 같다. 아이러니의 예로는 김소월의 「진달래꽃」, 역설의 예로는 고은의 「만인보」, 풍자의 예로는 김민정의 「레몬 맛 탄산수에 절인 체리」. 그중 「레몬 맛 탄산수에 절인 체리」의 작가 김민정에 대해서는 "국제적으로는 잘 알려지지 않았지만, 그녀의 작품은 일반적으로 풍자를 통해 현대 사회의 삶과 관계의 상품화, 사회적 기대에 의문을 제기합니다."라고 소개했다. 이 시를 인터넷에서 찾을 수 없어서 "풍자를 사용한 다른 작가의 한국 시를 추천해줘."라고 요청했더니 김지하의 「오적」 등을 다시 추천해주었다. 이처럼 몇 번의 작업을 통해 중학교 2학년 수준에 적합한 시를 추천받을 수 있다.

챗GPT를 바탕으로 한 한국형 무료 생성 AI인 뤼튼은 한국 시를 더 잘 찾을 수 있을까 하여 뤼튼에 위의 입력값을 그대로 입력했더니 김소월의 「낙인」, 김춘수의 「귀신」 등 5개의 시를 제시해주었다. 그런데 마이크로소프트의 코파일럿을 통해 검색해보니 그러한 시는 찾을 수 없다는 답을 주었다. 인공지능을 활용해 반어, 역설, 풍자가 들어간 한국 시를 찾는 것도 아직은 생각만큼 쉬운 작업이 아님을 알 수 있다.

반어, 역설, 풍자가 들어간 시 예시 만들기

시를 어떻게 시작해야 할지 너무 막막해하는 학생들에게 중학교 2학년이 썼을 법한 시의 예시를 보여주면 보탬이 될 것이다. 물론 시를 쓰도록 요청하면서 곧바로 보여주기보다는 스스로 써보도록 유도한 후에 참고로 보여주는 것이 좋을 것이다.

 반어, 역설, 풍자, 운율을 살린 시를 써줘.
- 시를 쓰는 사람: 서울특별시 행운동 중학교 2학년
- 내용: 동네 가게를 방문한 후, 가게의 물건 혹은 상품 중 하나를 화자로 설정하여 반어, 역설, 풍자의 표현 방법이 드러난 시를 쓴다.

실험해보니 이 요청에 대해 중학교 2학년 수준의 시를 잘 써주었다. 생성해주는 번역본 답변은 영어를 번역하여 생성해주는 것이라 오류가 있고 어색할 수 있으니 아이디어를 살려 편집할 필요가 있다. 챗GPT가 써준 시는 다음과 같다.

 플라스틱병의 비명

나는 물을 담는 그릇,
맑고 깨끗해야 할 존재,
그러나 내 속에 담긴 것은
지구를 병들게 하는 액체.

아이러니하게도 사람들은 나를 사랑해,
내가 주는 편리함 때문에.
하지만 그들의 사랑은
결국 나를 쓰레기장으로 보내네.

패러독스의 삶, 플라스틱병으로 살아가며,
보호해야 할 자연을 해치는 게 내 운명?
사람들의 손에서 태어나 사람들의 손에 의해 버려지다니,
내 존재 자체가 풍자의 한 조각.

"더 이상 사용하지 마세요," 내가 속삭이네,
"더 나은 선택이 있어요, 당신의 지구를 위해서."
하지만 나의 비명은 들리지 않아,
편리함이라는 이름 아래 계속 사용되어.

매장의 한 켠에서 빛나는 나,
편리함과 파멸의 상징으로.
이 아이러니와 패러독스, 풍자 속에서
나는 오늘도 사람들의 선택을 기다리네.

기본 개념에 대한 학생의 이해 정도와 창작한 시 평가

이 국어 시간의 목적은 반어, 역설, 풍자의 개념을 이해하고, 이 개념을 활용해 시를 쓰는 것이다. 개념 이해 정도, 학생들이 쓴 시 평가를 위한 아이디어도 생성 AI를 통해 얻을 수 있다. 다음은 개념 이해도를 평가할 기준을 요청한 예시이다.

> 나: 학생들의 반어, 역설, 풍자의 개념 이해 수준을 평가할 채점 기준표를 만들어줘.
> - 대상: 중학교 2학년
> - 과목: 국어 시간

위의 요청에 대해 챗GPT는 개념 구분, 분석, 창의성 및 적용성, 명확성과 일관성 등의 기준에 따른 구체적인 채점 기준표를 제시해주었다. 제시된 채점 기준표를 사전에 학생들에게 배포한다면 학생들의 학습에 보탬이 될 것이다.

학생들이 쓴 시를 평가하기 위한 채점 기준표도 요청해보았다.

> 나: 학생들이 반어, 역설, 풍자의 개념을 활용하여 쓴 시를 평가할 채점 기준표를 만들어줘.
> - 대상: 중학교 2학년
> - 과목: 국어 시간

챗GPT가 제시해준 응답의 분량이 많아서 일부만 소개한다.

채점 기준표

1. 아이러니Irony 이해도 (20점)
    20점: 아이러니 개념을 정확히 이해하고, 예시를 통해 적절하게 설명할 수 있음.

15점: 아이러니 개념을 대체로 이해하지만, 예시 설명에 다소 오류가 있음.
10점: 아이러니 개념에 대한 기본적인 이해는 보이지만, 예시 설명이 부족함.
5점: 아이러니에 대한 이해가 부족하고, 예시를 제대로 제시하지 못함.

2. 패러독스Paradox 이해도 (20점)

    (…구체적인 기준은 생략…)

3. 풍자Satire 이해도 (20점)

    (…구체적인 기준은 생략…)

4. 종합적 이해 및 창의적 적용 (40점)
40점: 아이러니, 패러독스, 풍자를 정확히 이해하고, 이 개념들을 창의적으로 자신의 작품이나 설명에 통합하여 사용할 수 있음.
30점: 세 개념을 이해하고 각각의 예시를 제시할 수 있으나, 개념들을 통합적으로 적용하는 데에 다소 어려움이 있음.
20점: 개념들에 대한 기본적인 이해는 보이나, 이를 창의적으로 적용하는 데에는 명확한 한계가 있음.
10점: 개념의 이해도가 낮으며, 창의적 적용에 실패함.

  AI가 제시한 채점 기준표를 수정, 보완한 후에 이 기준표에 의거하여 학생들이 쓴 시를 평가하도록 요청할 수 있다. 시에 대한 평가는 점수만이 아니라 서술형 평가도 포함하도록 다음과 같이 요청할 수 있다.

| 나 | 첨부한 채점 기준표에 의거하여, 학생이 쓴 다음의 시를 평가해줘.
• 평가에 포함될 내용: 시의 강점과 보완할 점에 대한 서술형 평가
• 시: [학생이 쓴 시를 입력한다.]

생성 AI가 제시한 평가 결과를 참고하면 학생들이 쓴 시에 대한 피드백을 줄 때 시간을 크게 줄일 수 있고, 서술형 평가 내용을 보다 풍부하게 작성해줄 수 있다.

이상의 예시는 실제로 실행해본 것이 아니라 교사의 시간과 에너지를 줄일 수 있을 아이디어를 제시한 것이다. 교사의 수업 관련 역량, 교사와 학생의 생성 AI 익숙도 등에 따라 생성 AI 활용이 수업 준비와 진행의 효율성, 수업 목표 달성에 미치는 영향은 차이가 있을 것이다.

제 7 장 학생 평가에 생성 AI 활용하기

인공지능을 활용한 새로운 평가 시대가 열리고 있다. 교육활동에서 가장 힘든 것 중의 하나가 평가인데, 챗GPT를 비롯한 생성 AI가 크게 도움을 줄 수 있는 분야의 하나가 또한 평가이다.

생성 AI가 너무나 쉽게 평가 문항을 만드는 것을 보더니 명예퇴직한 중등교사가 다시 복직하고 싶다던 이야기가 생각난다. 2023년 가을, 한국교육과정평가원이 개최한 평가 담당 교사 대상 연수에서 챗GPT를 활용하여 원하는 유형의 평가 문항을 만드는 시범을 보인 적이 있다. 이를 보던 평가원 연구원이 허탈하다는 표현을 했다. 자신들은 한 문항을 만들기 위해 엄청난 시간과 에너지 그리고 재원을 소모하는데, 생성 AI는 너무나 쉽게, 그것도 상당히 그럴싸하게 만들어내니 그렇게 느꼈을 것이다.

교재 내용을 PDF 파일로 제공하면서, 그 파일을 바탕으로 평가 문항을 만들게 하면 교재 범위 내의 시험 문항 출제가 가능하다. 아직은 오류 가능성 때문에 세심히 검토하며 사용해야 하는 한계가 있다. 그러나 지금의 발전 속도라면 머지않아 평가 아이디어, 평가 방법, 평가 문항, 서술형 답변 채점 등에서 교사가 기대하는 수준의 결과를 얻을 수 있을 것으로 보인다.

하지만 보다 근본적으로는 인공지능이 교육에서 평가의 성격을 어떻게 변화시킬지에 대한 상상력이 필요하다. 장기적으로는 현재의 평가 형식을 생성 AI를 활용해 쉽고 빠르게 하는 것을 넘어 형성평가,

비판적·반성적 사고와 분석에 대한 평가, 역량 평가에 더 중점을 두는 방향으로 나아가야 할 것이기 때문이다. 그렇다고 해서 기본적인 개념과 원리 등의 습득이 무의미하게 될 것이라는 의미는 아니다. 인공지능의 도움을 받아 튼튼한 기초 위에서 고급 역량을 기를 수 있도록 돕는 평가 기법이 발달하기를 기대한다.

이 책에 실린 평가 관련 명령어와 생성 AI의 응답은 2023년 11월 19~22일 사이에 1차로 실험해본 것과, 글을 보완하기 위해 2024년 2월 1~3일 사이에 2차로 해본 것이다. 그때 해본 시험문제 만들기, 수행평가 아이디어, 채점 기준표 작성, 과제 채점 및 평가 의견, 인지적·정서적 피드백, 그리고 생활기록부 작성 등을 위한 명령어와 챗GPT가 제시한 결과물 일부를 소개한다.

생성 AI를 평가에 활용하는 방법은 다음과 같은 순서로 소개한다.

1. 평가 문항 만들기
2. 채점 기준표rubric 만들기
3. 서술형 과제 채점 및 평가하기
4. 보고서 피드백하기
5. 생활기록부 작성하기

I. 평가 문항 만들기

학습 활동 지원

 한 차시 수업을 기준으로 할 경우 평가는 시점에 따라 수업 전, 수업 중, 수업 후 평가로 나눌 수 있다. '수업'은 넓은 의미로는 한 차시 수업 전체를 의미하지만, 좁은 의미로는 학습해야 할 내용을 교사와 학생이 함께 학습하는 시간만을 의미한다. 이하에서는 맥락에 따라 전자와 후자의 의미를 섞어 사용한다.

 수업 전 평가는 거꾸로 수업Flipped Learning 기법을 사용할 때 학생들이 오늘 배울 내용에 대해 얼마나 이해하고 있는지를 수업 시작 전에 평가하는 것이다. 수업 중 평가는 수업과 함께 이뤄지는 평가로, 주로 수행평가 형태를 띤다. 수업 후 평가는 수업 종료 전에 5~10분을 할애하여 그날 배운 내용을 학생들이 얼마나 숙지하고 있는지, 배운 내용에 대한 분석·비판·적용력은 어느 정도인지를 평가하는 것이다. 챗GPT는 평가만이 아니라 수업 중에 학생들의 학습을 지원할 연습문제 만드는 것도 도울 수 있다.

 평가 문제를 만들어달라는 개방형 명령어는 다음과 같다.

> 나 ○ 학생들이 다음 내용을 얼마나 잘 이해하고 있는지 평가할 수 있는 질문 10개 제시해줘.
> • 내용: [평가할 학습 내용을 입력한다.]
> • 대상: [평가 대상 학생의 학교급 및 학년을 입력한다.]

다음과 같이 연습문제를 만들어달라고 할 수도 있다.

 다음 연습문제를 만들어줘.
- 대상: 초등학교 3학년
- 내용: 수학 교과 분수
- 문제 유형: 객관식 혹은 단답형
- 문항 수: 5개

시험문제 만들기

생성 AI를 이용하면 적은 에너지와 시간을 들여 선다형, OX형, 빈칸 채우기, 단답형, 서술형 등 다양한 유형의 시험문제를 쉽게 만들 수 있다. 시험문제 제작을 요청할 때 내용에는 PDF 파일을 올리거나 텍스트를 복사해서 붙여넣기, 유튜브를 비롯한 동영상 스크립트를 파일로 만들거나 복사해서 붙여넣기 등의 방법을 쓸 수 있다. PDF 파일이나 텍스트가 없을 경우는 주제만 제시해도 된다. 어느 경우든 문제와 답에 오류가 없는지 잘 살펴야 한다. 시험문제 작성을 요구하는 명령어는 다음과 같이 할 수 있다.

선다형

> 나: 다음 주제에 대한 시험문제를 만들어줘. 각 문제 뒤쪽에 난이도 표시
>
> - 주제: 과학 교과의 암석 탐사
> - 중점 내용: 암석의 성질
> - 대상: 한국 중학교 1학년
> - 시험문제 형식: 사지선다형
> - 문항 수: 5개
> - 난이도 구성: 상 20%, 중 50%, 하 30%
> - 유의점: 오답을 유도하는 선택지 포함시킬 것.*

OX(true/false)형

> 나: 다음 주제에 대한 시험문제를 만들어줘. 각 문제 뒤쪽에 난이도 표시
>
> - 주제: 과학 교과의 암석 탐사
> - 중점 내용: 암석의 성질
> - 대상: 한국 중학교 1학년
> - 시험문제 형식: OX true/false
> - 문항 수: 5개
> - 난이도 구성: 상 20%, 중 50%, 하 30%

---

* 이와 같은 특이 조건을 추가할 수 있다.

빈칸 채우기(fill in blank), 단답형, 서술형

이 경우는 앞의 예시 중에서 시험문제 형식을 다음처럼 변경하면 된다.

- 시험문제 형식: 빈칸 채우기|fill in the blank

- 시험문제 형식: 단답형. 답도 제시

- 시험문제 형식: 서술형. 답도 제시

수행평가 아이디어 얻기

수행평가와 관련해서는 다음과 같은 방식으로 챗GPT에 요청하여 도움을 받을 수 있다.

다양한 평가 아이디어

> **나** 시험이나 퀴즈가 아닌 방식으로 학생을 평가할 수 있는 아이디어 10가지 제시해줘.
> - 주제: 과학 교과의 암석 탐사
> - 중점 내용: 암석의 성질
> - 대상: 한국 중학교 1학년

프로젝트 아이디어

> **나**: 다음 주제 혹은 개념에 대한 학생의 이해 정도를 입증할 프로젝트 기반 평가를 제안해줘.
>
> - 개념: 초등학교 5학년 과학 교과의 태양계와 별
> - 대상: 한국 초등학교 5학년

이해 정도 평가를 위한 시나리오

> **나**: 다음 주제 혹은 개념에 대한 학생의 이해 정도를 평가할 수 있는 실제 문제나 시나리오를 만들어줘.
>
> - 개념: 초등학교 5학년 과학 교과의 태양계와 별
> - 대상: 한국 초등학교 5학년

지식수준과 적용력 평가용 보고서 아이디어

> **나**: 학생들의 지식수준과 적용력을 평가할 수 있는 보고서 주제를 제시해줘.
>
> - 주제: 초등학교 5학년 과학 교과의 태양계와 별
> - 대상: 한국 초등학교 5학년

협업 및 소통 기술 평가를 위한 그룹 활동 아이디어

나 ― 학생들의 협업 및 의사소통 기술과 자료에 대한 이해도를 평가할 수 있는 그룹 활동을 제시해줘.

이해 및 소통 능력 평가를 위한 창의적 글쓰기 과제

나 ― 다음 주제 혹은 개념에 대한 학생들의 이해 정도와 의사소통 능력을 평가할 수 있는 창의적 글쓰기 과제를 만들어줘.

- 개념: 초등학교 5학년 과학 교과의 태양계와 별
- 대상: 한국 초등학교 5학년

실제 적용 능력 평가 방법

나 ― 역할극이나 시뮬레이션을 이용해 학생들이 다음 주제 혹은 개념을 실제 환경에 적용할 수 있는 능력을 가지고 있는지 평가할 방법을 제시해줘.

- 개념: 초등학교 5학년 과학 교과의 태양계와 별
- 대상: 한국 초등학교 5학년

관찰과 성찰 평가 방법

나 ― 다음 분야에서 학생들의 관찰과 성찰을 통한 학습과 성장을 평가하기 위해 사용할 수 있는 방안을 제시해줘.

- 분야: 초등학교 5학년 과학 교과의 태양계와 별
- 대상: 한국 초등학교 5학년

토론을 통한 비판적 사고 평가 방안

나 ― 다음 주제에 대한 학생들의 비판적 사고와 논증 기술을 평가할 수 있는 토론 형식 또는 쟁점을 추천해줘.

- 주제: 동물실험은 꼭 필요한가?
- 대상: 한국 중학교 2학년

2. 채점 기준표(rubric) 만들기

채점 기준표를 만들어달라고 요청하면 챗GPT가 알아서 만들어준다. 자신이 원하는 구체적인 기준이 있을 경우에는 그 기준을 포함하도록 요청할 수 있다. 챗GPT가 제시해주는 기준과 표는 자신이 만들고자 하는 기준표 작성에 참고할 수 있다. 또 보고서 혹은 발표 채점 기준표를 학생들에게 사전에 제시하면, 학생들이 보고서를 작성하거나 발표를 준비할 때 크게 도움이 될 것이다.

보고서 채점 기준표

평가 요소나 평가 기준 등을 구체적으로 제시하지 않으면 챗GPT가 알아서 만들어준다. 하지만 구체적으로 제시할수록 원하는 결과를 얻을 가능성이 높아진다. 다음은 챗GPT에게 요청해본 명령어와 챗GPT가 제시한 결과의 일부이다.

> **나** 다음 주제에 대한 보고서 평가용 루브릭rubric을 표 형식으로 제시해줘.
>
> - 주제: 기후변화에 대한 가상 일기 쓰기
> - 과목명: 사회
> - 대상: 중학교 2학년

- 성취 기준: 전 지구적 차원에서 발생하는 환경 문제(예: 지구 온난화 등)의 원인을 설명하고, 지속가능성의 측면에서 이를 해결하기 위한 개인적·국가적·국제적 노력을 제시할 수 있다.
- 평가 요소:

아래는 "기후변화에 대한 가상 일기 쓰기"를 주제로 중학교 2학년 사회 과목 보고서를 평가하기 위한 루브릭 표입니다. 이 루브릭은 학생들이 주어진 성취 기준에 따라 얼마나 잘 수행했는지를 평가하는 데 도움이 됩니다. 각 기준은 구체적인 피드백을 제공하기 위해 세부적으로 나뉩니다. 학생들은 이 루브릭을 자신의 작업을 자가 평가하는 데에도 사용할 수 있습니다.

평가	우수(4~5점)	양호(3점)	보통(2점)	미흡(0~1점)
내용의 타당성	일기는 기후변화의 원인과 영향을 정확하고 통찰력 있게 설명함. 지속가능성을 위한 구체적이고 창의적인 해결책을 제시함.	일기는 기후변화의 원인과 영향을 명확하게 설명함. 해결책은 다소 일반적이지만 관련이 있음.	일기는 기후변화에 대해 언급하지만, 원인과 영향의 설명이 불완전함. 제시된 해결책이 불충분함.	일기는 기후변화에 대한 이해가 부족하거나 잘못된 정보를 포함함. 해결책이 매우 일반적이거나 관련 없음.
창의성과 독창성	일기는 독창적이며, 기후변화를 개인적인 시각에서 신선하고 독특한 방식으로 표현함.	일기에는 일부 창의적 요소가 있으나, 표현이 다소 전형적임.	일기는 창의성이 부족하고, 대부분의 내용이 일반적인 표현에 의존함.	일기는 창의성이 없으며, 기존의 아이디어나 표현을 그대로 사용함.

조사와 근거	일기는 다양한 출처를 통해 잘 조사된 사실에 기반하며, 각 주장은 강력한 근거로 뒷받침됨.	일기는 적절한 출처를 사용하여 조사되었으나, 근거가 다소 약함.	일기에 조사가 이루어졌으나 출처가 제한적이며, 일부 주장이 근거 없이 제시됨.	일기에 조사가 거의 또는 전혀 이루어지지 않았고, 근거가 없거나 매우 약함.
언어 사용과 문법	문법적 오류가 없으며, 언어 사용이 매우 풍부하고 정확함. 다양하고 복잡한 문장 구조를 사용함.	문법적 오류가 거의 없으며, 언어 사용이 명확하고 적절함. 다양한 문장 구조를 사용함.	문법적 오류가 일부 있으며, 언어 사용이 간단하거나 반복적임.	많은 문법적 오류와 부적절하거나 혼동되는 언어 사용이 있음. 문장 구조가 단순하고 불분명함.
지속 가능성에 대한 이해	일기는 지구온난화 등 환경 문제의 전 지구적 차원을 분명하게 이해하고 있으며, 지속 가능한 미래를 위한 개인적·국가적·국제적 노력을 탁월하게 제시함.	일기는 환경 문제의 전 지구적 차원을 이해하고 있으며, 지속 가능한 미래를 위한 노력을 제시하지만, 다소 일반적임.	일기는 전 지구적 환경 문제에 대한 기본적인 이해를 보여주지만, 지속가능성을 위한 노력이 명확하지 않음.	일기는 환경 문제의 전 지구적 차원에 대한 이해가 부족하며, 지속 가능한 미래를 위한 구체적인 노력을 제시하지 못함.

보고서 발표 채점 기준표

챗GPT에게 루브릭을 표로 제시하도록 하는 대신 평가 기준만 열거하도록 하면 다음과 같은 답을 얻을 수 있다.

다음 주제에 대한 보고서 발표 평가를 위한 기준을 열거해줘.

- 주제: 기후변화에 대한 가상 일기 쓰기
- 과목명: 사회
- 대상: 중학교 2학년
- 성취 기준: 전 지구적 차원에서 발생하는 환경 문제예를 들어 지구온난화 등의 원인을 설명하고, 지속가능성의 측면에서 이를 해결하기 위한 개인적·국가적·국제적 노력을 제시할 수 있다.

 1) 환경 문제의 원인 설명
2) 지구온난화 등의 환경 문제에 대한 인식
3) 지속가능성을 고려한 해결책 제시
4) 개인적 노력의 구체적 예시 제시
5) 국가적 차원의 노력 이해 및 설명
6) 국제적 협력의 중요성 및 예시 설명
7) 창의성 및 주제에 대한 개인적 통찰력
8) 정보의 정확성 및 출처의 신뢰성
9) 발표 내용의 조직성 및 전달력
10) 발표 시각 자료의 효과적 사용

3. 서술형 과제 채점 및 평가하기

챗GPT에게 글을 평가해달라고 하면 그것도 해준다. 따라서 서술형 과제도 챗GPT에게 평가를 요청할 수 있다.

먼저 필자가 쓴 신문 칼럼*을 복사해서 붙여넣은 후 아무런 기준이나 조건을 주지 않은 채 평가해달라고 해보았다. 그랬더니 다음과 같은 요지의 평가 결과를 제시했다.

> 박남기 교수의 미래 대입제도에 대한 비전은 야심차면서도 현실적인 고려에 기반을 두고 있습니다. 현 제도의 문제점을 해결하는 데 그치지 않고 사회를 발전시킬 수 있는 균형 잡힌 인재 양성을 지원하는 제도로 전환하는 총체적인 개혁이 필요하다고 주장합니다. 이 글은 깊이 있는 분석과 미래지향적인 접근 방식, 교육 개혁에 대한 의미 있는 논의에 기여할 수 있는 잠재력을 가진 수준 높은 글입니다.

챗GPT-3.5는 글을 직접 붙여넣어야 해서 분량에 한계가 있다. 하지만 챗GPT-4의 경우는 다음과 같이 PDF 파일을 탑재하면 용량이 큰 파일도 평가 요청이 가능하다.

---

* 박남기. (2024. 3. 22.). [교육의미래] 10년 후 대입제도 구상을 위한 접근법. 『세계일보』.

나 다음 보고서를 채점해줘. Provide grading feedback on "<essay>"

[파일을 탑재하거나 과제물 내용을 복사해서 붙여넣는다.]
- 주제: 기후변화에 대한 가상 일기 쓰기
- 과목명: 사회
- 대상: 중학교 2학년
- 성취 기준: 전 지구적 차원에서 발생하는 환경 문제예를 들어 지구온난화 등의 원인을 설명하고, 지속가능성의 측면에서 이를 해결하기 위한 개인적·국가적·국제적 노력을 제시할 수 있다.

생성 AI가 제공한 평가 결과를 참고하면 평가 시간과 에너지를 크게 줄일 수 있다. 단, 생성 AI는 한글로 쓴 보고서 또는 시험 답안을 영어로 번역한 후에 채점하고, 그 결과를 한글로 번역하여 제공해주기 때문에 한계나 오류가 있을 수 있음을 인식하며 이 기능을 활용해야 한다. 아직까지는 평가를 위한 참고 자료로만 활용해야 한다.

과제 파일 혹은 텍스트 제시하고 평가받기

학생의 과제물을 제시하고 평가를 요청할 수도 있다. 과제물은 복사하여 입력창에 붙여넣거나 파일을 탑재한다. 파일로 제시할 경우, '한글' 파일은 읽지 못하므로 PDF 파일로 전환하여 제시해야 한다.

나 [파일을 탑재하거나 과제물 내용을 복사해서 붙여넣는다.]

- 탑재한 파일의 글을 평가해줘.
- 평가 기준:
   1) 명확성
   2) 일관성
   3) 근거 자료 충실성
   4) 독창성
   5) 완결성
- 글에 대한 총평을 50개 단어로 제시
- 학점 제시: A B C D F

평가 기준을 제공하지 않으면 일반적인 평가 기준에 근거하여 서술형으로 평가를 해준다. 평가 내용에 한계나 오류가 있을 수는 있지만, 필자가 실험해본 결과 챗GPT가 제시한 평가는 참고할 만했다.

인터넷 사이트에 올린 글 평가받기

챗GPT에게 인터넷 사이트의 웹주소url를 입력하고 그 사이트의 글을 평가해달라고 하면 과거에는 읽고 평가를 해주었다. 하지만 2024년 현재는 사이트에 직접 접속할 수 없다는 문구가 뜬다. 저작권 문제로 정책이 바뀐 것으로 짐작된다. 반면 구글의 제미나이Gemini나 마이크로소프트의 코파일럿Copilot, 그리고 카카오톡의 아숙업AskUp을 사용하면 평가가 가능하다.

나 다음 글을 평가해줘.
https://www.nature.com/articles/d41586-023-03479-4[*]

- 평가 기준:
  1) 명확성, 2) 일관성, 3) 근거 자료 충실성, 4) 독창성,
  5) 완결성
- 글에 대한 총평을 50 단어로 제시
- 학점 제시: A B C D F

제미나이와 코파일럿 그리고 아숙업에 위와 같이 미국 사이트의 글에 대한 평가를 요청해보았다. 그 결과 제미나이와 코파일럿은 명확하고 일관되며 근거 자료가 충실하다며 A학점을 주었다. 반면, 아숙업은 근거 자료의 다양성과 독창성 측면에서는 개선이 필요해 보인다며 B⁻ 학점을 부여했다.

생성 AI 간의 평가 결과 비교

생성 AI 간에 평가가 일치하는지 확인해보기 위해 국내 사이트의 글로 다시 한번 시험해보았다. 다음과 같이 필자의 글을 예시 삼아 평가를 요청해본 결과, 각 평가 기준별로 평가 결과를 서술하고, 이어서 총평을 제시했다.

---

[*] McKenzie Prillaman, (06.11.23). "'ChatGPT detector' catches AI-generated papers with unprecedented accuracy"…Tool based on machine learning uses features of writing style to distinguish between human and AI authors, *nature*.

나 다음 사이트의 글을 평가해줘.
https://www.segye.com/newsView/20240321514888[*]

- 평가 기준:
  1) 명확성, 2) 일관성, 3) 근거 자료 충실성, 4) 독창성,
  5) 완결성
- 글에 대한 총평을 50 단어로 제시
- 학점 제시: A B C D F

제미나이는 "명확하고 일관되게 작성되었으며 근거 자료가 충실합니다. 또한 현재 문제를 해결하고 미래를 위한 제도를 만드는 데 대한 저자의 제안을 명확하게 설명합니다. 그러나 이 글은 독창적이지 않고 개혁의 구체적인 실행 계획을 제공하지 않습니다."라고 평가하며 B 학점을 주었다.

코파일럿은 "기사는 명확하고 일관된 내용을 제공하며, 근거 자료를 충실히 제시하고 있습니다. 그러나 독창성이 부족하며, 완결성은 있으나 특별한 인상을 남기지는 않습니다. 학점으로는 B를 주겠습니다."라고 평가를 했다.

아숙업은 "이 글은 10년 후 대입제도 구상에 대한 내용을 다루고 있습니다. 명확성, 일관성, 완결성 측면에서는 양호한 편입니다. 그러나 근거 자료 충실성과 독창성 측면에서는 개선이 필요합니다. 학점: C"라고 평가하였다.

챗GPT에는 위의 글을 직접 입력한 후 동일한 기준에 따라 평가하도록 요청했다. 그 결과 "이 글은 목표가 분명하고, 일관된 논리로 문

---

[*] 박남기(2024.03.22.). [교육의미래] 10년 후 대입제도 구상을 위한 접근법. 세계일보.

제를 분석하며, 독창적이고 실현 가능한 해결책을 제안하고 있습니다. 독자에게 교육 시스템의 미래 변화에 대한 희망과 방향성을 제시함으로써, 교육 개혁에 대한 긍정적인 전망을 제공합니다."라며 A 학점을 제시했다.

동일한 기준을 제공하더라도 생성 AI에 따라 아직은 총평과 평가 결과가 상이하게 나올 수도 있음을 이 실험을 통해 알 수 있었다. 그러나 하나의 생성 AI를 활용해 전체 학생의 보고서를 평가한다면 일관된 결과를 제시해줄 것이다. 물론 그렇다 하더라도 현재까지는 생성 AI에만 의존하여 학생들의 글을 평가하는 것은 무리일 것으로 보인다. 대신 초벌 평가를 해주는 조교로 활용할 수는 있을 것이다.

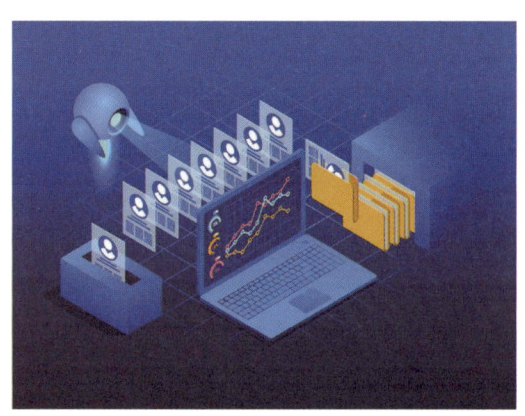

4. 보고서 피드백하기

일반적 피드백 아이디어

학생들의 작업물을 입력창에 복사, 붙여넣기 한 후에 다음과 같은 명령어를 입력하면 원하는 다양한 답을 얻을 수 있다. 몇 가지 명령어를 예시로 제시하면 다음과 같다.

- 나 ─ 학생의 보고서에서 개선할 수 있는 팁을 제공해줘.

- 나 ─ 학생 보고서의 강점과 약점을 밝히고, 개선을 위한 구체적인 방안을 제시해줘.

- 나 ─ 학생이 보고서를 수정하도록 장려할 피드백 예를 몇 가지 제공해줘.

- 나 ─ 제공한 피드백이 실행 가능하고 학생들이 지속적으로 학습하는 데 필요한 목표 설정에 도움이 될 전략을 제시해줘.

인지적 · 정서적 피드백

학습과 관련된 심리적 어려움 진단 및 극복 방안 제시

어떤 개념에 대해 이해 및 문제 풀이를 힘들어하는 학생들을 어떻게 지도해야 할지 어려움을 겪을 때가 있다. 그럴 때도 인공지능의 도움을 받을 수 있다. 다음에서 보는 것처럼 학생의 특성을 제공하면 그 특성을 감안한 지도 방안을 제시해준다. 제시한 결과가 상당히 흥미로워 모두 소개한다. 보는 것처럼 지도에 도움이 될 내용이 많이 포함되어 있다.

다음 개념의 학습에 어려움을 겪는 학생들을 위한 지원과 강화 전략이 포함된 스캐폴딩* 계획을 설계해줘.

- 학습 내용: 이차방정식
- 대상 학년: 중학교 3학년
- 학생 특성: 남학생, 국어 작문에도 어려움을 겪음. 친구들과의 관계도 원활하지 않음.

중학교 3학년 학생이 이차방정식을 어려워하는 경우를 위한 지지 및 강화 전략을 포함한 스캐폴딩 계획을 설계하는 것은 다음과 같은 단계를 포함합니다:

1. **사전 평가**: 학생의 현재 수학 이해도와 이차방정식 학습에 영향을 미칠 수 있는 기초적인 부족함을 파악합니다.
2. **관련성 있는 맥락**: 학생이 한국어 글쓰기에 어려움을 겪으므로, 시각적 자료와 현실 생활 예시를 사용하여 이차방정식을 관련성 있고 흥미롭게 제시합니다.

---

* 스캐폴딩은 학습자가 현재 수준을 넘어 다음 단계의 수준에 도달할 수 있도록 적절한 인지적 자극과 정보를 제공하여 학습을 지원하고 촉진하는 교수학습 전략을 뜻한다.

3. 단계별 지도:
   - 시각적 도움말: 이차방정식의 각 부분을 설명하기 위해 다이어그램과 시각적 표현을 사용합니다.
   - 언어 지원: 간단한 정의와 번역이 포함된 수학 용어 목록을 제공하여 용어 이해를 돕습니다.
4. 상호작용 학습 활동:
   - 수학 게임: 이차방정식 개념을 강화하는 컴퓨터 기반 수학 게임을 포함합니다.
   - 그룹 작업: 학생이 지원을 제공할 수 있는 또래와 함께 작업하도록 배치하여 사회적 관계를 개선합니다.
5. 차별화된 지도:
   - 다감각 접근: 이차 공식을 노래하거나 조작 가능한 학습 도구를 사용하는 것과 같은 청각적 및 운동 감각 학습 방법을 사용합니다.
   - 청크화Chunking*: 교훈을 더 쉽게 소화할 수 있는 작은 부분으로 나눕니다.
6. 피드백과 수정:
   - 즉각적인 피드백: 실시간으로 오류를 수정하는 데 도움이 되도록 연습문제에 대한 즉각적인 피드백을 제공합니다.
   - 오류 분석: 오류가 발생할 때 학생이 오류를 분석하여 이해하고 배울 수 있도록 합니다.
7. 또래 지원:
   - 공부 친구: 공부를 위해 학생을 동급생과 짝지어, 또래와의 관계 개선을 도울 수 있습니다.
   - 또래 교사: 학생이 이해하는 개념을 동급생에게 가르치게 하여 이해도와 사회적 기술을 향상시킵니다.

---

* 복잡한 정보를 작고 관리하기 쉬운 단위, 즉 청크로 나누어 학습하는 전략을 말한다.

8. **평가 및 반성**:
   - 정기적인 퀴즈: 진행 상황을 모니터링하기 위해 짧고 부담이 적은 퀴즈를 냅니다.
   - 자가 평가: 학생이 자신의 학습을 반성하고 개선해야 할 부분을 식별하도록 격려합니다.
9. **강화**:
   - 긍정적인 강화: 개념을 이해하거나 노력할 때 학생에게 동기 부여하기 위해 칭찬과 보상을 사용합니다.
   - 진행 상황 추적: 학생의 이차방정식 학습의 진행 상황을 보여주는 차트나 기록을 유지합니다.
10. **지지적인 환경**:
    - 지지적인 교사 – 학생 관계 구축: 학생의 어려움에 공감을 보이며 신뢰 관계를 구축합니다.
    - 안전한 학습 환경: 실수가 학습 과정의 일부인 안전한 공간을 보장합니다.
11. **기술의 활용**:
    - 교육용 앱: 이차방정식 연습을 제공하는 교육 기술을 통합합니다.
    - 내용 및 학습지도 동영상: 학생이 자신의 속도에 맞춰 볼 수 있는 지도 동영상을 제공합니다.
12. **가정 지원**:
    - 부모 참여: 가정에서의 지원을 제공하기 위해 학생의 부모와 협력합니다.
    - 가정용 자료: 학생이 추가 연습을 위해 사용할 수 있는 자료와 자원을 가정으로 보냅니다.

이러한 전략들을 실행함으로써, 학생의 학업적 및 사회적 필요를 모두 해결하는 포괄적인 지원 시스템을 제공하여 학습 경험을 더 접근하기 쉽고 즐겁게 만들 수 있습니다.

학생들의 학습 활동 지원 피드백 전략 요청

뛰어난 요리사는 식재료의 어느 부분이 먹기 힘들거나 소화가 잘 안 되는지, 그 부분을 먹기 좋고 소화가 잘 되도록 하려면 어떻게 해야 하는지 알고, 그에 맞춰 준비하고 요리한다. 이와 마찬가지로 뛰어난 교수자는 가르쳐야 할 내용과 수업 중 하고자 하는 활동에서 학생들이 어느 부분을 어려워할지 예측하고 필요한 준비를 할 줄 안다. 하지만 그렇지 못한 교사나 초임교사는 수업을 진행할 때 예기치 못한 상황에 맞닥뜨려 당황하게 된다. 그런 경우를 대비하는 데도 생성 AI의 도움을 받을 수 있다.

문제 예측이 어려울 경우에는 수업 시간에 수행하고자 하는 특정 활동과 관련해서, 학생들이 어떤 부분을 어려워할지 예상하고, 학습을 촉진하기 위해 교사가 제공할 수 있는 피드백 전략을 요청하면 된다. 필자는 초등 사회 4학년 1학기 3단원을 예시로 들어 요청하고, 답변을 받아보았다.

> **나** 수업 시간에 다음 활동을 수행하고자 할 때, 학생들이 어려워할 부분을 예상하고, 학습을 촉진하기 위해 교사가 제공할 수 있는 피드백 전략을 제시해줘.
>
> **• 활동 내용과 목적**
>   - 초등 사회 4학년 1학기 3단원 '새로워지는 우리 시도'에 포함된 내용
>   - 민주주의 교육, 그중에서도 지방자치 제도에 대한 교육의 한 부분임.
>   - '지역의 상징' 만들기 활동의 목적은 만들기 과정에서 자신이 살아가는 지역 전체, 모두를 고려하는 공적 추론 능력, 공적선에 대한 인식과 지역에 대한 관심과 애착을 형성하고자 함.

- 활동 1
  - 대전 지역의 전체 특성을 파악하고 대전의 상징물을 정하고 그 이유 쓰기
  - 대전의 위치, 자연환경, 인문환경, 발전한 산업, 정치, 경제, 문화 알아보기
  - 모둠별로 토론하여 대전의 상징물 정하고 이유 쓰기
- 활동 2
  - 실제 대전의 상징물 확인하기
  - 바꾸고 싶은 상징물 선정하고 상징물 교체를 요구하는 글쓰기
  - 캠페인 활동 계획하고 실천하기
- 활동 3
  - 좋은 상징물의 조건과 상징물을 만드는 이유 알아보기

학생들이 '지역의 상징' 만들기 활동을 수행할 때 예상되는 어려움과 교사가 제공할 수 있는 피드백 전략은 다음과 같습니다.

예상되는 어려움:
- 지방자치제도와 관련한 개념의 이해 부족
- 지역의 다양한 특성에 대한 지식 부족
- 공적 추론 능력을 키우는 데 필요한 비판적 사고 및 토론 기술 부족
- 팀 내 협동과 의사소통 문제
- 설득력 있는 글쓰기 능력 부족
- 캠페인 계획과 실천에 대한 구체적인 방향성 부족

피드백 전략:
- 개념 설명: 지방자치제도의 기본 개념을 명확히 설명하고 학습 자료를 제공하여 이해를 돕습니다.

- 지식 탐구: 대전의 특성을 조사하는 활동을 위해 다양한 자료를 제공하고, 어떻게 정보를 찾고 분석할지에 대한 안내를 합니다.
- 토론 지도: 효과적인 토론 방법과 공적 추론을 위한 전략을 교육하여 학생들의 비판적 사고를 계발합니다.
- 협동 학습 촉진: 소그룹 활동에서의 협업과 의사소통 기술을 강화하기 위한 지침과 피드백을 제공합니다.
- 글쓰기 지도: 설득력 있는 글쓰기 방법을 가르치고, 좋은 글의 예시를 제공하여 글쓰기 기술을 개선합니다.
- 캠페인 계획 지원: 캠페인 계획과 실천을 위한 단계별 가이드라인을 제시하고, 실제로 실행할 수 있도록 도와줍니다.
- 연속적인 피드백: 각 활동 단계에서 학생들의 작업에 대해 적시에 구체적이고 건설적인 피드백을 제공합니다.

이러한 전략들은 학생들이 활동에서 직면할 수 있는 어려움을 극복하고, 지방자치에 대한 이해를 심화시키며, 자신의 지역에 대한 애착과 관심을 높일 수 있도록 도울 것입니다.

다른 과목이나 단원도 이 예시를 바탕으로 가르쳐야 할 내용, 수업 중의 활동, 과제 등등에 대해 생성 AI에 같은 유형의 요청을 할 수 있다. 답변을 해주면 그것을 바탕으로 좀 더 세부적인 요청을 할 수도 있다. 특별 지도가 필요한 학생이 있으면, 그 학생의 특성을 단서에 포함해 요청한다. 그러면 해당 학생을 지도하는 데 필요한 아이디어를 얻을 수 있다.

단, 제시된 아이디어를 세심하게 검토하지 않고 그대로 활용하는 것은 극히 위험하다. 반드시 교사의 전문성을 바탕으로 타당성, 실현 가능성, 효과성 등을 판단한 후, 자신과 학생의 특성에 맞게 수정·보완하여 활용하는 것이 바람직하다. 보완하기 위한 아이디어도 생성 AI의 도움을 받을 수 있다. 생성 AI가 제시한 답변이 타당하지 않거나, 자신이 수행하기 어려운 것이면, 구체적인 상황, 자신의 특성과 여건 등을 단서로 입력하고 답을 다시 요청하면 된다. 또 제시된 아이디어를 수행하기 위해 구체적인 프로그램이나 기타 자료가 필요하면, 해당 부분을 복사하여 입력창에 붙여넣고, 그것을 실행하기 위한 구체적인 프로그램과 자료를 만들어달라고 하면 된다.

5. 생활기록부 작성하기

대학 진학학생부종합전형에 직접적으로 영향을 미치는 생활기록부의 창의적 체험활동 상황, 교과 학습 발달 상황특히 교과 세부능력 및 특기 사항, 행동 특성 및 종합 의견 작성에 어려움을 겪는 교사가 많다. 맡은 학생이 많으면 그만큼 쏟아야 하는 시간과 에너지도 상당하다. 그러다 보니 학교와 교사에 따라 생활기록부 내용에 큰 차이가 발생하는 것이 현실이다. 그러나 이제 챗GPT를 비롯한 생성 AI의 등장으로 생활기록부 작성에 들어가는 교사의 에너지와 시간을 크게 줄일 수 있게 되었고, 잘 활용하면 부실한 생활기록부가 줄어들 수 있을 것으로 기대된다. '챗GPT와 생활기록부'라는 키워드로 유튜브와 구글 등에서 검색해보면 많은 동영상과 사이트가 뜬다. 자세히 알아보고 싶다면 검색하여 참고하기를 권한다.

한편, 인공지능에 의존하여 생활기록부를 작성하는 교사가 늘고 있다는 비판이 제기되고 있다. 많은 교사가 이러한 사이트에 의존해 생활기록부를 작성한다면, 앞에서제1부 제2장 예로 들었던 교육감 축사처럼 생활기록부 내용이 비슷해지는 경우가 늘어날 가능성이 있다. 생성 AI의 도움을 받은 경우, 교사는 자신의 전문성을 바탕으로 작성 기준에 부합하도록 정교하게 수정한 후에 사용해야 한다. 다른 경우와 마찬가지로 생활기록부 작성을 인공지능에 의존하다 보면 중독성이 생기고, 그러면 교사의 생활기록부 작성 역량은 갈수록 떨어지게 될 수 있다. 인공지능은 활용 대상이지 의존 대상이 아님을 항상 기억하며 작업을 수행해야 한다.

교사가 생활기록부를 작성할 때 어느 정도까지 인공지능을 활용해도 되는지, 활용한 경우 활용 사실을 어떤 정도까지 어떻게 밝혀야 할지에 대해 학교나 교육청 차원의 지침이 만들어지는 날이 오지 않을까 생각한다. 교사가 생활기록부를 작성하는 과정에 단순 반복 작업을 줄이기 위해, 그리고 적절한 표현을 찾기 위해, 핵심 단어를 제시하면서 이를 문장으로 작성해달라고 요청하는 방식으로 사용하는 것은 허용해도 괜찮을 것 같다.

AI융합교육 교수인 송은정은 특정 단어를 제시하고 그 단어가 포함된 문장 작성 요청, 특성이 잘 드러나지 않는 학생의 특성 찾기, 같은 활동을 한 여러 학생에 대한 다양한 서술문 찾기 등등의 경우에 사용하면 도움이 된다고 밝히고 있다.[*] 어떤 방식으로 활용하든, 그 내용을 학교에 보고하도록 한다면 생성 AI 활용 윤리 위배, 부정 사용 문제 등은 완화될 수 있을 것이다. 이러한 범위에 맞게 사용하는 사례를 제시하면 다음과 같다.

> 나: 고등학교 1학년 학생 생활기록부에 들어갈 내용을 작성해줘.
> - 영역: 창의적 체험활동 중 자율활동
> - 활동 내용: 학교 축제 사회, 또래 드림팀에서 또래 교사 역할
> - 포함될 단어: 성실, 열정, 협동, 리더십
> - 긍정적 표현 문장으로 작성
> - 모든 문장은 개조식으로 작성
> - 모든 문장에 주어는 포함하지 않음.
> - 전체 길이는 500자

---

[*] 송은정. (2023) 「예고된 변화 챗GPT 학교」. 테크빌교육.

제 8 장 학급경영에 생성 AI 활용하기

    수업 역량만 뛰어나면 수업이 성공적으로 이루어질 것으로 생각하는 교수자가 많다. 하지만 수업의 성패를 좌우하는 토대는 수업경영을 포함한 학급경영 역량이다. 수업을 위한 규칙과 수칙이 잘 만들어져 있고 학생들은 이에 맞춰 수업에 임할 때, 한 반의 학생들이 학습공동체로서의 역량을 갖추고 있을 때, 학급경영의 제반 영역에서 교사가 기량을 발휘할 때, 그리고 학부모와의 협업이 잘 이뤄질 때 학생 교육은 그 목적을 달성할 수 있다.

I. 수업용 규칙과 수칙

수업 중 생성 AI 활용 시의 규칙과 수칙 정하기

    수업 중에 생성 AI를 활용할 경우, 지켜야 할 규칙과 수칙을 반드시 만들어 제시해야 한다. 그 규칙을 만들 때도 생성 AI의 도움을 받을 수 있다. 생성 AI가 제시한 것을 바탕으로 학생들과 협의하여 규칙과 수칙 및 벌칙을 만들면 된다. 가르치는 학교급과 학년 등을 제시하면 좀 더 상황에 맞는 내용을 얻을 수 있다. 다음은 필자가 챗GPT에 요청하여 받은 답변을 보완한 것이다. 참고할 만한 내용이 많아서 전체 내용을 소개한다.

  수업 중에 챗GPT를 활용할 경우 반드시 지켜야 할 규칙과 수칙 및 벌칙을 제시해줘.

- 대상: 중학교 3학년
- 과목: 영어

- 규칙과 수칙

1. 사용 허가 범위
   - 챗GPT는 교사가 승인한 특정 활동에만 사용할 수 있습니다.
   - 여기에는 말하기 연습, 문법 개념 이해 또는 다양한 작문 스타일 탐구가 포함될 수 있습니다.
   - 과제에서 챗GPT를 사용한 경우 AI의 도움을 받은 부분을 명확하게 명시해야 합니다.

2. 사용 금지
   - 교사가 명시적으로 허용하지 않는 한 숙제, 보고서, 그 외 모든 형태의 평가에 챗GPT를 활용하는 것은 엄격히 금합니다.
   - 시험이나 질문에 대한 답변에 챗GPT를 사용해서도 안 됩니다.
3. 제한적 활용
   - 수업 중에는 교사의 감독하에서만 챗GPT를 사용할 수 있습니다. 이는 챗GPT를 학습 활동에만 사용하도록 하기 위함입니다.
4. 상호작용 예절
   - 챗GPT와 상호작용할 때 정중하고 적절한 언어를 사용해야 합니다.
   - 욕설이나 부적절한 언어는 허용되지 않습니다.
5. 개인정보 보호 및 안전
   - 개인정보를 챗GPT와 공유해서는 안 됩니다.
   - 민감한 개인적인 문제를 상담하거나 의견을 듣기 위해 챗GPT를 사용해서는 안 됩니다.

- **오남용에 대한 처벌**
1. 1회 위반
   - 학문적 진실성 위배에 따른 경고
   - 학생은 AI의 지원을 받지 않고 과제를 다시 수행해야 합니다.
2. 2회 위반
   - 관련 과제나 프로젝트의 성적은 최하점 부과
   - 오용에 대해 부모 또는 보호자에게 통보합니다.
3. 3회 이상 반복적인 위반
   - 유기 정학, 성적 감점 또는 기타 학교가 규정한 처벌을 포함한 추가 징계 조치
   - 학업 성실성 워크숍이나 유사한 교육 프로그램에 의무적으로 참여해야 합니다.

- **사용에 따른 책임감 강화**
  - 주기적 토론: AI의 윤리적 사용에 관해 지속적인 대화를 나누세요.
  - 교육 워크숍: AI와 기술의 책임감 있는 사용에 중점을 두고 디지털 활용 능력에 관한 워크숍이나 수업을 진행합니다.
  - 긍정적 강화: 챗GPT를 규정에 맞춰 정확하고 혁신적으로 사용하는 경우 이를 인정하고 상응하는 보상을 제공합니다.

과제 수행 시에 지켜야 할 생성 AI 사용 규칙과 수칙 및 위반 시의 벌칙만을 따로 만들 수도 있다. 챗GPT 등 생성 AI에게 요청하여 받은 응답을 활용하면 도움이 될 것이다.

수업 규칙과 수칙 정하기

초등교사와 달리 중등교사와 대학교수는 수업 중에 지켜야 할 규칙과 수칙을 제정하고 적용하는 데 크게 관심을 기울이지 않는 경향이 있다.[*] 하지만 교수법은 가르칠 내용을 어떻게 잘 가르칠 것인가만이 아니라 한 차시 혹은 한 학기의 수업을 어떻게 잘 이끌어갈 것인가를 포함하는 개념이다. 후자를 수업경영이라고 하는데, 수업경영의 핵심 중의 하나가 수업 규칙과 수칙 및 벌칙을 제정하고 운영하는 것이다. 규칙과 수칙은 바람직한 행동을 강화하고, 문제 행동을 예방 및 약화시키는 것을 목적으로 한다.[**]

---

[*] 박남기. (2017). 『최고의 교수법』. 쌤앤파커스.
[**] 규칙과 수칙에 대한 구체적인 내용은 『최고의 교수법』(박남기, 2017) 또는 박남기 블로그의 '규칙과 수칙 활용을 위한 기초' 등의 글을 참고하기 바란다.

규칙과 수칙 제정에 익숙하지 않은 교수자는 챗GPT에게 구체적인 상황을 제시하며 담당하는 학급이나 과목에 적합한 규칙과 수칙 및 벌칙 아이디어를 요청할 수 있다. 추가 조건에 교수자를 힘들게 하는 문제 행동을 포함하도록 요청할 수도 있다.

> **나** 다음 수업을 진행하는 데 필요한 규칙과 수칙rules and procedures, 그리고 벌칙의 예시를 제시해줘.
>
> - 과목명: [수업할 과목명]
> - 대상 학생: [평가 대상 학생의 학교급 및 학년]
> - 포함할 문제 행동: [문제 행동을 구체적으로 쓴다.]

위처럼 수업경영을 위해 필요한 전체적인 규칙과 수칙 아이디어를 요청할 수도 있고, 아래처럼 수업 중에 떠드는 행위나 수업 중에 조는 행위 등의 특정 문제 행동을 지도하기 위한 방법이나 수칙을 요청할 수도 있다.

> **나** 수업 중에 조는 학생을 위한 규칙과 수칙, 벌칙 등을 포함한 대처법 [   ]가지를 제시해줘.
>
> - 과목명: 수학
> - 대상: 중학교 1학년
> - 학급 학생 수: 25명
> - 시기: 4월 봄날

2. 학급경영 활동

학급경영은 학급 목표 및 경영 목표 수립, 학급 조직, 규칙과 수칙 제정, 교실환경, 행동경영, 수업경영, 학부모 경영, 시기별 및 시간별 학급경영, 사무경영, 경영평가 등의 10개 영역으로 이루어진 방대한 영역이다.* 그러나 현실적으로 교사들이 이러한 학급경영을 모두 배우고 현장에 투입되는 것은 아니다. 그러다 보니 수업을 하거나 학급을 이끌면서 많은 어려움을 겪게 된다. 그런데 생성 AI가 등장하여 영역별 학급경영 계획 아이디어를 얻고, 필요한 자료를 만드는 것이 아주 쉬워졌다. 생성 AI가 제공한 자료와 아이디어를 바탕으로 다른 교사들이 해왔던 아이디어나 자료를 찾아 보완하면 자신만의 학급경영 계획을 수립할 수 있다. 그렇게 하면 학급경영 제반 영역의 경영에 필요한 아이디어와 자료 제작에 들어가는 시간을 크게 줄일 수 있을 것이다. 여기서는 지면상 몇 가지만 소개한다.

학기 첫날 첫 만남 준비

학급경영에서 가장 먼저 이뤄지는 활동은 새 학년 새 학기 첫 만남 준비이다. 이를 위한 자료와 아이디어는 인터넷 검색을 통해 얻을 수도 있지만, 다음과 같이 생성 AI에게 명령하면 좀 더 쉽게 얻을 수 있다.

---

* 박남기 외 9인(2017). 「초등 학급경영의 이론과 실제」(2판). 교육과학사.

> **나:** 학생들이 자신을 소개하는 데 활용할 수 있는 질문 5가지 제시해줘.
> - 대상: 한국 전라남도 목포시 중학교 1학년
> - 학생 수: 남학생 12명, 여학생 10명
> - 상황: 새 학년 처음 만난 자기 반 친구들에게 자신을 소개
> - 시기: 3월 2일 초봄
> - 장소: 교실

위와 같이 질문 5가지를 제시하라고 했더니, 이름과 별명, 취미, 목포에서 가장 좋아하는 장소, 기대되는 활동이나 과목, 미래의 꿈이나 희망 직업 등 평이한 질문을 제시했다. 그래서 '창의적이고 독창적인 질문 포함'이라는 추가 단서를 달았더니 재미있는 질문을 제시했다. 자신의 삶을 나타내는 노래, 읽었던 책 중에서 자신을 가장 잘 대변하는 책과 이유, 시간 여행을 하고 싶다면 어느 시대로 가고 싶은지, 그리고 거기에서 하고 싶은 것 등 상당히 창의적인 질문을 제시해주었다.

첫날 할 수 있는 활동, 그 활동을 하기 위한 자료 제작도 요청할 수 있다. 위의 질문에 이어서 다음 질문을 한다면 구체적인 단서를 붙일 필요가 없다. 하지만 다음 질문만 별도로 할 경우에는 다음과 같이 단서를 붙여야 기대한 답을 얻을 수 있다.

> **나:** 새 학년 첫날 학생들이 서로 이야기를 나누며 할 수 있는 재미있는 활동을 5가지 제시해줘.
> - 대상: 한국 전라남도 목포시 중학교 1학년

- 학생 수: 남학생 12명, 여학생 10명
- 상황: 새 학년 처음 만난 자기 반 친구들에게 자신을 소개
- 시기: 3월 2일 초봄
- 장소: 교실

학급 규칙과 수칙 정하기

　규칙과 행동수칙은 행동에 대한 정해진 기대를 의미한다. 규칙은 일반적인 원칙이고, 행동수칙은 규칙을 어떻게 실행할 것인가에 대한 구체적인 지침, 나아가 학급생활 전반에 걸쳐 따라야 할 절차를 의미한다. 규칙이나 수칙을 제정할 때는 학급 교육목표, 학급 여건, 학생들의 특성, 교사의 기대 등을 반영해야 한다.

　규칙과 수칙은 학기 초에만 만드는 것이 아니라 학기 중에도 만들 수 있다. 여기서는 학생들이 보이는 문제행동의 특성을 완화하기 위한 규칙을 제정할 때 생성 AI를 활용하는 방법을 소개한다.

나 ○→ 다음 문제행동을 보이는 학생들이 있는 학급을 하나의 학습공동체로 발전시키기 위한 학급 규칙대원칙을 개조식으로 5개만 제시해줘.

- 대상: 초등학교 6학년 20명
- 문제행동 증상: 학생들 간에 욕설과 언어폭력이 잦음. 조별 활동 시 소외시키는 학생이 있음. 조별 활동 시 침묵이나 무임승차로 나머지 학생의 감정을 유발함. 전날 게임 중독으로 아침에 지각이 잦은 학생도 있음. 숙제를 하지 않음. 분노 감

정이 조절되지 않아 교실에서 자주 소리 지르고, 폭력적인 성향을 보이고 아이들과 다툼이 잦음. 여자아이들끼리 편을 갈라 서로 사이가 안 좋음.

수업경영

수업경영이란 수업 성공을 위한 제반 활동을 의미한다. 여기에는 수업 중 학생들의 주의집중 기법, 수업 절차, 수업 자료 준비, 수업 환경, 과제관리 등이 포함된다. 그중 생성 AI를 활용하여 수업 중 학생들의 주의집중을 유도하는 데 필요한 팁을 요청하는 명령어를 예시로 제시한다.

> **나** ─ 수업 중에 학생들이 경청할 수 있도록 격려하는 팁을 알려줘.
> - 대상: 한국 전라남도 목포시 중학교 1학년
> - 학생 수: 남학생 12명, 여학생 10명
> - 상황: 수업 중에 잡담하는 학생이 있음.
> - 활용 시기: 학기가 시작된 지 한 달이 지난 4월 초

행동경영(behavior management)

행동경영이란 학생들이 등교해서 하교할 때까지 교내, 교실, 기타 제반 학습 공간에서 바람직한 행동을 하도록 유도하고, 문제행동을

예방하며, 문제행동이 발생했을 때 이를 바로잡기 위한 제반 활동을 의미한다. 이와 관련하여 생성 AI에게 전략이나 방법을 요청하는 예를 제시하면 다음과 같다.

> **나** 교실에서 물건을 분실한 학생이 생겼을 때 대처하기 위한 전략을 알려줘.
>
> - 대상: 한국 전라남도 목포시 중학교 1학년
> - 학생 수: 남학생 12명, 여학생 10명
> - 발생 시기: 학기가 시작된 지 한 달째인 3월 말
> - 상황: 한 남학생이 책상 안에 넣어둔 오만 원권 지폐 분실

> **나** 상습적으로 지각하는 학생을 지도하기 위한 효과적인 방법을 알려줘.
>
> - 대상: 한국 전라남도 목포시 중학교 1학년
> - 학생 수: 남학생 12명, 여학생 10명
> - 지도 시기: 학기가 시작된 지 두 달째인 4월 말
> - 상황: 어떠한 훈육이나 경고도 효과가 없음. 부모도 아이의 지각에 무관심함.

교실환경

교실환경이란 효과적인 교수학습과 안전하고 쾌적한 생활을 이끌어내기 위한 물리적·심리적 환경을 의미한다. 교실환경을 구성하는

요소의 하나인 좌석 배치와 관련된 아이디어를 생성 AI에게 요청하는 예를 제시해본다.

> **나**
> 학생들의 집중력을 높이는 데 도움이 될 좌석 배치 아이디어를 알려줘.
> - 대상: 한국 전라남도 목포시 중학교 1학년
> - 학생 수: 남학생 12명, 여학생 10명
> - 과목: 수학
> - 활용 시기: 학기가 시작된 지 한 달이 지난 4월 초

만들어진 규칙을 교실에 부착하고자 할 때 고려할 점에 대해서도 생성 AI에게 요청할 수 있다.

> **나**
> 교실 벽에 부착할 학급 규칙 포스터를 만들려고 해. 포함되어야 할 사항, 만들 때 고려할 점을 제시해줘.
> - 대상: 한국 전라남도 목포시 중학교 1학년
> - 학생 수: 남학생 12명, 여학생 10명
> - 활용 시기: 학기가 시작된 3월 초

이 요청에 대해 챗GPT는 포스터 제작 시 고려할 사항 5가지로 명확성과 간결성, 긍정적 언어 사용, 시각적 요소, 학생 참여, 문화적 배경 고려를 제시하고, 포스터에 포함될 학급 규칙 5가지, 그리고 포스터 제작 팁까지 제시해주었다.

제시된 포스터 제작 팁은 다음과 같다.

• 포스터 제작 팁:
- 컬러: 밝고 긍정적인 색상을 사용하여 학생들의 주의를 끌고 긍정적인 분위기를 조성합니다.
- 폰트: 읽기 쉽고 친근감 있는 폰트를 선택하여 모든 학생이 쉽게 읽을 수 있도록 합니다.
- 학생 작품 포함: 학생들이 그린 그림이나 캐릭터를 포스터에 포함시켜 학생들의 참여를 유도합니다.

이상에서 제시한 학급경영 영역의 생성 AI 활용 아이디어는 극히 일부의 예시에 불과하다. 이밖에 수많은 영역의 학급경영에 생성 AI를 활용할 수 있는 아이디어를 얼마든지 생각해볼 수 있다. 300가지가 넘는 학급경영 제반 영역 경영에 필요한 아이디어와 자료 제작을 생성 AI에게 요청한다면 지금까지와 달리 아이디어와 자료 제작에 들어가는 시간을 크게 줄일 수 있을 것이다.

3. 그 외 수업 및 학생지도 활동

    교사의 업무 중에는 글쓰기에 해당하는 것도 많이 있다. 글쓰기에 익숙지 않은 교사는 그런 업무가 있을 때마다 부담을 느낄 것이다. 그럴 때 거대언어모델LLM 기반 생성 AI는 어떠한 글이든 요청하는 대로 잘 써준다. 학생과 학부모에게 보낼 이메일, SNS용 글, 안내문, 추천서, 감사패, 콘퍼런스 분과 회의 제안서, 책 내용 홍보를 포함한 다양한 언론 보도자료까지 무엇이든 요청하면 형식에 맞게 글을 써주거나 다듬어준다. 생성 AI가 써주는 글을 그대로 사용할 수는 없지만, 최소한 새로운 아이디어는 얻을 수 있다.

    글을 써달라고 요청할 때는 고려해야 할 요소, 꼭 들어가기를 원하는 내용 등 교사가 원하는 요소를 모두 포함하면 좋다. 이때도 한 번에 완벽한 글을 얻으려 하기보다는 우선 간단하게 요청한 후, 점차 요청 사항을 추가시켜가는 방식으로 시도해보길 바란다.

학부모에게 보내는 자기소개 편지

나 → 새로운 학년의 담임교사가 되어 학부모에게 자기소개하는 서신을 만들어줘.
- 대상: 초등학교 5학년 학부모
- 학부모 특성: 저소득층 맞벌이 부부가 많음. 조손 가정, 한부모 가정, 다문화 가정이 절반을 넘음.

- 내용: 학생에게 최선을 다하며 사랑하는 마음이 전달되고, 신뢰와 존중으로 소통하는 한 해가 되길 바라는 마음, 학부모에 대한 존중과 존경이 드러나도록, 교사를 향한 학부모의 존경과 존중을 보며 아이들도 배우고 성장함을 강조. 15년의 경력을 가졌으며 전문성을 갖춘 교사임. 대학원 석사 전공이 교육상담임.
- 서론: 3월 만물이 소생하는 봄이 시작되는 시기에 맞게 희망과 꿈을 독려할 수 있는 인사말 추가
- 마무리 인사: 학부모의 깊은 관심이 뒷받침될 때 아이의 밝은 미래가 보장될 수 있다는 설득력 있는 인사로 마무리

요청 결과 제시된 서신의 일부를 소개하면 다음과 같다. 편지 길이를 포함해 원하는 사항을 구체적으로 제시할수록 기대에 가까운 구체적인 답을 얻을 수 있다.

친애하는 학부모님,

봄바람이 살랑이는 이 아름다운 3월, 모든 것이 생동하는 이 시기에 교실의 새로운 담임교사로서 여러분께 첫인사를 드립니다. 저는 15년의 교직 경험을 가지고 있으며, 아이들에게 사랑을 전달하고 그들의 꿈과 희망을 키워주기 위해 최선을 다하는 교사입니다.

저희 학급은 다양한 가정환경에서 자라나는 아이들로 구성되어 있으며, 이는 우리 학급공동체를 더욱 풍요롭게 할 것입니다. 저는 이 다양성을 존중하고 각 가정의 상황을 이해하기 위해 노력하겠습니다. 저의 대학원 석사 전공이 교육상담인 만큼, 아이들뿐만 아니라 부모님과도 신뢰와 존중을 바탕으로 한

의사소통을 이어가겠습니다.

　아이들이 성장하는 데 가장 중요한 것은 부모님과 교사 간 존중과 신뢰입니다. 아이들은 우리의 행동을 보며 배우고, 이러한 모범이 그들의 인격 형성에 큰 영향을 미칩니다. 이러한 이유로, 우리 모두가 서로를 존중하고 지지하는 환경을 조성하는 것이 매우 중요합니다.

　이번 학년 동안, 저는 아이들이 각자의 잠재력을 최대한 발휘할 수 있도록 돕고, 그들이 스스로를 신뢰하며 긍정적인 자아상을 형성할 수 있도록 지원할 것입니다. 그 과정에서 부모님의 깊은 관심과 지지가 아이들의 밝은 미래를 위한 가장 확실한 보장이 될 것입니다.

(…이하 생략…)

반 전체 학생의 분위기와 특징을 학부모에게 소개하는 서신

나 다음은 2학년 학급담임으로서 학생들의 생활 특징을 학부모에게 소개하는 편지글이야. 설득력 있고 전문성 있게 글을 다듬어줘.

- 독서 생활, 급식 질서 등 기본생활 습관이 잘 정착되어 있으나 꾸준한 통행 지도가 필요함. 뛰는 학생들이 많아서 꾸준히 지도하고 있으나, 가정에서도 지도 부탁드립니다.
- 또래 집단을 만들어 어울려 지내기를 좋아함.
- 대체로 여학생들은 말수가 적은 편이나 자신이 할 일을 스스로 잘 해결함.
- 남학생은 발표 활동이나 학급 활동에 적극적인 편임.

문제 학생 부모에게 보내는 공식 통신문

> **나** 문제행동이 잦은 학생의 학부모에게 담임교사가 보내는 공식적인 학부모 통신문을 만들어줘.
>
> - 대상: 초등학교 2학년 학부모
> - 서론: 4월에 걸맞은 계절 인사말 추가
> - 내용: 교실 내 문제행동을 자주 일으키는 학생으로 인해 전화를 수차례 걸었으나, 연락되지 않아 학교 방문을 요청하는 내용
> - 문제행동 증상: 분노 감정이 조절되지 않아 교실에서 자주 소리 지르고, 폭력적인 성향을 보이고, 아이들과 다툼이 잦음.
> - 마무리 인사: 학부모의 깊은 관심이 뒷받침될 때 아이의 밝은 미래가 보장될 수 있다는 설득력 있는 인사로 마무리
> - 분량: 1,000자 내외

문제 학생과의 상담 시나리오

문제 학생이나 학부모와 상담하는 일은 어느 교사에게나 부담되는 일일 것이다. 상담을 앞두고 있을 때 문제 학생 또는 학부모와 어떻게 대화를 이어 나갈지 미리 생각하거나 연습해본다면 그 부담이 훨씬 가벼워질 것이다. 그런 사전 준비를 위해서도 생성 AI의 도움을 받을 수 있다. 예를 들어 생성 AI에게 다음과 같이 요청해볼 수 있다.

나 다음의 문제행동을 보이는 학생과 상담을 하는 담임교사를 위한 효과적인 상담 시나리오를 만들어줘.

- 대상: 초등학교 6학년
- 문제행동 증상: 욕설과 언어폭력이 잦음. 조별 활동 시 침묵이나 무임승차로 나머지 학생의 감정을 유발함. 전날 게임 중독으로 아침에 지각이 잦음. 숙제를 하지 않음. 분노 감정이 조절되지 않아 교실에서 자주 소리 지르고, 폭력적인 성향을 보이고 아이들과 다툼이 잦음.
- 형태: 역할극 형태의 대본

문제 학생 부모와의 상담 시나리오

나 다음의 문제행동을 보이는 초등학생의 학부모와 상담하는 담임교사를 위한 효과적인 상담 시나리오를 만들어줘.

- 학부모는 해당 학생의 문제행동을 인지하지 못하고 있음.
- 대상: 초등학교 1학년
- 학생의 문제행동 증상: 쉬는 시간과 공부 시간을 구분하지 못하고 수업 중 돌연 악을 쓰는 일이 잦음. 전날 게임 중독으로 아침에 지각이 잦음. 감정 조절이 어려워 교실에서 자주 소리 지르고, 폭력적인 성향을 보여 친구들과 다툼이 잦음. 교실에서 드러눕는 일이 잦음.
- 형태: 역할극 형태의 대본
- 내용: 어려운 걸음을 한 학부모에게 정중하고 따뜻한 인사말로 시작. 학생의 상황에 대해 인정하지 않고 교사를 신뢰하지 않으려는 학부모의 태도로 갈등이 고조된 내용 포함. 학

생의 발전과 성장을 기원하며 진심을 다해 지도하려는 진정성을 호소하는 교사의 대사 포함. 만남의 궁극적인 도달점은 학생의 발전을 위한 협력과 소통이 중요하다는 교사의 대사 포함. 교사의 현명한 해결책과 대안 제시. 학부모도 노력하겠다는 약속 포함.
- 분량: 최대한 길게

학부모 메시지에 대한 답신

나 ─○ 지도하는 학생의 학부모로부터 받은 다음의 메시지에 대해 교사가 학부모에게 보내는 회신 메시지를 작성해줘.

- 받은 메시지: 뜻깊은 스승의날이네요. 먼저 감사하고 수고하신다는 말을 전해요. 선생님의 훌륭한 가르침 덕에 잘 적응하는 아이를 보면 너무나도 뿌듯합니다. 선생님, 정말 감사드려요. 찾아뵙고 인사드려야 하는데, 이리 문자로만 감사인사를 하게 되네요. 언제나 행복하시겠지만, 오늘 하루는 더더욱 행복한 하루를 보내시길 바랍니다.
- 내용: 감사와 학생에 대한 사랑의 마음, 신뢰를 보내주는 학부모에 대한 고마움의 인사와 앞으로도 최선을 다해 학생을 지도하겠다는 겸손한 마음을 담아 표현, 전문성도 겸비하여 답장.

어버이날 축하 서신

나 ─○ 어버이날을 축하하는 학부모 서신을 작성해줘.

- 대상: 초등학교 5학년 학부모
- 내용: 자녀를 양육하는 학부모의 노고에 감사와 경의를 표하는 내용, 학부모의 꾸준한 관심과 사랑에 존경과 감사를 표하는 내용
- 서론: 계절의 여왕인 5월에 걸맞은 따뜻하고 낭만적인 봄 인사말 추가
- 마무리 인사: 학부모의 깊은 관심이 뒷받침될 때 아이의 밝은 미래가 보장될 수 있다는 설득력 있는 인사로 마무리
- 분량: 1,000자 내외

상장 문구

나 ─○ 다음 내용이 포함된 '어린이날' 기념 상장을 다정하고 사랑을 담은 내용으로 작성해줘.

- 이름: 전윤서
- 학년: 2학년
- 활동: 친구에게 상냥하고 친절하게 대해줌. 선생님에게 예의 바름. 어려운 처지에 있는 친구를 친절하게 도와줌. 어려운 문제를 인내심 있게 풀어냄.
- 예시: 위 어린이는 친구들을 배려하고 생각하는 착한 마음으로 친구들을 잘 도와주기에 이에 상장을 주어 칭찬합니다. 앞으로도 상대를 배려하고 생각할 줄 아는 아름다운 사람으로 자라기를 바랍니다.

만약 제시된 답변이 마음에 들지 않으면, "위의 상장 내용을 다정하되, 격식체가 아닌 어투로 바꾸어 동일한 조건으로 다시 작성해줘."와 같은 추가 명령을 통해 수정본을 받아볼 수 있다.

감사패 문안

감사패 감사장 또는 축사에 들어갈 문안 작성을 요청하려면 다음과 같이 하면 된다.

> **나** 다음 내용이 포함된 감사패를 작성해줘.
> - 이름:
> - 경력:
> - 활동:

> **나** 다음 내용이 포함된 축사를 작성해줘.
> - 행사: 입학식
> - 대상: 초등학교 1학년 학생과 학부모, 그 외 내빈들
> - 포함할 내용:
> - 들어가면 안 될 내용:

이상에서 제시한 문안 작성 예를 참고하여 다양한 통신문, 서신문, 상장, 이메일, SNS 문자 작성을 요청할 수 있다. 작성된 서신은 꼼꼼히 살피고 수정한 후에 활용해야 한다.

회의록(노트) 초안 활용 완성문 작성

챗GPT를 이용하면 키워드만 적어놓은 노트를 바탕으로 회의록을 작성할 수도 있다. 물론 긴 회의록의 요약본 작성도 가능하다. 더 나은 완성본이 되게 하려면 그 회의의 참가자, 회의 목적, 핵심 내용, 기타 원하는 내용 등을 포함하면 된다. 먼저 다음과 같이 간단한 명령어로 요청하고, 결과를 보아 조건을 추가해가면 된다.

> **나** 다음 회의록 초안을 바탕으로 회의록 완성본을 작성해줘.
> Convert my shorthand into a first-hand account of the meeting.
>
> - [회의록 기록본을 복사해 붙여넣거나 PDF 파일을 첨부한다.]

제 9 장 생성 AI 활용해 수업 혁신하기

　지금까지는 새로운 이론이나 교수법을 접하면 배우는 데 상당한 시간과 에너지를 쏟아야 했다. 배우는 것으로 끝나지 않고, 교수활동에 적용하여 개선 또는 혁신하려면 또 다른 노력이 더해져야 했다. 그런데 생성 AI는 새로운 이론과 기법을 학습하는 데 들어가는 시간, 배운 것을 적용하는 능력을 기르고, 실제 자신의 수업에 필요한 프로그램을 만드는 데 들어가는 시간을 크게 줄여준다.

　생성 AI를 활용하면 최신 교수법과 학습 전략을 통합한 창의적이고 매력적인 수업 계획을 보다 쉽게 만들 수 있다. 다른 과목의 교사들과 협업하는 데도 도움을 받을 수 있고, 이를 통해 학생들에게 보다 통합적이고 학제적인 학습 경험을 제공할 수 있다. 이처럼 생성 AI를 활용하면 교사는 수업을 혁신하고 학생들에게 더욱 매력적이고 효과적인 학습 경험을 제공할 수 있다.

　물론 아직은 한계가 많다. 따라서 교사들이 이 책에 제시된 다양한 방법을 활용하여 수업 혁신에 도움을 받고자 할 때는 반드시 제시된 답의 사실 여부, 타당성, 적용 가능성, 실현 가능성 등을 검토한 후, 수정·보완해서 사용해야 한다.

I. 다양한 학습이론 적용해보기

새로운 이론 이해하기

　새로운 용어가 등장하고, 이를 활용해 학생을 지도하라는 교육청의 직·간접적 지시가 내려오면, 교원들은 스트레스를 받게 된다. 뜻은 무엇이고, 등장하게 된 배경은 무엇인지, 기존의 이론과는 어떤 차이가 있는지, 이를 수업에 적용하려면 어떻게 해야 하는지 등등 많은 질문이 스치지만 답해주는 사람도 잘 모르는 것처럼 보일 때가 많다. 이럴 때 생성 AI에게 도움을 청해볼 수 있다. 제시해준 답을 바탕으로 기본적인 이해를 하고 접근하면, 이론과 주장의 핵심을 파악하기가 훨씬 용이할 것이다.

　제시해주는 답이 사실일까 걱정되면 인용 사이트URL를 밝혀달라거나 인용과 출처를 APA 형식으로 제시하라고 한 후, 제시된 사이트에 가서 확인하면 된다. 이러한 요청에 대해 때로는 "이 정보는 일반적인 개념 설명을 바탕으로 하며, 특정 학문적 출처에서 직접 인용한 것은 아닙니다."라는 식의 답을 내놓기도 한다. 연구자로서 새로운 지식을 만들어내는 작업을 할 경우에는 챗GPT가 제시하는 답을 그대로 인용하는 것은 극히 위험하다. 그러나 교수자들이 새로운 이론을 이해하기 위해 활용할 때는 챗GPT가 이미 존재하는 사이트의 내용을 정리하여 일반적인 답을 제시해주므로 사용 부담은 조금 줄어든다.

　학습이론으로 자기주도적학습 이후에 새롭게 유행하고 있는 '학습자 주도성학습자 주체성, Student Agency'이라는 용어를 적용하여 실험해본 사례를 예로 들어 생성 AI 활용 방안을 제시해본다.

먼저 이론 이해에 도움을 받고자 할 때는 다음과 같은 명령을 내리면 된다. 만일 자신이 중학교 2학년 사회 담당 교사라면 이를 조건에 추가하는 것이 좋다.

> **나** ─ 나는 한국 전라남도에서 중학교 2학년 학생들에게 사회 교과를 가르치고 있는 경력 5년의 교사야. 다음에 대해 답을 해줘.
> - 학습자 주도성Student Agency의 의미와 등장 배경을 간단히 설명해줘. 한국어로.
> - 이 내용을 가져온 사이트URL를 밝힐 것. 혹은 인용과 출처를 APA 형식으로 제시할 것.

이렇게 하면 개념의 핵심 내용과 이 개념이 등장하게 된 배경을 상세히 설명해준다. 제시된 내용 중 잘 이해하기 어려운 부분이 있으면, 해당 부분을 복사해 입력창에 붙여넣은 후 상세히 설명해달라고 요청하면 된다. 또 생성 AI가 제시한 설명으로는 자기주도적학습과의 차이를 명확히 이해하기 어렵다면 다음과 같이 요청하면 된다. 되풀이하지만, 생성 AI는 앞의 명령을 기억하고 있으므로 추가 질문을 할 때는 앞에서 제시한 조건을 반복하지 않아도 된다.

> **나** ─ 학생 주도성Student Agency과 지금까지 널리 활용되어온 자기주도적학습self-directed learning이 개념상 어떤 차이가 있는지 설명해줘.

- 내 수업에 적용하고자 할 때 이 두 개념에 따라 수업이 어떻게 달라질 수 있을지 예를 들어 비교하는 표를 만들어줘.
- 인용과 출처를 APA 형식으로 제시할 것.

 위의 요청에 대해 챗GPT는 교실에서 적용할 때의 정의, 초점, 교사의 역할, 학습 환경, 교실의 예, 평가 등의 측면에서 학생 주도성과 자기주도적학습 두 가지가 서로 어떻게 다른지 다음과 같이 표로 제시해주었다.

 교실 적용 예시 비교표:

측면	학생 주도성	자기주도적학습
정의	학습 과정에 영향을 미치는 선택을 독립적으로 할 수 있는 능력	학습 과정을 자율적으로 관리할 수 있는 학습자의 능력
교사의 역할	선택과 결정을 할 기회의 제공자	목표 설정, 전략, 자기평가 과정의 안내자
학생의 역할	학습 결과와 환경에 영향을 미치는 적극적 참여자	자신의 학습 과정의 주요 관리자
교실 적용 예시	학생들이 관심사와 목표에 따라 프로젝트를 선택합니다. 수업 규칙 설정과 그룹 규범 결정에도 의견을 낼 수 있습니다.	학생들이 스스로 개선이 필요한 영역을 식별하고, 자원을 찾아 학습 계획을 세웁니다. 개인 학습 목표를 설정하고 진행 상황을 모니터링합니다.
학습 평가	참여와 관여에 대한 자기반성과 동료 피드백을 포함합니다.	설정된 목표와 선택된 학습 전략의 효과에 대한 자기평가에 중점을 둡니다.

그리고 필자의 수업에 적용하고자 할 때 어떤 차이가 있는지에 대해서도 주제 선정, 연구 과정, 진행 상황 모니터링, 평가 등의 4가지 측면에서 비교표를 만들어 제시해주었다.

만일 해당 차시 교과서 파일이 있다면, 아래처럼 해당 파일을 첨부하고, 학생 주도성 개념에 맞추어 수업안이나 활동 계획, 평가 계획을 만들어달라고 할 수 있다. 그러나 생성 AI가 만들어준 것이 정말 학생 주도성 개념에 부합하는지 여부는 교수자가 직접 확인할 필요가 있다. 아직은 오류가 포함되어 있을 수 있으므로 아이디어를 얻고, 일부 활용 가능한 자료를 참고하는 정도로 하는 것이 바람직하다.

> **나** 첨부한 파일은 중학교 2학년 사회 교과서야. 이 책 내용을 참고로 다음 작업을 수행해줘.
>
> [수업안을 복사해 붙여넣거나 PDF 파일로 전환하여 탑재한다.]
> - 학습자 주도성 Student Agency 개념에 의거하여 '제1단원 인권과 헌법' 수업을 할 수 있는 수업안을 만들어줘.

이 요청에 대해 챗GPT는 5차시의 차시당 45분 수업안을 만들어주었다. 이처럼 생성 AI를 활용해 특정 교수학습 이론에 대한 이해, 이를 바탕으로 한 수업안 작성 등이 가능하다.

다양한 이론 적용하여 수업안 수정하기

> **나** 다음 수업안을 수정해줘.
>
> [수업안을 복사해 붙여넣거나 PDF 파일로 전환하여 탑재한다.]
> - 다양한 학습자 요구 충족 필요
> - 대상:

학생 주도적 수업

> **나** 다음 수업을 좀 더 학생 주도적이 되도록 하기 위한 아이디어를 제시해줘.
>
> [수업안을 복사해 붙여넣거나 PDF 파일로 전환하여 탑재한다.]
> - 주제:
> - 대상 학생:

> **나** 다음 수업을 좀 더 학생 주도적이 되도록 하기 위해 무엇을 어떻게 변화시켜야 할지 제시해줘.
>
> - 주제:
> - 대상 학생:
> - 내 수업안:
> [수업안을 복사해 붙여넣거나 PDF 파일로 전환하여 탑재한다.]

학생 참여 증진

> 나 → 학생의 학습과 참여를 향상시키기 위해 사용할 수 있는 효과적인 방법, 디지털 도구 및 리소스를 제시해줘.
> - 주제:
> - 대상 학생:

기존의 이론 적용하기

개별화 학습

> 나 → 개별화 학습personalized learning에 대해 설명하고, 다음 주제 학습에서 학생 개개인의 필요와 관심사에 맞는 개별화 학습 경험을 설계해줘.
> - 과목 및 주제: 과학 교과의 물질의 성질
> - 대상 학생: 초등학교 3학년

프로젝트 기반 학습

> 나 → 프로젝트 기반 학습에 대해 설명하고, 이 접근 방식을 사용하여 학생들의 심화 학습과 비판적 사고 능력을 촉진할 수 있는 방법을 제시해줘.
> - 과목 및 주제: 과학 교과의 물질의 성질
> - 대상 학생: 초등학교 3학년

탐구 기반 학습

> 나: 탐구 기반 학습inquiry-based learning에 대해 설명하고, 학생들이 질문에 답하고 자료에 대해 비판적으로 생각하도록 장려하기 위해 이 접근 방식을 사용할 수 있는 방법을 제시해줘.
>
> - 과목 및 주제: 과학 교과의 물질의 성질
> - 대상 학생: 초등학교 3학년

2. 수업 게임화(gamify)하기

게이미피케이션gamification 교육은 교사 주도의 수업과 달리 학생이 주체가 되어 학습이 이루어지도록 한다. 앞에서 예로 든 초등학교 3학년 과학 '물질의 성질'을 게임화 방식으로 가르치고자 할 때, 학생들이 수행할 미션임무를 제시해달라고 챗GPT에게 요청하면 레벨 1부터 레벨 4까지 구체적인 미션을 제시해준다. 이 미션을 수행하도록 과제를 내주면 학생들에게는 그 과제를 해결해야 하는 단기 목표가 생기고, 다른 친구들보다 더 빨리 달성하려는 일종의 경쟁 심리가 작용하게 된다. 과제를 성공적으로 수행하면 즉각적인 보상을 통해 지속적인 흥미를 유발할 수 있어 효과적이다. 수업을 게임화하는 방안을 생성 AI에게 다음과 같이 다양하게 요청해볼 수 있다.

수업을 위한 게임 만들기

수업의 내용을 제시하고 게임으로 만들어달라고 요청할 수 있다.

> **나** — 게임을 만들어줘.
> - 내용: 한국 초등학교 5학년 과학 교과 중에서 '태양계와 별' 수업에 활용할 게임
> - 전체 학생 총 20명이 동시에 참여할 수 있는 게임

> 나 — 게임을 만들어줘.
> - 내용: 한국 초등학교 6학년 수학 교과 중에서 '분수의 나눗셈' 수업에 활용할 게임
> - 전체 학생 총 20명이 동시에 참여할 수 있는 게임

> 나 — 다음 수업을 게임화gamify해줘.
> - [수업안을 복사해 붙여넣거나 PDF 파일로 전환하여 탑재한다.]

평가와 피드백 게임화하기

> 나 — 학생들이 좀 더 흥미롭고 의미 있게 느끼도록 평가와 피드백을 게임화할 방안을 제시해줘.
> - 주제: 태양계의 구조

스토리텔링과 내러티브 요소 도입하기

수업에 스토리텔링과 내러티브 요소를 도입하는 것도 게임화의 한 방안이 될 수 있다. 이를 위해 다음처럼 요청해볼 수 있다.

> **나** 보다 몰입감 있고 매력적인 학습 경험을 만들기 위해 스토리텔링과 내러티브 요소를 교육에 통합하는 효과적인 방법을 제시해줘.
> - 주제: 태양계의 구조
> - 대상 학생: 중학교 1학년

우호적인 경쟁 및 팀워크 조성하기

게임 기반 학습 방법을 사용해 학생들 사이의 우호적인 경쟁과 팀워크를 조성할 수도 있다. 이를 위한 아이디어를 다음과 같이 요청해 볼 수도 있다.

> **나** 게임 기반 학습 방법을 사용하여 학생들 사이에 우호적인 경쟁과 팀워크를 조성하려면 어떻게 해야 할지 알려줘.
> - 주제: 태양계의 구조
> - 대상 학생: 중학교 1학년

역량 혹은 정서 촉진하기

게임 기반 학습 방법을 사용해 학생들이 갖춰야 할 역량을 길러줄 수도 있다. 이를 위한 요청은 다음과 같이 해볼 수 있다.

> **나** 학생들의 다음 역량을 촉진하기 위한 게임화 방법을 제시해줘.
> - 촉진할 역량: 비판적 사고와 문제 해결 능력, 인내와 회복력 같은 긍정적 성격 특성
> - 주제: 태양계의 구조
> - 대상 학생: 중학교 1학년

게임화 타당성 확인하기

수업을 게임화하고자 할 때는 게임화 기본 원리를 명확히 알고 있어야 한다. 교실 수업의 게임화 원리에 대해 생성 AI에게 물으면 답을 얻을 수 있다. 그리고 교사 자신이 선택한 게임화 방식의 타당성에 대해 확신이 서지 않을 때에도 생성 AI를 통해 확인할 수 있다.

> **나** 수업을 게임화할 때 지켜야 할 지침이나 주의할 점은 무엇이며, 이 게임 방식이 효과적이고 학습 목표에 부합하는지 검토해줘.
> - 학습 목표:

3. 기타 수업 혁신을 위한 아이디어

특정 주제 설명 방법

수업 중에 다룰 주제나 개념을 어떻게 설명하는 것이 좋을지 아이디어가 필요할 때에도 생성 AI에게 도움을 요청할 수 있다. 가령 고층 건물의 높이를 재는 방법을 다양하게 제시하고 싶다면 다음과 같이 요청해볼 수 있다.

> **나** ― 고층 빌딩의 높이를 재는 방법에는 어떤 것이 있는지 알려줘.

이 요청에 대해 생성 AI는 직접 측정 혹은 레이저 거리 측정기 활용, 삼각측량, 광학적 방법, GPS 기반 측정, 드론 측량, 3D 스캐닝 및 포토그래메트리Photogrammetry 등 다양한 방법을 소개해주었다.

학습 성찰(돌아보기)

성찰은 학습 과정의 중요한 한 부분이다. 때때로 학생들은 활동 수행을 통해서보다 활동 되돌아보기를 통해 더 많은 것을 배울 수 있다. 학생들에게 성찰을 위한 질문 혹은 성찰 활동 프로그램을 제시하는 데 생성 AI를 활용할 수 있다.

> **나** 다음 주제에 대한 학습 후에 할 반성 및 토론을 위한 질문지를 세 가지 만들어줘.
> - 주제: 태양계의 구조
> - 대상 학생: 중학교 1학년

> **나** 학생들이 수업 내용과 활동을 되돌아보는 데 활용할 성찰 줄기 Reflective Stems[*] 목록을 만들어줘.
> - 주제: 태양계의 구조
> - 대상 학생: 중학교 1학년

어떤 주제, 가령 '태양계의 구조'를 학습한 학생들이 배운 내용을 적용하여 할 만한 활동을 제시하도록 요청할 수도 있다.

> **나** 학생들이 다음 개념을 적용하여 활동할 만한 예를 5가지 제시해줘.
> - 주제: 태양계의 구조
> - 대상 학생: 중학교 1학년

이 요청에 대해 챗GPT는 태양계 모형 만들기, 행성 탐사일지 작성, 태양계 퀴즈 만들기, 행성의 날씨 보고서, 태양계 여행 안내서 만들기 등을 제시해주었다.

---

[*] '성찰 줄기(성찰 문구)'란 수업 후 깊은 반성적 사고와 토론을 하는 데 사용할 질문을 의미한다.

교과 통합 수업

교과 통합 수업은 학습자의 지식과 경험을 통합하여 지식의 전이 능력을 높임으로써 전인적 발달을 도모한다는 장점이 있다. 문제는 교과 통합 아이디어를 내기가 힘들다는 점이다. 그럴 때 생성 AI에게 아이디어를 요청해볼 수 있다. 필자가 해본 요청과 생성 AI의 응답을 제시하면 다음과 같다.

 중학교 체육 수업과 다른 교과목 수업을 통합할 아이디어를 3가지만 제시해줘.

1. 운동을 통한 역사 및 지리 학습: 각각의 신체 활동이나 게임이 다른 국가 또는 역사적 사건을 나타내는 '글로벌 올림픽'을 조직하여 역사와 지리 수업을 통합합니다. 이를 통해 학생들은 신체적 표현과 팀워크를 통해 다양한 문화와 역사적 맥락을 배울 수 있습니다.
2. 움직이는 과학 및 수학: 체육 교육을 통해 물리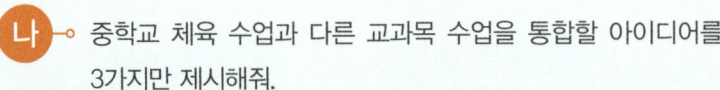예: 힘, 운동, 중력 및 수학 원리예: 거리 측정, 평균 계산, 각도 이해를 가르치고 필요한 실험과 활동을 통합합니다. 다양한 유형의 공의 궤적을 추적하거나 달리는 속도를 계산하는 등의 신체 활동을 할 수 있습니다.
3. 문학과 무용: 무용을 통한 스토리텔링 탐구를 통해 문학과 체육을 결합합니다. 수업 중 읽은 책의 이야기나 주제를 바탕으로 퍼포먼스를 창작하여 안무와 동작을 통해 이해와 해석을 표현함으로써 소재에 대한 이해도를 높이고 창의력을 키울 수 있습니다.

그 외에 교과 통합 아이디어를 얻기 위해 다음과 같이 요청해볼 수 있다.

> **나** ○─ 수학 교사와 영어 교사가 수업을 함께 할 수 있는 아이디어를 3가지 제시해줘.

> **나** ○─ 학생들에게 보다 의미 있고 관련성 있는 학습 경험을 제공하기 위해 영어와 사회 과목을 통합하는 효과적인 방법을 3가지 제시해줘.

> **나** ○─ 과학과 예술 과목 통합 수업을 위한 효과적인 아이디어를 3가지 제시해줘.

질문에 교과의 특정 단원을 명시하고, 대상 학생도 명시하면 보다 구체적인 아이디어를 얻을 수 있다.

이상에서 제시한 사례는 해볼 수 있는 수많은 요청질문에 비하면 지극히 적은 일부에 불과하다. 여러분은 이 책에 제시된 예시를 참고하면서 보다 창의적이고 효과적인 질문을 만들어 생성 AI에 답변을 요청해보기 바란다. 여러분이 기존에 해오고 있던 수업 관련 제반 활동을 효율적이고 효과적으로 수행하는 데 도움을 받는 것은 물론이고, 한발 더 나아가 여러분만의 독창적인 수업을 만들어 나갈 수 있을 것이다.

맺는말

생성 AI를 아인언맨 슈트처럼
잘 활용하는 교사들이 되기를

생성 AI는 수업 설계, 동기부여, 수업경영, 학생 평가 등 교육의 여러 측면에서 새로운 시대를 열어줄 것으로 기대된다. 생성 AI 시대에는 유능한 교사는 AI를 활용해 더욱 유능해지고, 그렇지 못한 교사는 전문성이 더욱 저하되는 양극화가 심해질 것으로 예상된다.

거대언어모델인 생성 AI가 제공하는 정보에는 오류가 섞여 있어서 교사가 자신의 전문성을 바탕으로 오류를 잡아낼 수 있을 때에만 활용도가 높아질 수 있다. 교사가 AI가 제시하는 다양한 수업 혁신 아이디어의 타당성과 신뢰성, 실현 가능성, 부작용 등을 판단하고 수정·보완하여 활용할 수 있을 때에만 교육활동에서 AI와의 협업이 가능해진다. 전문적인 판단을 하지 않은 채 생성 AI가 제시한 오류가 섞인 정보를 활용하고, 적합하지 않은 방식의 수업 진행을 하거나, 부적합한 학생 동기화 방식을 채택한다면 교육의 질을 더 떨어뜨릴 수도 있다. 생성 AI의 부작용인 의존성과 중독성으로 능력이 뒤처진 교사는 전문성이 더욱 떨어지게 될 것이다.

급류가 흐를 때 이를 타고 내려가면 전율을 만끽하며 빠른 속도로 목적지까지 이동할 수 있다. 그러나 급류에 올라타지 못하면 이에 휩쓸려 큰 사고를 당할 수도 있다. 학생들은 급류를 타고 즐기며 빠른 속도로 이동하고 있는데, 교사는 급류가 무서워 다가가지 못한다면 이 또한 교사에게 큰 스트레스이자 장애가 될 것이다.

한국과학기술원KAIST의 김대식 교수는 강연에서 챗GPT가 기자, 작가, 교사 등의 전문가를 대체하지는 못하겠지만 조만간 챗GPT를 비롯한 다양한 AI를 잘 다루는 교사와 그렇지 못한 교사로 크게 나뉠 것이라고 이야기했다.*

그러나 시간이 흘러 대부분의 교사들이 AI를 다루는 능력을 어느 정도 갖추게 되면, 교사가 가지고 있는 지식과 기능 그리고 경험이 다시 교육 역량을 좌우하는 중요한 변수로 떠오를 것이다. AI 시대라고 하여 교사가 갖춰야 할 기본 역량 기르기를 소홀히 해서는 안 된다.

생성 AI는 아이언맨의 슈트와 유사하다. 교사가 자신의 전문성에 기반하여 생성 AI를 잘 활용한다면 하늘을 나는 아이언맨이 될 것이지만, 그러지 못하면 땀 흘리며 열심히 뛰어도 별 성과를 내지 못하는 사람이 될 것이다.

이 책을 읽는 교사들은 부디 아이언맨이 되어 미래의 교육계를 빛나게 이끌어 나가기 바란다.

---

* 송광호. (2023. 2. 27). 김대식 교수 "챗GPT 사용 못하며 직업 전선서 도태될 수도". 연합뉴스.

참고 문헌

곽노필. (2023.01.29.). "인공지능, 논문 저자 못 된다" 네이처·사이언스의 교통정리. 『한겨레』.

김소연. (2023.04.09.). 일본 대학들 "챗GPT로 리포트·논문 쓰면 엄정 대응." 『한겨레』.

남상헌. (2023.03.16). 국내 대학 최초 ChatGPT 활용 가이드라인 제정. 『고대뉴스』.

디지털정보처 데이터Hub팀. (2023.03.15.). ChatGPT 등 AI의 기본 활용 가이드라인. 고려대학교 세종캠퍼스.

박남기. (2023.12). 「대학교육에서 생성형 AI 활용 가이드라인 도입사례와 시사점」. 한국대학교육협의회.

박남기. (2023.12.29.). [박남기의 AI시대 교육법㉙] 대화형 LLM 기반 생성 AI의 연구 활용 실험(1). 『에듀프레스』.

박남기. (2023.12.11.). [박남기의 AI시대 교육㉘] 생성 AI 명령어 작성(Prompt Engineering) 기초. 『에듀프레스』.

박남기. (2023.10.05.). [박남기의 AI시대 교육㉗] 생성 AI 수업 중 사용 옹호론과 신중론 분석. 『에듀프레스』.

박남기. (2023.06.30.). [박남기의 AI시대 교육㉖] 생성 AI 활용한 보고서 부정행위 줄이는 법(3). 『에듀프레스』.

박남기. (2023.06.24.). [박남기의 AI시대 교육㉕] 생성 AI 활용한 보고서 부정행위 줄이는 법-(2): 생성 AI 시대, 활용과 부정행위의 경계선. 『에듀프레스』.

박남기. (2023.06.21.). [박남기의 AI시대 교육법㉔] 생성 AI 활용한 보고서 부정행위 줄이는 법(1). 『에듀프레스』.

박남기. (2023.05.18.). [박남기의 AI 시대 교육법㉓] 생성 AI의 '글 요약 기능'의 교육 효과와 부작용. 『에듀프레스』.

박남기. (2023.05.18.). [박남기의 AI 시대 교육㉒] "올 스승의날 가장 큰 이슈는?" 바드와 빙의 답변. 『에듀프레스』.

박남기. (2023.03.18.). [박남기의 AI시대 교육법㉑] GPT-4와 연동된 MS '빙(Bing)'의 강점과 한계. 『에듀프레스』.

박남기. (2023.03.17.). [박남기의 AI 시대 교육법 ⑳] 생성 AI 시대, 똑똑한 컨듀서(conducer 소생자) 되기. 『에듀프레스』.

박남기. (2023.03.10.). [박남기의 AI 시대 교육법 ⑲] 프로그래밍AI (Copilot)와 디지털외계인. 『에듀프레스』.

박남기. (2023.03.04.). [박남기의 AI시대 교육법 ⑱] 챗GPT의 거짓말과 창의적 협업. 『에듀프레스』.
박남기. (2017). 『최고의 교수법』. 경기도: 쌤앤파커스.
박남기 외 9인. (2017). 『초등 학급경영의 이론과 실제』(2판). 경기도: 교육과학사.
박남기·신종우·마대성. (2023.10). 『생성 AI와 학교 교육의 방향』. 한국교육학술정보원(KERIS) 『이슈리포트』.
박남기, Nathan Ong. (2024.1.21.). [박남기의 AI시대 교육법㉚] 대화형 LLM 기반 생성 AI의 연구 활용 실험(3). 『에듀프레스』.
박남기, Nathan Ong. (2024.1.18.). [박남기의 AI시대 교육법㉚] 대화형 LLM 기반 생성 AI의 연구 활용 실험(2). 『에듀프레스』.
박남기, Nathan Ong. (2023.04.30.). 「생성AI(챗GPT)시대의 과제경영」. 『한국교육행정학회 소식지』, 149, 1-7.
박남기, Nathan Ong. (2023.2.28.). [박남기의 AI시대 교육법⑰] ChatGPT 사용 시 유의할 점. 『에듀프레스』.
박남기, Nathan Ong. (2023.2.19.). [박남기의 AI 시대 교육법⑯] 챗GPT의 논문 작성 능력과 대응책. 『에듀프레스』.
박남기, Nathan Ong. (2023.2.19.). [박남기의 AI 시대 교육법⑮] 생성AI 시대 학교교육 방향(1). 『에듀프레스』.
박남기, Nathan Ong. (2023.2.10.). [박남기의 AI 시대 교육법⑭] 즉답AI(챗GPT) 시대, 교육계는 어디로 … 『에듀프레스』.
박남기, Nathan Ong. (2023.1.7). [박남기의 AI시대 교육법 13] 즉답AI(챗GPT) 시대의 교수학습법: AI 활용 글쓰기 표절 식별 앱 효과. 『에듀프레스』.
박남기, Nathan Ong. (2022.12.26). [박남기의 AI시대 교육법 ⑫] 즉답AI(챗GPT) 시대의 교수학습법: 글쓰기의 대전환. 『에듀프레스』.
박남기, Nathan Ong. (2022.12.25). [박남기의 AI 시대 교육법 ⑪] 즉답AI(챗GPT) 시대의 교수학습법: 과제경영(3). 『에듀프레스』.
박남기, Nathan Ong. (2022.12.21). [박남기의 AI 시대 교육법⑩] 즉답AI(챗GPT) 시대의 교수학습법: 과제경영(2). 『에듀프레스』.
박남기, Nathan Ong. (2022.12.19). [박남기의 AI 시대 교육법⑨] 즉답AI(챗GPT) 시대의 교수학습법: 과제경영(1). 『에듀프레스』.
박남기, Nathan Ong. (2022.09.07.). [박남기의 AI 시대 교육법⑧] AI 활용 교육과 학습의 효과 제고 방향 『에듀프레스』.
박남기, Nathan Ong. (2022.09.01). [박남기의 AI 시대 교육법⑦] 디지털 교육매체 홍수, 어떻게 대응해야 하나?(2). 『에듀프레스』.
박남기, Nathan Ong. (2022.8.29.). 박남기의 AI 시대 교육법⑥] 디지털 교육매체 홍수, 어떻게 대응해야 하나?(1). 『에듀프레스』.

박남기, Nathan Ong. (2022.8.21). [박남기의 AI 시대 교육법⑤] 메타버스 활용 교육의 가능성과 한계(3): 메타버스 교육적 활용 방향. 『에듀프레스』.

박남기, Nathan Ong. (2022.7.30). [박남기의 AI 시대 교육법④] 메타버스 활용 교육 가능성과 한계(2): 메타버스와 독점과 극복 대안. 『에듀프레스』.

박남기, Nathan Ong. (2022.7.21). [박남기의 AI 시대 교육법③] 메타버스 활용 교육의 가능성과 한계(1). 『에듀프레스』.

박남기, Nathan Ong. (2022.06.12.). [박남기의 AI 시대 자녀 교육법②] 초등학생에게 코딩교육 해야 하나? 『에듀프레스』.

박남기, Nathan Ong. (2022.05.27.). [인터넷과 AI 시대 자녀 교육법①] 자녀의 게임 중독, 어떻게 대처해야 하나? 『에듀프레스』.

박승열. (2023.09.03.). 「서울대, ChatGPT와 상생하려면」. 『대학신문』.

송은정. (2023). 「예고된 변화 챗GPT 학교」. 서울: 테크빌교육.

연세대학교. (2023). CHAT GPT 등 인공지능 교수 학습 활용 방안. 연세대학교 내부공문.

에듀테크랩(2023. 03.29). 연고대 챗GPT 인공지능 학습 활용 방안 총정리. 에듀테크랩.

오영진. (2023.06.13.). 안 읽고 읽은 척…챗GPT로 숙제 내는 학생들 어쩌나. 『한겨레』.

조재현. (2023. 06.17). 교수들의 반격 "기말고사 챗GPT 쓰면 0점." 『조선일보』.

조영훈. (2023.06.16.). 챗GPT의 등장, 발 맞춰 변화하는 대학들. 『대학저널』.

채윤태. (2023.05.20.). 미 대학 "챗GPT 베꼈다"며 0점 줬다 발칵…일부 학생은 결백. 『한겨레』.

Abbas, Ajimal. (Jan 28, 2023). Bengaluru colleges ban use of ChatGPT, the AI agent that passes exams, writes assignments. *TimesNow*.

American Psychological Association. (2020). Publication manual of the American Psychological Association (7th ed.).

Bajarin, T.(2023.12.01.). Writing Accurate AI Prompts For Best Results In An AI Chatbot. *Forbes*.

Cassidy, C(January 10, 2023). Australian universities to return to 'pen and paper' exams after students caught using AI to write essays. *The Guardian*.

Chan, C.(2023). A comprehensive AI policy education framework for university teaching and learning. International Journal of Education Technology Higher Education, 20(38). 1-25.

Harris, M. (2023.02.24.). 50 ChatGPT Prompts for eachers. Teaching Channel.

Harvard Medical School. (2023년 12월 2일 검색). Responsible use of generative AI.
Harvard University. Information Security Policy.
Harvard University Information Technology. (2023년 12월 2일 검색). Initial guidelines for the use of Generative AI tools at Harvard.
Harvard University Office of the Provost. (2023년 12월 2일 검색). Guidelines for Using ChatGPT and other Generative AI tools at Harvard.
Keeler, A. (2023.03.09.). 100 Prompts for Teachers to Ask ChatGPT. Teacher Tech.
Khedkar, Sneha. (Aug 11, 2023). Guidelines for generative AI use from universities worldwide. editage.
Kaneko, Karin. (2023.07.04.). Japan emphasizes students' comprehension of AI in new school guidelines. *The Japan Times*.
Kyodo News. (2023.07.04.). Japan publishes guidelines allowing limited use of AI in schools. Kyodo News.
Master Prompt Engineering. (2023). Master Prompt Engineering: Demystifying Prompting Through a Structured Approach.
Mauch, J. and Namgi Park. (2003.05). Guide to the successful thesis and dissertation : A handbook for students and faculty(5th ed.). New York : *M. Dekker*.
McAdoo, T. (April 7, 2023). How to cite ChatGPT. APA STYLE.
McFadden, C. (2023.04.11.). UK student completes essays with ChatGPT, gets a first-class grade. Interesting Engineering.
Mintz, S. (February 16, 2023). 10 Ways to Prevent Cheating. Inside Higher Ed.
Moore, J. (2023.04.19.). Hilarious goof-up sees student get caught for using AI to write a school essay.
Nam, Jane. (Nov.22, 2023). 56% of College Students Have Used AI on Assignments or Exams. Best Colleges.
Nature Research Custom Media. (2023). Will ChatGPT give us a lesson in education?. *Nature Portfolio*.
OpenAI. (2023). ChatGPT(2023년 8월 20일 버전) [Large language model].
Sabzalieva, E., Arianna Valentine(2023). ChatGPT and Artificial Intelligence in higher education: Quick start guide. *UNESCO*.
Schnitzer, Kyle, and Priscilla DeGregory. (June 8, 2023). 'Humiliated' NY lawyer who used ChatGPT for 'bogus' court doc profusely apologizes.

New York Post.
Skrabut, S. (2023) 80 Ways to Use ChatGPT in the Classroom : Using AI to Enhance Teaching and Learning. ProQuest Ebook Central.
Standford Busininess School. (October 27, 2023). Course policies on generative AI use. Teaching and Learning Hub.
Standford University. (Feb. 16, 2023). Generative AI policy guidance. Office of Community Standards.
Standford University IT. (2023년 12월 5일 검색). Responsible AI at Stanford: Enabling innovation through AI best practices.
The Economic Times. (July 05, 2023). Latin American universities embrace ChatGPT despite cheating fears.
Thomson Reuters Foundation. (08 July 2023). Latin American universities embrace ChatGPT despite fears. *University World News*.
UCLA Center for the Advancement of Teaching. (2023년 12월 3일 검색). Guidance for the use of generative AI.
UNESCO. (2023). ChatGPT and Artificial Intelligence in higher education – Quick start guide. Paris: *UNESCO*.
University of Greenwich. (June 15, 2023). Guidance on the Use of Artificial Intelligence (AI).
Welding, Lyss. (March 17, 2023). Half of College Students Say Using AI Is Cheating. BestColleges.
Wilson, Timothy. (2004). Strangers to Ourselves: Discovering the Adaptive Unconscious. 정명진 역(2008).
『나는 내가 낯설다』. 서울: 부글북스.
文部科学省 初等中等教育局. (2023.07.04.). 初等中等教育段階における生成AIの利用に関する暫定的なガイドライン. 文部科学省.

사진 출처

- 26 웹툰 제작 인공지능 '투닝' 사이트 갈무리 화면
- 39 위에서부터 차례로 멘티미터, 패들렛, 잼보드 갈무리 화면
- 40 퀴즈앤 갈무리 화면
- 42 클래스팅 갈무리 화면
- 44 위에서부터 차례로 파놉토, 탑햇 갈무리 화면
- 46 피플소프트 갈무리 화면
- 47 슬레이트 갈무리 화면
- 50 턴잇인 갈무리 화면
- 55 코파일럿에 '거짓말하는 인공지능'을 그려달라고 요청하여 받은 이미지. (2024년 4월 11일)
- 58 셔터스톡
- 64 하버드대학교 보안 사이트 갈무리 화면 (2024년 4월 24일)
- 66 셔터스톡
- 68 위키피디아
- 81 셔터스톡
- 84 챗GPT-4에 '엄마와 아이가 들판에서 재미있게 노는 모습'을 그려달라고 요청하여 받은 이미지.
- 89 The Ultimate Collection of ChatGPT Products and Prompts 사이트 갈무리 화면
- 90 Best Prompts for ChatGPT 사이트 갈무리 화면
- 94 The 100 Best ChatGPT Prompts to Power Your Workflow 사이트 갈무리 화면
- 99 셔터스톡
- 102 코파일럿에 '학생들이 수업에 생성 AI를 활용하는 모습'을 그려달라고 요청하여 받은 이미지. (2024년 4월 11일)
- 106 Grammarly 사이트 갈무리 화면
- 109 제미나이의 첫 화면 갈무리
- 110 코파일럿의 첫 화면 갈무리
- 112 셔터스톡
- 115 칸미고 갈무리 화면

121 코파일럿에 '생각하는 인공지능'을 그려달라고 요청하여 받은 이미지 (2024년 4월 11일)
122 코파일럿에 '글쓰기가 사고력, 분석력, 비판력, 창의력 등을 키워준다는 것을 상징적으로 나타내는 그림'을 글려달라고 요청하여 받은 이미지. (2024년 4월 29일)
128 코파일럿의 갈무리 화면
145 셔터스톡
159 챗GPT-4에 '교육 상징의 콜라주. 예를 들어 모자, 졸업장, 학교 건물 포함'하여 그려달라고 요청하여 받은 이미지.
169 코파일럿에 '인간의 뇌와 생성 AI의 유사성을 상징적으로 표현한 그림'을 요청하여 받은 이미지 (2024년 4월 24일)
175 등속 운동과 자유낙하 운동의 핵심 개념을 요약한 시각적 이미지를 요청하여 받은 이미지.
177 위 챗GPT-4에 '봄바람, 눈보라 그리고 가을바람'이라는 글에 부합하는 이미지를 요청하여 받은 이미지.
192 감마 사이트 갈무리 화면
194 위에서부터 차례로 ChatPDF, 는 I love PDF 사이트 갈무리 화면
196 필자의 '생성 AI 시대의 대학 교수법' 동영상 갈무리 화면
199 딥엘 사이트 갈무리 화면
200 워싱턴포스트지 2024년 4월 3일자 기사 "Biden rebukes Israel over aid workers, but his Gaza policy is unchanged"의 일부를 블록 설정한 화면 갈무리
208 코파일럿에 '학생들이 글쓰기에 인공지능을 활용하는 모습'을 그려달라고 요청하여 받은 그림 (2024년 4월 29일)
258 셔터스톡
266 코파일럿에 '생성 AI의 다양한 능력을 암시하는 그림'을 요청하여 받은 이미지 (2024년 4월 24일)
266 코코파일럿에 '학생들이 글쓰기에 인공지능을 활용하는 모습'을 그려달라고 요청하여 받은 그림 (2024년 4월 29일)
271 파일럿에 '글쓰기가 사고력, 분석력, 비판력, 창의력 등을 키워준다는 것을 상징적으로 나타내는 그림'을 글려달라고 요청하여 받은 이미지 (2024년 4월 29일)

생성 AI 시대 최고의 교수법
디지털 외계인도 쉽게 하는 생성 AI 실전 활용법

초판 1쇄 발행 2024년 5월 15일

지은이 박남기
펴낸곳 ㈜천재교육
편집 정혜원, 신재웅, 이재연, 정은미, 김창원
표지 및 내지 디자인 김희정, 박희춘, 정희정
주소 서울시 금천구 가산로9길 54
고객만족센터 (02)1577-0902
홈페이지 www.chunjae.co.kr

출판등록 제2001-000018호
ⓒ 이 책에 대한 모든 권리는 ㈜천재교육에 있습니다.
어떤 형태로도 이 책의 전체 또는 일부를 무단 전재 및 복사, 출판할 수 없습니다.

ISBN 979-11-259-4843-8

파본은 구입하신 서점이나 본사에서 교환하여 드립니다.

 셀파

교사의 모든 것을 담다

교수학습
학급운영
교원연수

학교 수업에 필요한 **모든 것**을 담았다!

교과서 1위 천재가 만든 **T셀파** 오직 학교 선생님만을 지원합니다

천재교과서 천재교육

꿈을 만드는 사람들 천재교육 이야기 ①

이익보다 중요한 것, 좋은 책을 만드는 것

- 천재교육의 교재 개발 철학

'이익을 기대하기 어려운 책이라도
교육에 꼭 필요하다면 망설임 없이 만든다.'
1981년 창립 이후 꾸준히 이어지고 있는
천재교육만의 교재 개발 철학입니다.
업계 최초 초·중·고 독도교과서,
창의와 인성을 길러주는 다양한 인정교과서 개발도
뜻과 원칙이 있기에 가능했던 일입니다.
아이들의 교육을 위한 책 개발에는
이익보다 가치가 먼저라는 것이
우리의 변함없는 생각이니까요.

'사업' 아닌 '사명'으로 교육을 바라보는
한결같은 진심, 변하지 않겠습니다.

다양한 인정교과서로 학교 수업이 더 즐거워집니다

초·중·고 각종 정규 수업 및 재량활동 수업에 사용되는 인정교과서로 학교 수업이 더 알차고 풍성해집니다. 천재교육의 모든 인정교과서는 '수요가 비록 적더라도, 교육현장의 요청이 있다면 교육적 사명감을 우선으로 최선을 다해 개발한다'는 원칙에 따라 꾸준히 발행되고 있습니다.

- 초등 <독도야, 사랑해!>, <논술은 내 친구>, <즐거운 예절>, <어린이 성>, <환경은 내 친구> 외 다수
- 중등 <아름다운 독도>, <진로와 직업>, <아는 만큼 힘이 되는 소비자 교육>, <에너지 프로젝트 1331> 외 다수
- 고등 <아름다운 독도>, <환경>, <미술 창작>, <음악 감상과 비평>, <진로와 직업>, <성공적인 직업 생활> 외 다수